From the library of

SOPHENE

Published by Sophene 2023

The *History of the Armenians* by P'awstos Buzand was
translated into English by Robert Bedrosian in 2010.
Chapter 57 (Book IV) was translated by Beyon Miloyan.
This edition is Volume I of II.

A searchable, digital copy of the English translation can be accessed at:
https://archive.org/details/HistoryOfTheArmeniansByPawstosBuzand_569

www.sophenebooks.com
www.sophenearmenianlibrary.com

ISBN-13: 978-1-925937-73-2

ՓԱԻՍՏՈՍԻ ԲՈՒԶԱՆԴԱՑԻՈՅ

ՊԱՏՄՈՒԹԻՒՆ ՀԱՅՈՑ

ՀԱՏՈՐ Ա.

ՏՊԱՐԱՆ
ԾՈՓՔ
Լոս Անճելըս

P'AWSTOS BUZAND

HISTORY

OF THE

ARMENIANS

IN TWO VOLUMES OF CLASSICAL ARMENIAN
WITH AN ENGLISH TRANSLATION BY
ROBERT BEDROSIAN

VOLUME I

SOPHENE BOOKS
LOS ANGELES

GLOSSARY

Awag (աւագ), an elder, chief, or senior official.

Awan (աւան), a village, town or district.

Azat (ազատ), a member of the Armenian nobility, ranking below *naxarars*.

Azatagund (ազատագունդ), a military corps, unit or regiment composed of *azats*.

Azg (ազգ), a nation, people, race, tribe or lineage.

Banak (բանակ), an army, military camp, or a large, organized group of people.

Bidaxš (բդե[ա]շ[խ]), a senior government minister or secretary of state. (See "bidaxš" in the Encyclopedia Iranica).

Bun (բուն), real, original, natural or foundational; also, an expression of authenticity.

Dayeak (դայեակ), a guardian or a preceptor.

Dev (դեւ), a spirit or demon (good or evil).

Hazarapet[ut'iwn] (հազարապետ[ութիւն]), a Sasanian official title, lit. chief of a thousand (but see "hazarabed" in Encylopedia Iranica); *hazarapetut'iwn* is the position, office or capacity of a hazarapet.

Hrovartak (հրովարտակ), a royal edict, decree or deed.

Mardpet[ut'iwn] (մարդպետ[ութիւն]), a eunuch chamberlain; mardpetut'iwn refers to the position or office of the mardpet.

Nahapet (նահապետ), a patriarch, a head of a tribe or clan, or an ancestor.

Naxarar (նախարար), a hereditary class of feudal lords and the highest ranking nobles in Armenian society. (See "Naxarar" in the Encyclopedia Iranica).

Nuirakapet (նուիրակապետ), a royal envoy or usher.

p'ustipan (փուշտիպան), a bodyguard.

Sparapet[ut'iwn] (սպարապետ[ութիւն]), the commander-in-chief of the Armenian army (a hereditary position); *sparapetut'iwn* refers to the position or office of the sparapet.

Tachar (տաճար), a temple, banquet hall or a feast.

Tanuter (տանուտէր), a patriarch, head of a noble house or clan, or a landlord.

Tikin (տիկին), a noble title for a lady, but also for a married woman.

Tohm (տոհմ), a family, tribe, lineage or clan.

Tun (տուն), a house (e.g., residence), or a noble house, clan, lineage or dynasty.

Vardapet (վարդապետ), a doctor of the Armenian church.

TRANSLATOR'S PREFACE

The *History of the Armenians*, attributed to P'awstos Buzand, describes episodically and in epic style events from the military, socio-cultural, and political life of fourth century Armenia. This work is perhaps the most problematical of the Armenian sources, and one of the most tantalizing. The classical Armenian employed is rich and earthy; the style, clear and direct, perhaps reflecting the author's awareness that his work would be read aloud. Controversy surrounds almost every aspect of this *History*: the format of the extant (versus the original) text; the author's identity; and where, in what language, and when it was written. There is an extensive body of scholarly literature devoted to these and other questions. Below, briefly, we shall outline some of the major hypotheses.

The present text of P'awstos exists in four "Books" or *dprut'iwnk'*. Instead of being numbered Books I, II, III, and IV as one would expect, the first book of the extant text is titled Book III ("Beginning") and is followed by Books IV, V, and VI. The word "Ending" appears in the chapter heading of Book VI. The late fifth century historian Ghazar P'arpec'i cites a passage from the text of P'awstos which he claims was found in Book II.15; however, in our text this same passage is in Book IV.15. In other words, Ghazar's "P'awstos Book I" is now our Book III ("Beginning"). The Armenist S. Malxasyanc' speculated that this curious fact could be explained as follows: toward the end of the fifth century, after Ghazar P'arpec'i used it, the text of P'awstos Buzand was placed by an editor as the third history in a book of many histories. This would explain why the *History* opens with Book III, since the first two books were each one-book histories. Then, Malxasyanc' continued, the editor wrote in the words "Beginning" and "Ending" to inform the reader that this particular section was one complete history in the compilation. The editor's hand also is visible in the *History*'s two forew0rds; in tables of chapter headings arranged in lists preceding each book; in the chapter headings themselves; and in a statement at the end of Book III claiming that the work was written in the fourth century by "the great historian P'awstos Buzand". Furthermore, Malxasyanc' noted that the fifth century editor employed the first person singular while the fourth century P'awstos Buzand used the plural when referring to himself.

There are references in the text to a P'awstos of Greek nationality (III, Ending), a bishop P'awstos who ordained the future Catholicos Nerses the Great deacon (IV.3), a P'awstos who was one of a twelve-member council to assist Nerses as Catholicos (VI.5), and a P'awstos who buried Nerses (V.24). If these are all the same figure and the author, then he would have been living in the 50s and 60s of the fourth century, during the time of Nerses. Now, because of P'awstos' appellation Buzand(eay) and the fact that he is said to be of Greek nationality, some scholars have argued that P'awstos was a late fourth century Greek bishop who wrote in Greek (his *History* being translated into Armenian in the fifth century); or perhaps he was an Armenian from Byzantine-controlled Western Armenia (Buzanda); a fifth century cleric educated in the Byzantine empire; or simply P'awstos from an Armenian town called Buzanda. The question of P'awstos' identity is by no means a new one. This question was raised already in the late fifth century by Ghazar P'arpec'i, who refused to believe that any bishop P'awstos could have included certain vulgar and anti-clerical passages that he laments discovering in P'awstos' *History*. The offended Ghazar thinks that the bishop's *History* was later corrupted by an uncultured person who assumed the distinguished name of P'awstos (after the bishop P'awstos found in the text) to increase the prestige of his compilation of stories (Ghazar P'arpec'i's *History of the Armenians*, I. 3-4). Who P'awstos was and what should be understood by Buzandeay are still unsolved problems.

The question of the dating of this work is of direct concern. Certain facts seem to place the author (P'awstos) in the fifth century. First, P'awstos is familiar with the name of only one Byzantine emperor (Valens) for almost the entire span of his *History*, i.e., A.D. 319-384, when in fact during this period emperors Constantine, Constantius, Julian, Jovian, Valens, Gratian, and Theodosius the Great ruled. Since Armenia was in frequent contact with Byzantium during that time, a fourth-century writer naturally would know the emperors' names. P'awstos, living in the fifth century, had only a vague recollection of fourth century emperors and so styled them all Valens. Again, P'awstos contends that the Armenian king Arshak (350-67) ruled during the time of the Iranian *shah* Nerseh (293-302) and the Byzantine emperor Valens (364-78), when in fact these last two autocrats were not even contemporaries. Another important proof of the *History*'s fifth-century date is its source material, which includes the Armenian translation of the Bible (430's) and Koriwn's biography of Mashtoc'. Finally, in Catholicos Nerses the Great's curse of the Armenian Arsacids which appears in IV.15, Nerses seems to prophesy the end of the Arsacid kingdom.

P'awstos lacks chronology in the strict sense: he does not mention in which king's regnal year an event occurred or how long each king reigned. However, he does know the correct sequence of Armenian kings from Xosrov II Kotak (330-39) to Varazdat (374-78) and mentions each one by name. Despite numerous problems associated with the text, P'awstos' information still has the greatest value; although he lacks numerical chronology, the thematic unity on occasion substitues for an absolute chronology. This is due to his systematic biases.

As a historian of the Mamikonean *naxarar* house, P'awstos' desire is to portray the Mamikoneans as the defenders *par excellence* of Armenia. To P'awstos, the Mamikoneans are not merely the only legitimate military defenders of the country, but also the loyal defenders of the Arsacid family, defenders of the Church, and defenders of *naxarar* rights. The contradiction which arises from the fact that P'awstos simultaneously has made the Mamikoneans defenders of kings and of the *naxarars*—two usually inimical groups—appears to have been resolved by the author by a second assumption: that the Mamikoneans are in fact the equals of the Arsacids.

P'awstos' *History* is a treasure of early Armenian literature, invaluable for historians, anthropologists and linguists, for Armenists and Iranists. The present translation, which was completed in

1981, was made from the classical Armenian text of Venice.[1] For additional bibliography on P'awstos, see Malxasyanc' modern Armenian translation;[2] for more detail on P'awstos' biases, see *The Sparapetut'iwn in Armenia in the Fourth and Fifth Centuries*[3] and *Dayeakut'iwn in Ancient Armenia.*[4] For studies of the fourth and fifth centuries see *Studies in Christian Caucasian History* [especially part II, States and Dynasties of Caucasia in the Formative Centuries, and Part V, The Armeno-Georgian Marchlands]; [5] *Armenia and Georgia*;[6] and N. Adontz, *Armenia in the Period of Justinian.*[7] The transliteration employed in this translation is a modification of the Hubschmann-Meillet system.

Robert Bedrosian
New York, 1985

BIBLIOGRAPHY

1. Buzand, P. (1933; 4th reprint of the 1889 edition). *P'awstosi Buzandac'woy Patmut'iwn Hayoc'*. Ed. K. Patkaniean. San Lazzaro.

2. Malxasyanc', S. (1968). *Patmutyun Hayoc Pavstos Buzand; targmanutyune, neracutyune ew canotagrutyunnere S. Malxasyanci*. Yerevan.

3. Bedrosian, R. (1983). The Sparapetut'iwn in Armenia in the Fourth and Fifth Centuries. *Armenian Review, 36*, 6-45.

4. Bedrosian, R. (1984). Dayeakut'iwn in Ancient Armenia. *Armenian Review, 37*, 23-47.

5. Toumanoff, C. (1963). *Studies in Christian Caucasian History*. Georgetown.

6. Toumanoff, C. (1966). Armenia and Georgia. In J. M. Hussey (Ed.) *The Cambridge Medieval History, Volume IV* (pp. 593-637). Cambridge University Press.

7. Adontz. N. (1970). *Armenia in the Period of Justinian*. Peeters: Lisbon.

P'AWSTOS BUZAND'S

HISTORY

OF THE

ARMENIANS

VOLUME I

ԵՐՐՈՐԴ ԴՊՐՈՒԹԻՒՆ
Ի ՍԿԻԶԲՆ

Ա

Յաղագս որ ինչ յետ քարոզութեանն Թադէոսի Առաքելոյ յերկրին Հայաստան աշխարհին. կանոնք ժամանակագիր մատենից:

Ի քարոզութենէն Թադէոսի Առաքելոյ եւ նորուն յելից եւ ի մարտիրոսութենէն մինչեւ ի կատարումն վարդապետութեանն Գրիգորի եւ իւրոյ հանգստեանն, եւ յառաքելական Սանատրկոյ արքային մինչեւ յակամայ հնազանդելն հաւատոցն, եւ ի նորուն հանգստեան արքային Տրդատայ զանցեալ իրացն զառաջնոցն զվարսն լաւացն, եւ որ զնոցուն հակառակ ընդդիմակաց, այն ամենայն ի ձեռն այլոցն գրեցան: Բայց եւ մեք ի մերում աստ եղաք փոքր ի շատէ ի կարգի պատմութեանս, ոչ զանց արարեալ թողաք վասն պատշաճ իրաց կարգին: Վասն զի է ինչ մեր պատմութիւն՝ որ առաջին է, եւ է ինչ որ վերջին է. իսկ որ միջին ինչ եղեւ, այն ի ձեռն այլոց գրել գրեցաւ: Բայց զի մի ի միջի մերոյ պատմութեանս ընդհատ երեւեսցի հուն մի, նշանակեցաք. զայր արդինակ աղիւս մի կարգած ՚ի մէջ որմոյն շինուածոյ, ի կատարումն բովանդակութեան: Այս ինչ որ ինչ յետ այսորիկ կարգի, աստ պատմի աստէն առ սմին:

THIRD BOOK

BEGINNING

I

WHAT TRANSPIRED IN THE LAND OF ARMENIA AFTER THE PREACHING OF THE APOSTLE THADDEUS.

Others have written about all of the following: [events transpiring] from the time of the sermonizing of the Apostle Thaddeus, from the time of his martyrdom to the conclusion of the doctrine of [St.] Gregory and the latter's death, and [events transpiring] from the period of king Sanatruk the Apostle-killer until the unwilling submission of king Trdat to the [Christian] faith and the latter's death. [Other writers] have already described past events regarding the lives of good people of the past, as well as the actions of those adversaries who resisted them. In our present [work], to preserve the proper ordering of events, we too have briefly recorded [some of the same events, choosing] not to ignore them. For there is a part of our history which is the beginning, and a part which is the ending. As for the middle part, that was written by others. But so that no hiatus would be noticed in the middle of our history, to complete the contents (like a brick placed in the wall of a building) we recorded [what others had written]. As a result, [sections] are arranged in successive order.

Բ

Յաղագս որ ինչ վասն մեծի քահանայապետին Գրիգորի եւ նոցունց շիրմանցն:

Արդ ի թագաւորութեանն Տրդատայ որդւոյն Խոսրովու, լուսաւորութեամբ հայկական սիրով եւ աստուածապաշտութեանն հաւատոյ, ծանաւթութեամբ ի ձեռն Գրիգորի որդւոյն Անակայ, մեծի քահանայի. եւ որոյ ընդ նմին կրսեր որդին Արիստակես հայրն էր գործակից եպիսկոպոսակից յամենայն ընթացս վարդապետութեան զամենայն աւուրս կենաց իւրոց, մինչեւ յաւրն քրիստոսակոչ հանգստեան իւրոյ: Իսկ սոցա պատրաստեցան տեղիք բնակութեան, եւ արժանի եղեալ շիրիմք հանգստեան. մեծին Գրիգորի ի Դարանաղեաց գաւառն, ի զիւղն որ անուանեալ կոչի Թորդան. եւ սրբոյն Արիստակեայ որդւոյ նորա յետ խոստովանութեան մահուն իւրոյ, եւ տարան զնա ի Ծոփաց գաւառէ, եւ եդին զնա յեկեղեաց գաւառի ի Թիլն աւանի, ի կալուածս Գրիգորի հաւրն իւրոյ:

THE FIRST GREAT CHIEF-PRIEST, GREGORY [THE ILLUMINATOR] AND THEIR TOMBS.

Now during the reign of Trdat, son of Xosrov, [the land of Armenia] was illuminated with agreeable affection and pious faith by Gregory the great priest, son of Anak. [Gregory's] younger son Aristakes was a co-bishop with his father during the entire course of [Gregory's] doctrinal [teachings], every day of his life, until the day that Christ called him to his rest. Dwelling places and worthy tombs were prepared for them—for the great Gregory in the village called T'ordan in Daranaghik' district; and the blessed Aristakes his son, after the acknowledgment of his death, was taken from Cop'k' district and buried in the T'il *awan* in the district of Ekegheac' on the property of his father Gregory.

Գ

Որ ինչ վասն թագաւորութեանն Խոսրովու
որդւոյ Տրդատայ, եւ Վրթանայ մեծի
քահանայապետի որդւոյ Գրիգորի:

Ապա յետ այսորիկ թագաւորեաց Խոսրով Կոտակ, թոռն
Խոսրովու, որդի քաջի եւ առաքինւոյն Տրդատայ արքայի:
Յաւուրս սորա եկաց եւ եղեւ քահանայապետ յաթոռն
հաւրն, փոխանակ հաւրն իւրոյ եւ եղբաւրն իւրոյ, երէց որ-
դին Գրիգորի Վրթանէս: Խաղաղութիւն եւ շինութիւն, մար-
դաշատութիւն եւ առողջութիւն, պտղաբերութիւն եւ ստաց-
ուածաշատութիւն եւ շահեկանութիւն, եւ մեծն աստուա-
ծաապէր պաշտաւն ի հաճոյակատարն բարութիւն յամս յա-
ւուրս սոցա աճէլ բազմացաւ: Լուսաւորէր եւ առաջնորդէր
նոցա սուրբն Վրթանէս իբրեւ զհայր իբրեւ զեռբայրն իւր.
իրաւունք եւ արդարութիւն ծաղկեալ էին ի դարուն յայնմ:

    Ձայնու ժամանակաւ երթեալ հասանէր եպիսկոպո-
սապետն Վրթանէս ի մեծն յառաջին ի մայրն եկեղեցեացն
Հայոց, որ էր յերկրին Տարաւնոյ, ուր նշանաւքն եղելայք
կործանեցան բագինք մեհենիցն յայնժամ վաղ եւս առ մե-
ծաւ քահանայապետուան Գրիգորի: Սա երթեալ կատարէր
անդ, ըստ հանապազ սովորութեանն, զտեառնն զխաչա-
կան զիրկութեանն զպատարագն զոհութեան, զխաղորդու-
թիւն չարչարանաց յիշատակի, զկենդանարարն եւ զազա-
տիչն զմարմին եւ զարիւն աստուածորդւոյն տեառն մերոյ
Յիսուսի Քրիստոսի:

6

III

THE REIGN OF XOSROV, TRDAT'S SON, AND THE CHIEF-PRIEST VRT'ANES, GREGORY'S SON.

After this, Xosrov Kotak ruled,[1] grandson of Xosrov, and son of the brave and virtuous king Trdat.[2] In [Xosrov's] day Gregory's senior son Vrt'anes came and became the chief priest [sitting] on the throne of his father, in place of his father and brother. During the years of their [tenure in the land of Armenia] there grew and multiplied peace and cultivation, population, health, fertility, abundance of goods, profitability, great divine worship and good, God-pleasing behavior. The blessed Vrt'anes illuminated and led [the Armenians] as had his father and his brother. Law and justice flourished in that age.

In that period Vrt'anes the archbishop went to the Taron country where the great, first, and mother church of Armenia was located. [It was here that] long ago, during the days of the great chief-priest Gregory's miracles, the idols of the temples had been destroyed. Having gone [to Taron, Vrt'anes] performed there, in accordance with his constant custom, a mass of thanksgiving for the salvation provided by the Lord's crucifixion, and communion in memory of the torments of our lord Jesus Christ, the son of God, Whose body and blood brought life and freedom.

---

1 Kotak: A.D. 330-339.
2 Trdat III, the Great, 303-330.

Քանզի այնպէս իսկ սովոր էին եպիսկոպոսապետքն Հայոց, հանդերձ թագաւորաւք եւ մեծամեծաւքն, նախարարաւքն եւ աշխարհախումբ բազմութեամբ պատուել զնոյն տեղիս, որ յառաջ էին տեղիք պատկերաց կռոցն, եւ ապա յանուն աստուածութեանն սրբեցան, եւ եղեն տուն աղաւթից եւ տեղի ուխտից ամենայն ումեք։ Մանաւանդ յայն ի գլխաւոր տեղին յեկեղեցին ժողովել ի յիշատակ սրբոցն որ էին անդ, կատարել անդ ամի ամի եւթն անգամ. որք զնոյն ունէին սովորութիւն առաւել եւս ի մեծի մարգարէարան մատրանն Յովհաննու։ Սոյնպէս եւ յառաքելարանս տեառն աշակերտացն, սոյնպէս եւ ի վկայարանս մարտիրոսացն ամի ամի ժողովեալք, զաւր տաւնին յիշատակի նոցա վարուց գործոց կենաց քաջութեան խմբեալ ընծային։ Իսկ դէպ իմն լինէր ի ժամանակին յորում մեծ քահանայապետն Վրթանէս երթեալ շրջէր առանձինն սակաւուք, կատարել զպատարագն աւրհնութեան։ Արդ որք միանգամ զհնութիւն կռապաշտութեան հեթանոսութեան զնոյն սովորութիւն մինչեւ ցայնժամ եւս ունէին զաղտնի, ի մի միաբանութիւն ժողովեալք հասանէին իբրեւ հազարք երկու, խորհուրդ եղեալ ընդ միմեանս սպանանել զքահանայապետն Աստուծոյ զՎրթանէս։ Բայց ունէին եւ սակաւ մի խորհուրդ համարձակութեան ի կնոջէ թագաւորէն զայն գործել. վասն զի յանդիմանէր զնա սուրբն վասն զաղտնի շնութեան զիջութեան բարոյց պոռնկութեան։ Եւ հասեալ պատէին զմեծ քաղաքորմն եկեղեցւոյն Աշտիշատու։ Մինչ դեռ նա ի ներքս մտեալ զպատարագն կատարէր, արտաքուստ բազմազաւրուն փակեալ պաշարել կամեցան։ Որոց առ հասարակ որբք ի զնդին էին բազուկք իւրաքանչիւր յետս դարձեալ ի վերայ իւրաքանչիւր թիկանց, առանց իրիք կապելոյ սքանչելապէս կապեալ լինէին:

For it was the custom of the archbishops of Armenia, together with the kings, grandees, *naxarars* and lay multitude, to revere the same places which previously had been the sites of the images of idols but subsequently had been sanctified in the name of divinity, becoming houses of prayer and places of pilgrimage for all. They were especially accustomed to assemble in the principal church of the place and commemorate the memory of the saints who had been there, on the seventh of the month of Sahmi.[3] The same custom was adhered to even more in the great chapel of the prophet John; in the chapels of the Lord's Apostolic students, and in the martyria of heroes [where] each year [people] gathered to joyously commemorate their days [designated for observing] their habits, and the brave deeds of their lives. Now on this occasion an event took place when the great chief-priest Vrt'anes was going about with a few [attendants] to perform the mass of blessing. Those people who had retained the old pagan worship of idols in secret until that time, had assembled together some 2,000 of them, and planned amongst themselves to kill God's chief-priest Vrt'anes. The king's wife had encouraged them somewhat in this since the blessed [Vrt'anes] had reprimanded her for prostitute's behavior, for secret adultery. They came and surrounded the great wall of the church of Ashtishat, and while [Vrt'anes] was inside performing the service, a large number of troops on the outside wanted to shut him in and besiege him. But the arms of every man in the brigade were drawn back from their shoulders and miraculously bound there without any [material] binding.

---

3 Sahmi: March.

Այսպէս պաշարեալք ընկապճեալք գերեալք վանեալք կծկեալք, ամենեքեան առ հասարակ յերկիր անգեալք անբարբառ կային, անխաղացք ի տեղւոջէն, որք էին տոհմք եւ ազգք աշխարհակերք աշխարնաւերք ժանդագործք քրմացն։ Արդ այնպէս պաշարեալք, դիզեալ կային ամբոխն ի զարթի եկեղեցւյն. զորս եղեալ իւր իսկ ինքնին Վրթանէս մատուցեալ հարցանէր զնոսա, եթէ դուք ոյք էք, կամ ուստի ի զայք, կամ զո խնդրէք, կամ ուստի եկիք։ Իսկ նոցա զարդարն սկսեալ խաւսել, խոստովան լինէին եթէ եկաք զի աւերեցուք զտեղիս, եւ զքեզ սպանցուք, հրամանաւ համարձակեալ ակնարկելով մեծին Հայոց տիկնոջն. այլ տէր Աստուած զզաւրութիւնն իւր յայտնեաց, եւ եցոյց մեզ թէ ինքն միայն է Աստուած. եւ այժմ ծանեաք եւ հաւատացաք եթէ նա միայն է Աստուած։ Արդ այսպէս կամք աւասիկ կծկեալք, զի եւ շարժել անգամ ոչ կարեմք ի տեղւոջէս։ Իսկ երանելին Վրթանէս զբանն վարդապետութեանն ի մէջ առնոյր, հաստատէր զնոսա ի հաւատս ի մի տէր Յիսուս Քրիստոս, շատ ինչ խաւսէր ընդ նոսա։ Ապա աղաւթս մատուցանէր, եւ խնդրէր յԱստուծոյ, բժշկէր եւ արձակէր զնոսա յաներեւոյթ կապանացն եւ յանհնարին կծկութենէ տանջանացն։ Եւ նրա իբրեւ փրկեցան յայնմանէ, ապա առ հասարակ անկանէին առաջի նորա, եւ խնդրէին ապաշխարութեան զղեղն։ Եւ նա տայր ժամանակ սահմանեալ ապաշխարութեան։ Եւ ունեալք զհաւատն միաստուական սուրբ երրորդութեանն, եւ ապա մկրտէր իբրեւ հազարս երկուս, թող զկանայս իւրեանց եւ զմանկտի. եւ այսպէս ի հաւատ խառնէր, եւ արձակէր սրբեալս եւ հաւատացեալս։

Thus tied, bound and defeated, all of them (belonging to the world-devouring, world-destroying evil-doing *tohm*s and *azg*s of [pagan] priests) fell to the ground speechless and unable to move from the spot. As the mob was thus bound and massed on the church portico, Vrt'anes himself emerged and inquired: "Who are you, whence do you come, where are you going, and what do you want?" Then they began to speak the truth and confessed: "We came to destroy this place and to kill you, daring to do this by order of the great queen of Armenia. But the Lord God revealed His strength and showed us that He alone is God. And now we acknowledge and believe that He alone is God. Thus we are now bound and unable even to move from the place." The venerable Vrt'anes then spoke words of doctrine and confirmed them in the faith of the one Lord Jesus Christ, saying a great deal to them. Then he offered prayers and asked God to heal and release them from the invisible bonds and the incredible confinement of torments. As soon as they were freed from this they all fell before him and asked for the medicine of repentance. [Vrt'anes] stipulated a time of atonement for them. Having taught them the faith of the united holy Trinity, he then baptized some 2,000 [men], to say nothing of their women and children. Thus did he join them to the faith and released them cleansed and believers.

Դ

Յաղագս երկուց տոհմանցն որք անզաւակեցան, Մանաւագեանքն եւ Որդունիք, ի մէջ Հայաստան աշխարհին:

Եւ զայն ժամանակաւ յարեաւ խռովութիւն մեծ յաշխարհին Հայոց, զի մեծ նախարարք եւ իշխանք երկու, զաւառակալք աշխարհիատեարք անգանէին ընդ միմեանս, մեծաւ ոխութեամբ յարուցին կռիւ, եւ տային ընդ միմեանս մարտ պատարազմի առանց իրաւանց: Եւ պղտորէին զմեծ աշխարհն Հայոց իշխանն Մանաւագեան տոհմին, եւ միւս եւս նախապետն Որդունւոյ տոհմին: Կռուեցան ընդ միմեանս մեծաւ պատերազմաւ, եւ բազում մարդկան լինէր ծախումն կոտորածոյ: Ապա առաքեցին թագաւորն Խոսրով եւ մեծ եպիսկոպոսապետն Վրթանէս զպատուական զմեծ եպիսկոպոսն Աղբիանոս ի մէջ նոցա, խաւսել ի հաշտութիւն խաղաղութեան: Երթեալ հասանէր ի մէջ նոցա երանելին Աղբիանոս, զնոսա ուղղել նուաճել ընդ միմեանս հաշտեցուցանել: Անարգեցին զնա, եւ ոչ լուան բարեխաւսութեանն եկելոյն. անգոսնեցին զյղելիսն, եւ մեծաւ թշնամանաւք արձակեցին զեպիսկոպոսն, եւ առնուին աւերէին զտունն արքունի: Եւ զայրացեալք խստութեամբ, հապճեպ տային ընդ միմեանս մարտ պատերազմի: Ապա մեծ ցասմամբք եւ բազում սրտմտութեամբ արձակեաց թագաւորն ի վերայ նոցա զՎաչէ որդի Արտաւազդայ, զնահապետ Մամիկոնեան տոհմին յազգէ սպարապետութեան Հայոց, զմեծ զաւրավար զաւրաց իւրոց, սատակել կորուսանել զազգն երկոսեան:

12

IV

CONCERNING THE TWO CLANS [OF] THE MANAWAZEAN AND THE ORDUNI IN THE LAND OF ARMENIA.

In that period a great agitation arose in the land of Armenia. For two great naxarars and princes, holders of districts and lords of lands became each other's enemies and, with great rancor stirred up a fight, warring with one another without justice. The prince of the Manawazean tohm and the *nahapet* of the Orduni tohm thus disturbed the great land of Armenia. They engaged each other in great warfare and many people were killed. King Xosrov and the great archbishop Vrt'anes sent the great and honorable bishop Aghbianos into their midst to speak of reconciliation and peace. The venerable Aghbianos went amongst them to correct and subdue them and make them achieve reconciliation with each other. But they dishonored him and did not heed his intercession. They ridiculed the man who had been sent to them, dispatched the bishop with great insults, and took and ruined the royal tun. Severely enraged they promptly commenced warring with each other. With great anger and wrath the king sent against them Vach'e, son of Artawazd, nahapet of the Mamikonean tohm, from the azg of the sparapetut'iwn of Armenia, a great general with his troops, to kill and destroy those two azgs.

Ապա երթեալ հասանէր ի վերայ նոցա զաւրավարն Վաչէ. հարկանէր վանէր զազգան երկոսեան, եւ ոչ թողոյր զերկոցունց տոհմացն զործ կորին եւ ոչ զմի. եւ ինքն դառնայր առ արքայն Խոսրով թագաւորն Հայոց, եւ առ եպիսկոպոսապետն Վրթանէս։ Եւ եւս զաւանն եւ զբուն զահոյից զեղն նահապետին Մանաւազենից եպիսկոպոսին Աղբիանոսի յեկեղեցի. զՄանաւազակերտ ամենայն սահմանաւքն եւ զաւառական հանդերձ որ շուրջ զնքաւք էր, որ կայ ի կողմանս զետոյն Եփրատայ։ Եւ եւտուն զբուն զեղի Որդունւոց, որոյ անուն էր Որդորու. ուստի եպիսկոպոս Բասանու ամենայն սահմանաւքն հանդերձ, որ ինքն իսկ է յերկրին Բասանու։

The general Vach'e went and struck at those two azgs and did not leave a single male child alive. Then he returned to king Xosrov, the monarch of Armenia, and to the archbishop Vrt'anes. And [the king] gave to the bishop Aghbianos for the Church the awan and the bun residential village of the nahapet of the Manawazean, [namely] Manawazakert with all of its borders and the small district lying about them (which was in the area of the Euphrates river). They also gave the bun village of the Ordunis (which was named Ordoru whence came the bishop of Basen) with all of its borders. He himself was from the Basen country.[4]

---

4 The text is corrupt: "*Ew etun zbun gewghn Ordunwoc', oroy anun er Ordoru. usti episkopos Basanu amenayn sahmanok' handerj, or ink'n isk e yerkrin Basan*u." Malxasyanc believes that the Orduni land was given to the bishop of Basen.

Ե

Յաղագս որդւոց քահանայապետին Վրթանայ, որոց անուանք էին երիցուն Գրիգորիս, եւ երկրորդին Յուսիկ:

Այս Վրթանէս եւ Արիստակէս որդիք էին մեծի քահանայապետին Գրիգորի, եւ էր Արիստակէս կուսան սուրբ ի մանկութենէ. զի թէպէտ եւ կրսեր որդի էր, կանխաւ եհաս յաթոռ հայրենի եպիսկոպոսութեան: Իսկ Վրթանէս էր ամուսնացեալ եւ անորդի. եւ բազում ժամանակս խնդրէր նա յԱստուծոյ. զի մի գրկեսցի նա յաւրհնութենէն զաւակի, այլ ի պտղոյ նորա կացցէ առաջի նորա ի պաշտաւն տեառն: Եւ ի ծերութեան նորա լուաւ տէր աղաւթից նորա. յղացաւ ամուսին նորա, եւ ծնաւ երկուս որդիս երկուորեակս, եւ կոչեաց զանուն երիցուն յանուն հաւր իւրոյ Գրիգորիս, եւ երկրորդին Յուսիկ, որք սնան զառաջեաւ թագաւորին Հայոց, եւ ուսման գրոց փոյթ ի վերայ կալան ուսուցանել զնոսա: Ապա երէց որդին Գրիգորիս եհաս յեպիսկոպոսութիւն կողմանց Աղուանից եւ Վրաց, վասն հոգեկիր առաքինի արգասեացն, բարեհասակ, եւ զգիտութիւն Աստուծոյ յանձին կրելով: Ոչ ամուսնացաւ նա, այլ ի հնգետասանամէնից եհաս յաստիճան եպիսկոպոսութեան աշխարհին Վրաց եւ Աղուանից, այս ինքն սահմանացն Մազքթաց: Երթեալ նորոգեաց անդ զեկեղեցիսն լուսաւոր կարգաւք, առաջնոյն Գրիգորի հաւրն գործոցն նմանեալ:

16

V

THE SONS OF THE CHIEF-PRIEST VRT'ANES, THE ELDER NAMED GRIGORIS AND THE SECOND YUSIK.

Vrt'anes and Aristakes were sons of the great chief-priest Gregory. Aristakes, who had been a pure celibate from childhood, was first [after Gregory] to sit on the patrimonial throne of the episcopate, despite the fact that he was the younger son. Vrt'anes had been married, but was childless. For a long time he beseeched God not to deprive him of the blessing of a son, a fruit of his own who he would place in the Lord's service. In [Vrt'anes'] old age the Lord heard his prayers, his wife became pregnant and bore twin sons. [Vrt'anes] named one of them after his father Gregory, and the other, Yusik. They were raised in the presence of the king of Armenia and they took care to give them an education. Subsequently, the senior son, Grigoris, who was an attractive, virtuous individual, full of spiritual accomplishments and knowledge of God, attained the episcopate in the areas of Aghuania and Iberia. He did not marry, but already at the age of fifteen became bishop of the land of Iberia and Aghuania, that is to say, of the borders of the Mazk'ut'k'. Going there, he renovated the churches with luminous orders, resembling his [grand]father Gregory in his actions.

Իսկ զՅուսիկ սնուցանէր Տիրան որդի թագաւորին Խոսրովու. եւ ետ արքայորդին Տիրան զդուստր իւր կնութիւն Յուսկանն որդւոյ Վրթանիսի։ Եւ մինչ դեռ մանուկն էր, յետ միանգամ յառաջնում գիշերին մտանելոյ յղացաւ կինն։ Եւ իսկ եւ իսկ եւս ի տեսլեանն զի երկու էին մանկունքն, եւ ոչ հաճոյ ի պաշտաւն տեառն Աստուծոյ. եւ զղջացաւ զամունանանլն։ Լայր եւ աղաչէր զԱստուած, եւ ապաշխարէր մեծաւ տառապանաւք։ Եւ յամունանանլն բնադատեցաւ ի թագաւորէն իբրեւ զմանուկ. սակայն եւ այն ըստ Աստուծոյ շնորհացն գործէր, զի որք առ յապայն յառնելոց էին ի նմանէ հովիւքն զլխաւորք, որք յաւգուտ աշխարհին եւ ի շահ մշակութեան եկեղեցեաց յաւետարանական հրամանացն սպասաւորել։ Այլ սակայն նա ըստ այն մի գիշերն այլ ոչ եմուտ առ կինն իւր. եւ ծնաւ կինն երկաւորիս, որպէս եւ եւս ի տեսլեանն յառաջագոյն. եւ կոչեցին զանուն առաջնոյն Պապ, եւ զերկրորդին Աթանագինէս։

Եւ յետ միոյ գիշերոյ ի կինն մերձենալոյ այլ ոչ եւս մերձեցաւ ի նա, վասն առաքինութեան մանկութեան. իբրեւ ոչ եթէ զամունանութիւնն ինչ աղտեղի համարէր, այլ կասկածէր նա ի տեսլենէն զոր եւս, եթէ ընդէր բնաւ ի նմանէ այնպիսի զաւակ անպիտան ծնանիցի։ Քանզի ոչ երկրաւոր զաւակի ցանկացեալ էր, այլ այնպիսումն որ ի սպասաւորութիւն սպասու պաշտամանն ծառայութեան տառն Աստուծոյ կացցեն։ Եւ զամենայն իսկ զերկրաւորս առ ոչինչ համարեալ, ոչ լաւ համարեցաւ զանցաւորս այլ զլերինն. երկնակեաց կենացն ցանկացեալ հայէր։ Լաւ համարէր զգառայէլն միայն Քրիստոսի անձին փառս համարէր. ոչ ինչ աձէր ընդ միտ զսէր թագաւորին կամ ի նմանէ կութ զպատուութեան, կամ զմեծութիւն, կամ զնդանութիւն փեսայութեան թագաւորին, այլ յայնմ ամենայնէ ուրացեալ հրաժարէր, եւ աւտարոտիս եւ զարշելիս եւ պատրանս համարէր։

Tiran,[5] son of king Xosrov, raised Yusik. The king's son Tiran gave his daughter in marriage to Yusik, son of Vrt'anes. His wife became pregnant after Yusik (then still a lad) entered her on the first night. In a vision [Yusik] saw as though it were reality that [his wife would bear] two lads not suitable for the Lord God's service and he regretted his marriage. He wept and beseeched God and did penance with great tribulation. It was the king who had forced him as a lad to marry. But this was also accomplished by God's will, since in the future he had to provide principal shepherds who must serve the Apostolic commands for the benefit of the land and the profit of serving the churches. But after that one evening, he did not couple with his wife again. [Later] his wife bore twins as he had foreseen in the vision; they named the first Pap and the second At'anagines.

With his boyish virtue, after coupling with his wife that one night, he did not approach her again. It was not that he regarded marriage as an evil thing, but rather, he had doubts because of the vision he had seen, [wondering]why such despicable children should issue from him. For he had not wanted [ordinary] earthly children, but such who would stand in service to the Lord God. In general [Yusik] scorned every mundane thing regarding as good, not the transitory, but the sublime. He wanted to look upon divine life. He regarded serving Christ as the only good and glorious thing, and ignored such things as the king's affection or honor and exaltation from him, or the relationship of being the king's son-in-law. He turned his back and rejected all of that, considering it foreign, loathsome and illusory.

---

5 Tiran (339-350).

Եւ յետ առաջնոյն այլ ոչ եւս խաբեցաւ երբէք ուրեք իբրեւ զմանուկ. այլ հայրական միտս գծերական հանճարոյն ստացեալ, զսրատն իմաստութեան անմահութեան: Լաւ համարեցաւ զնախատինսն Քրիստոսի, քան զմեծութիւն թագաւորացն. զճգունս վարուց ընդրեալ անձին իւրոյ, յերկոտասանամենից եւ ի վեր առաքինանայր: Որ իւրոյ հարցն նմանեալ, եւ զեղբաւրն իւրոյ Գրիգորի զաւրինակ բերէր անձին իւրոյ. զքրիստոսեան լուծն առանց ամենայն յապաղութեան ձգէր մինչեւ ի վախճան:

Բայց վասն զի թշնամանացեալ էր տուն թագաւորին ընդ նմա, եւ մինչ դեռ վասն այնորիկ զգուշին զնա աներք նորա, մեռաւ կին նորա. ազատեալ լինէր Յուսիկ ի յաներոյն: Եւ մինչ նա հոգացեալ վասն իր ծնընդոց մնացելոց զաւակին, եւ վասն այնորիկ հոգալով կայր յաղաւթս առ տէր, եւ երեւեցաւ նմա հրեշտակ տեառն ի տեսլեանն, եւ ասէ ցնա. Յուսիկ, որդի Գրիգորի, մի երկնչիր. զի լուալ տէր աղաւթից քոց, եւ աՀա ծագի ի քո զաւակացդ այլ զաւակք: Զի լիցին նորա ի լուսաւորութիւն գիտութեան, եւ աղբեւրք հոգեւոր իմաստութեան Հայաստան աշխարհիս: Եւ ի նոցանէ բղխեսցեն շնորհք պատուիրանացն Աստուծոյ. եւ խաղաղութիւն բազում եւ շինութիւն եւ հաստատութիւն բազում եկեղեցեաց ի տեառնէ նոցա տացի, բազում յաղթութեամբ եւ մեծաւ զաւրութեամբ. եւ բազում մոլորեալք դարձին ի ճանապարհս ճշմարտութեան. որով եւ Քրիստոս բազում լեզուաք փառաւորեսցի նոքաւք: Որք սիւնք եկեղեցեաց լինիցին, եւ մատակարարք բանին կենաց, եւ հիմունք հաւատոց. պաշտաւնեայք Քրիստոսի եւ արբանեակք հոգւոյն սրբոյ. զի ուստի հիմն իցէ շինուածոյն, եւ կատարն անտի լինիցի: Եւ բազում տունկք պտղաբերք եւ շայեկանք եւ աղտտակարք ի հոգեւոր դրախտին ի նոցա մշակութեանն աճոյն տնկեսցին եւ ընկայցին զաւրհնութիւն յԱստուծոյ:

Following that first incident he was no longer tricked as a lad might be, but having received his patrimonial intellect and the wisdom of an old man, he wisely tended toward the immortal. He regarded insults [borne] for Christ preferable to the greatness of kings. He chose for himself an ascetic life and from the age of twelve he was virtuous. He resembled his fathers and followed the example of his brother Gregory. To the end of his life he bore the Christian yoke without any obstruction.

However the tun of the king was angered at him. While his father-in-law was dishonoring him for [ignoring his wife], his wife died, and Yusik was freed from his father-in-law. When [Yusik] was worrying about the children, the issue of his marriage, and was praying to the Lord, the Lord's angel appeared to him in a vision and said: "Yusik, [grand]son of Gregory, fear not. For the Lord has heard your prayers. Behold, other children will be born from your children, and they will be illuminators of the land of Armenia and fountains of spiritual wisdom. The graces of God's commandments will flow from them and the Lord will grant through them much peace, and the construction and establishment of many churches, with great triumph and power. And many misguided [folk] will be turned onto the path of Truth. Through them Christwill be glorified by many tongues. They will be pillars of the churches, dispensers of the word of Life, foundations of the faith, servants of Christ, and satellites of the Holy Spirit. For where the foundation of a structure is, there the pinnacle will be found. By their cultivating hands many fruit-bearing, profitable and useful plants will be planted in the spiritual garden and be blessed by God.

Իսկ որք ոչն կամիցին տնկել նոքաւք, եւ ի նոյն հն-
գեւոր ցաւղոյն գիտութենէ ըմպել, խոտան գտանիցին
մերձեալք յանէծս, եւ վաղջան նոցա լիցի յայրումն հրոյն։
Բազում անգամ վասն տեառն լինիցին նոքա ի հետ եւ ի
նախանձ յանարժանացն․ այլ կացցեն ի հաւատս անշարժ
իբրեւ զվէմ, եւ յաղթեսցեն նոցա համբերութեամբ բազ-
մաւ։ Եւ յետ նոցա թագաւրեսցէ ստութիւն, յապարասան
յանձնասէր յարձաթասէր ի մտախաբ յանպատսպարան
յանապիտան ի սուտակ եւ ի բանսարկու մարդկանէ․ եւ ա-
պա եթէ ոք զացի որ եւ արասցէ ունել զուխտ հաստա-
տութեան հաւատոյ հագիւ հագիւ։ Եւ զայս ամենայն լուեալ
մանուկն Յուսիկ ի հրեշտակէն, մխիթարութեամբ մեծաւ
գոհանայր զտեառնէ Աստուծոյ, որ արժանի արար զնա
այսպիսի յայտնութեան պատասխանւոյն։ եւ զամենայն ա-
ւուրս կենաց իւրոց գոհանայր եւեթ յամենայն ժամ անդա-
դար։

Those who do not want to be planted by them and be watered by the spiritual demon of knowledge will be cursed and rejected, and their end will be in the burning fires [of Hell]. For the sake of the Lord they will frequently be subjected to the spite and envy of unworthy people. But they will remain unmoved in the faith, as a rock, and will conquer [the unworthy] with much patience. After them will reign falseness, unbridled, self-indulgent, lovers of silver cheaters, untrustworthy despicable liars and slanderers, such that very few people will remain who will be able to hold firmly the covenant of the faith." When the lad Yusik heard all of this from the angel, with great consolation he thanked the Lord God Who made him worthy of such a revealed answer. And every day of his life he ceaselessly gave thanks.

Ձ

Յաղագս Գրիգորիսի որդւոյ Վրթանայ, եւ
նորուն վախճանին, եւ տեղին ուր եդաւն:

Այլ վասն Գրիգորիսի եպիսկոպոսի, որդւոյ Վրթանայ, եղ-
բայրն Յուսկան, որ կաթողիկոսն էր կողմանցն Վրաց եւ
Աղուանից, իբրեւ եկաց սա յիւրում պաշտամանն, մինչ դեռ
մանուկն եւս էր, շինեաց նորոգեաց զամենայն եկեղեցիս
կողմանցն այնոցիկ, եւ ձգեցաւ ի զաւառակողմանցն Ատր-
պատականի, քարոզ ճշմարտութեան հաւատոցն Քրիստո-
սի լինէր նա, եւ առաջի իսկ ամենեցուն էր սքանչելի եւ զար-
մանալի. խստագոյն եւ դժուարագոյն անհամարբ ծանրա-
բեռն վարուցն կրթութիւնբ խստամբերութեանն, պահաւք եւ
սրբութեամբ, տքնական հսկմամբ անձանձրոյթ աղաւթիցն
ջերմութեան առ տէր Աստուած կանխելոյ վասն ամենայն
մարդոյ: Զաւետարանական ընթացսն եւ զվերակացութիւն
եկեղեցւոյ սրբոյ շնորհաւբն Աստուծոյ առանց պակասու-
թեան տանէր. առաւել եւս փութայր, զուն եղեալ յորդորե-
լով զամենեսեան առ ի բարեացն քաջալերութիւն, զզայզ
եւ զզերեկ պահաւք եւ աղաւթիւք եւ ուժգին խնդրուածովք
եւ բարձրակալ կատարման հաւատովբն մերձաւորաց եւ
հեռաւորաց զհոգեւոր եռանդն ածէր. իբրեւ զպատերազ-
մաւբր նահատակ միշտ զանձն ի կրթութիւն եւ ի պատ-
րաստութեան ունէր ամենայն փորձութեանց եւ վշտաց, առ
ի տալ պատասխանի ամենայն համարձակութեամբ, վասն
ճշմարտութեան հաւատոցն մարտնչել որ վասն Քրիստոսի:

24

VI

VRT'ANES', SON GRIGORIS, HIS DEATH AND PLACE OF BURIAL.

As regards bishop Grigoris (Vrt'anes' son and Yusik's brother), he became the Catholicos of the Iberian and Aghuanian areas, occupying this office while he too was still a lad. He built and renovated all the churches of those parts, extending to the districts of the Atrpatakan area. He preached the truth of faith in Christ and appeared miraculous and amazing before everyone with his severe, unbearable ascetic conduct, keeping fasts, with his clean life, sleepless vigils and ceaseless fervent prayers to the Lord God, for all people. With the grace of God he perfectly conducted the Apostolic course and superintendency of the blessed Church, taking care, encouraging and exhorting everyone to goodness, with day and evening fasts and prayers, inspiring everyone near and far with spiritual zeal, supplications and perfect faith. Like a heroic warrior he trained and kept himself ready for all sorts of trials and sorrows, so that he be able to emerge from every battle boldly [triumphant] for the true faith of Christ.

Եւ իբրեւ ուղղեաց նորագեաց զամենայն եկեղեցիս կողմանցն այնոցիկ, եհաս նա մինչեւ ի ճամբար բանակին արշակունոյ արքային Մազքթաց, որոյ անուն իւր Սանեսան կոչէր: Քանզի եւ նոցա եւ Հայոց թագաւորացն մի ազգաւորութիւն էր տոհմին բնութեան: Եւ երթեալ յանդիման լինէր թագաւորին Մազքթաց, իշխանին բազմութեան զաւրացն Հոնաց. եւ եկաց առաջի նոցա, սկսաւ քարոզել եւ աւետարանել նոցա զՔրիստոս: Ասէ ցնոսա թէ ծաներուք զԱստուած: Լուան եւ ընկալան զառաջինն եւ հնազանդեցան: Ապա սկսան բնել զաւրէնսն Քրիստոսի, եւ ուսան ի նմանէ թէ ատելի է Աստուծոյ աւարառութիւն եւ յափշտակութիւն, սպանութիւն, ագահութիւն, այլազրկութիւն, զայլ ոյցկերութիւն, ցանկութիւն այլոց ստացուածոց: Ապա այսպիսի իմն իրաւք իբրեւ լուան, զայրացան ընդ բանս նորա եւ ասեն. Զի ոչ յափշտակեսցուք, զի ոչ աւարեսցուք, զի ոչ առցուք զայլոյ, իւ կեցցուք այսչափ անչափ զաւրաց բազմութիւնք: Եւ թէպէտ բիւրաւոր բանիք բարեաւք կամէր հաճել զսիրտս նոցա, ոչ ինչ կամէին ունկնդիր լինել, այլ ասէին ցմիմեանս. Եկեալ այսպիսի բանիւք կամի ի քաջութենէ որսոյն կենաց մերոց խափանել զմեզ. իսկ եթէ սմա լուիցուք, եւ դարձցուք յաւրէնս քրիստոնէութեան, իւ կեցցուք, զի ոչ յերիվար հեծցուք ըստ բնութեան աւրինաց սովորութեանց մերոց: Այլ, ասէին, այս խորհուրդ Հայոց թագաւորին է. զաս յղել առ մեզ, զի այսու ուսմամբ խափանեսցէ զմեր արշաւանս ասպատակութեան հինի յաշխարհէն իւրմէ. այլ եկայք զաս պակասեցուսցուք ի միջոյ, եւ մեք ի Հայս արշաւեսցուք, աւարաւ զմեր աշխարհս լցցուք:

When [Grigoris] had reformed and renovated all the churches in those parts, he reached the camp of the Arsacid king of the Mazk'ut'k' named Sanesan. The Armenian kings and [the Mazk'ut'k'] kings were relatives, of the same tohm. [Grigoris] went and presented himself to the king of the Mazk'ut'k', the prince of a multitude of Honk' troops. In their presence he began preaching Christ's Gospel to them, saying: "Recognize God." At first they listened and accepted this. But subsequently they began to examine the faith of Christ and learned from [Grigoris] that God despised looting, ravaging, killing, greed, depriving others, eating others and coveting other people's goods. When they learned these facts they grew angry at his words and said: "If we do not ravage, do not loot, do not take the belongings of others, how will such a huge multitude of troops as we live?" Although [Grigoris] wanted to win their hearts with a myriad of goodly words, they in no way wanted to listen, but rather said to each other: "He has come with such words to deprive us of the bravery of the hunt and to destroy our lives. If we should listen to him and convert to the Christian faith, how will we live, for we will be unable to mount a horse according to the natural laws of our customs. This is the plan of the king of Armenia who has sent him to us in order to stop our pillaging expeditions from going to his land, by means of this teaching. Come, let us eliminate him, go invade Armenia, and fill up our land with booty."

Ապա շրջեցաւ թագաւորն, եւ լուաւ բանից զարացն իւրոց. եւ կալան ձի մի ամեհի, կապեցին կախեցին զմանուկն Գրիգորիս զազոյ ձիոյն, եւ արձակեցին ընդ ծովեզեր դաշտին հիւսիսական ծովուն մեծի, արտաքոյ իւրեանց բանակին ի դաշտին Վատնեայ: Եւ այսպէս սպանին զառաքինի քարոզն Քրիստոսի զմանուկն Գրիգորիս: Եւ ապա բարձին զնա որք ընդ նմա երթեալ էին ի զաւառէն Հաբանդայ, եւ բերին ի զաւառն իւրեանց ի կողմանս Աղուանից ի սահմանս Հայոց ի Հաբանդ, ի գեաւղն որ անուանեալ կոչի Ամարազ: Եւ եդին զնա առ եկեղեցեանն, զոր շինեալ էր առաջնոյն մեծին Գրիգորի, հաւուն Գրիգորիսի քահանայապետին մեծի աշխարհին Հայաստան երկրին: Եւ ամ յամէ աշխարհաժողովուրդք ի մի վայր ժողովեալ կողմանցն այնոցիկ եւ աշխարհաց զաւառացն այնոցիկ, զորրա զաւր տաւնին զլիշատակ քաջութեանն ցնծան:

The king listened to the words of his troops and changed his mind. Taking a wild horse, they bound the lad Grigoris, tied him to the horse's tail and let the horse run free across the plain which borders the great northern sea outside their camp, in the Vatneay plain. Thus did they kill the virtuous preacher of Christ, the lad Grigoris. Those who had accompanied [Grigoris] from the district of Haband, took his body and brought it to their district, Haband, on the border of Armenia, in the Aghuanian area, to the village called Amaraz, They placed him by the church which had been built by Grigoris' grandfather, the first Gregory, the great chief-priest of the country of Armenia. Every year the people of the districts of those lands assembled there and commemorated with joy the feast in honor of his bravery.

Է

Յաղագս մարտի պատերազմին հինին եկեղոց
յարձաւանաց թագաւորին Մազքթաց յաշխարհին
իշխանութեան Հայոց թագաւորին, եւ կամ
որպէս սատակեցաւ նա զաւրաւքն
իւրովք հանդերձ:

Յայնմ ժամանակի թագաւոր Մազքթաց Սանեսան անհնարին նիւթեաց զարտմտութիւն դիւթեան ընդ իւրում ազգակցին Խոսրովու արքային Հայոց, եւ զումարեաց ժողովեաց
զամենայն զաւրս Հոնաց եւ Փոխաց, Թաւասպարաց, Հեճմատակաց, Իժմախաց, Գաթաց եւ Գղուարաց, Գուզարաց,
Շջբաց եւ Ճղբաց եւ Բաղասճաց եւ Եգերսւանացն, եւ այլոց խառնաղանճ բազմութեամբք, անթիւ բանակն վաչկատուն զաւրութեանց, որում միանգամ ինքն իշխէր զաւրացն
բազմաց: Եկն անց ըստ իւր սահմանն ընդ գետն մեծ ընդ
Կուր, եւ եկն տարածեցաւ ելից զերկիրն Հայոց աշխարհին:
Եւ չգոյր թիւ բազմութեան հեծելազաւր զաւդացն, եւ ոչ համար շերտաւոր հեծեւակ զաւրուն. զի եւ ինքեանք զինքեանս զիւրեանց զաւրսն թուել ոչ կարէին: Բայց ուր լինէր
հանդէս, ի նշանաւոր տեղիս գնդի գնդի, դրաւշու դրաւշու,
վաշտուց վաշտուց, յերեւելի յերեւելի տեղեաց մէն մի բնաքար առ այր հրամայէին, զի բերցեն ընկեցեն շեղջ կուտել.
զի որչափ լիցի, այնու երեւեսցի նշանակ բազմութեանն,
առ իմանալ առ վաղիւ անցելոց իրացն ահատրութեան
նշանակ: Եւ ընդ որ միանգամ անցանէին, այսպէս թողուին
յամենայն ճանապարհակիցս, ի վերայ անցից պողոտայից:
Եւ ելին լցին ծածկեցին զամենայն երկիրն Հայոց քանդեցին, գերեցին, առ հասարակ աւերեցին. սփռեցան տարածեցան զաահմանաւքն, լի եւ լի ծաւալեցան մինչեւ ի փոքր
քաղաքիկն Սատաղու, եւ մինչեւ ի Գանձակ սահմանս ատրպատական. խաղացուցին ի մի վայր ժողովեցին, ի ժամադիր կողմանս յԱյրարատեան զաւտղին բանակ մեծ լինէր:

30

VII

THE WAR WHICH RESULTED FROM AN INVASION OF THE BRIGAND KING OF THE MAZK'UT'K' INTO THE LAND UNDER THE SWAY OF THE KING OF ARMENIA. HOW [SANESAN] PERISHED WITH HIS TROOPS.

In that period Sanesan, king of the Mazk'ut'k', grew unbelievably rancorously angry at his relative, Xosrov, king of Armenia. He assembled all the troops of Honk' and P'oxs, T'awaspars, Hechmataks, Izhmaxs, Gat's and Gghuars, Gugars, Shch'bs and Chghbs and Baghaschs and Egersuans[6], with a multitude of other rabble, a countless army of nomadic troops many of which he himself ruled. He crossed his border, the great Kur river, and came and filled up the country of the land of the Armenians. There was no counting the multitude of [his] cavalry brigades or the infantry troops armed with spears, and indeed, they themselves were unable to count their own men. But when they came to some notable spot and held a review by brigade, banner, and battalion, they ordered that each man carry a stone, bring it and place it [to make] a mound. However many stones were present would represent the number of the multitude and this would remain for the future an awesome symbol of bygone days. On intersecting points along the road they left such symbols. They came and covered the entire country of Armenia. They demolished, enslaved and generally destroyed, spreading through the borders as far as the small city of Satagh, and as far as Ganjak within the borders of Atrpatakan. They went to one designated place in the Ayraratean district, where they assembled as one large army.

---

6 Or, Egerac'woc' (Suaneanc').

Եւ խոյս ետ թագաւորն Հայոց Խոսրով յիւրմէ երբար-
գն, նոյն ի Սանէսանայ յարքային Մազքթաց. եւ անկան յա-
մուր բերդն Դարեւնից յերկիրն Կովգայ, եւ ընդ նմա ծերու-
նին Վրթանէս եպիսկոպոսապետն Հայոց։ Ապա առնուին
պահս պահել, եւ խնդրել յԱստուծոյ զի փրկեսցէ զնոսա յայ-
նմ ի դառն դահճէն, եւ սկսան խնդրել ի տեառնէ Աստուծոյ։
Եւ նա ծածկեալ բռնացեալ ունէր զերկիրն առ հասարակ
իբրեւ տարի մի։ Ապա եկն եհաս Վաչէ որդի Արտաւազդայ
ի Մամիկոնեանն տոհմէն, զաւրավար ամենայն Հայոց մե-
ծաց։ Զի երթեալ էր նա ի ժամանակին յայնմիկ զերկայն
ճանապարհս ի կողմանս Յունաց։ Ապա ժողովեաց նա
զամենայն քաջս քաջս նախարարացն, եւ զունդ կազմէր
բազում յոյժ. եւ հասանէր անկանէր ի վերայ բանակին, յա-
րաւաւտուն ժամուն այգանալոյն պաշտամանն. զի բանակ-
եալ էին նոքա ի լերինն որ կոչի Ցլու գլուխ. եւ առ հասա-
րակ ընդ սուր հանին զամենեսեան, եւ ոչ մի ոք ոչ ապրե-
ցուցանէր, եւ դարձուցանէր զբազմութիւն զերեացն։ Եւ յետ
այսորիկ առնոյր զաւարն, խաղայր գնայր երթայր իջանէր
ի դաշտն Այրարատեան զաւտին. երթայր գտանէր զՍա-
նէսան թագաւորն Մազքթաց բուն զնդան, անթիւ անհա-
մար զաւրաւքն հանդերձ ի Վաղարշապատ քաղաքի։ Առ-
եալ զգունդն Վաչէ, եւ յանկարծակի յարձակեցաւ ի վերայ
քաղաքին, եւ մատնեաց զնոսա տէր ի ձեռս նորա։

Եւ իբրեւ տեսին զնա յարձակեալ ի վերայ իւրեանց,
փախեան ելին ի քաղաքէ անտի յառապարն ի կողմն յԱւ-
շական բերդին. եւ զանապատն, եւ զքարուտ տեղիսն ապա-
ւէն իւրեանց համարեցան. եւ լինէր սաստիկ պատերազմ
յոյժ յոյժ։ Եւ նիզակակիցք զաւրավարին Հայոց, որ էին

Բագրատ բագրատունի,
Մեհունդակ եւ Գարեգին ռշտունիք,
եւ Վահան նահապետն ամատունեաց տոհմին,
եւ Վարազ կամինական։

Xosrov, king of Armenia, eluded his kinsman Sanesan, king of the Mazk'ut'k'. Taking the aged archbishop of Armenia Vrt'anes with him, they went to the secure Darewnic' fortress in the Kovg country. There they began to fast and to beseech God to save them from such a bitter executioner. This they asked of the Lord God. But [Sanesan] held and tyrannized over the entire country for about a year. Then Vach'e (son of Artawazd) of the Mamikonean tohm arrived, the general of all of Greater Armenia. In that period he had gone on a long journey to the Byzantine areas. He assembled all the bravest of the naxarars, organized a very large brigade, and fell upon the [enemy] army at the time of the morning worship. [Sanesan's men] were encamped on the mountain called *C'lu glux.*[7] [Vach'e] put them all to the sword, not leaving anyone alive, and returned with a multitude of captives. Then he collected the loot and descended into the plain of the Ayraratean district. He went and located Sanesan, king of the Mazk'ut'k' with his main brigade, an inestimable, countless number of troops, in the city of Vagharsapat. Vach'e took [his] brigade and suddenly attacked the city, and the Lord betrayed it into his hands.

When [the enemy] saw that [Vach'e] had attacked them, they fled from the city on the rough road leading to Oshakan fortress thinking that the desert and rocky places would serve them as a refuge. There was an extremely fierce battle. The comrades-in-arms of the general of Armenia were:

Bagrat Bagratuni,
Mehundak and Garegin Erheshtunik'
Vahan, nahapet of the Amatunik' tohm,
and Varaz Kaminakan.

---

7   *C'lu glux:* Bull's Head.

Հասանէին հարկանէին սատակէին զաւրսն Աղանացն, եւ Մազքթացն, եւ Հոնացն եւ զայլոց ազգացն, եւ լնուին զդաշտն առապարացն առհասարակ դիակամբ մեռելոց. մինչ զի իբրեւ զգետ յարուցեալ երթայր արիւնն անհնարին, եւ ոչ լինէր թիւ զաւրացն մեռելոց։ Եւ զմնացեալսն սակաւ առաջի իւրեանց հալածականս տանէին մինչեւ յաշխարհն Բաղասճաց, եւ զգլուխն Սանէսանայ մեծի թագաւորին եկին բերին առաջի արքային Հայոց։ Սակայն իբրեւ եստես, լալ սկսաւ. ասէ, Եղբայր իմ էր ազգաւ արշակունի։ Ապա եկեալ էր արքային ի տեղի ճակատուն, եւ ընդ նմա մեծ եպիսկոպոսապետն Հայոց. եւ տեսին զկուտորածն զաւրացն հարեալոց, զի նեխէր երկիրն ի հոտոյ մեռելոցն։ Ապա եստուն հրաման զուզաց հանել յաշխարհէն, եւ անդէն ծածկել քարակարկառ վիմաւք, զի մի ի շարաւոյ հոտոյն մեռելոտի ոսկերացն երկիրն պղծեսցի։ Եւ դադարեաց երկիրն ի խաղաղութեան ամս հարուստ մի. եւ այսպէս վրէժ սրբոյն Գրիգորիսի խնդրեցաւ ի թագաւորէն Սանէսանայ, եւ ի բանակէ նորա. զի ոչ մնաց ի նոցանէ եւ ոչ մի։

They struck and killed the troops of Alans, Mazk'ut'k', Honk' and other peoples, filling the rocky plain with the corpses of the dead. An incredible amount of blood coursed like a river, and there was no counting the dead troops. They chased the few survivors before them as far as the land of the Baghaschs, and they brought the head of the great king Sanesan to the king of Armenia. But when [Xosrov] saw this, he began to weep, saying: "He was my brother, of the Arshakuni azg." Then the king and the great archbishop of Armenia came to the site of the battle where they viewed the corpses of those who had been slain. The country stank with the stench of the dead bodies. They ordered that irregular troops be called up from the land and that the slain be covered with rocks so that the country not be polluted from the smell of the corpse's bones. Then the country relaxed in peace for a full year. Thus was vengeance exacted for saint Grigoris from king Sanesan and from his army. None of them survived. Not a single one.

Լ

Յաղագս մայրեացն տնկելոց, եւ պատերազմացն
ընդ Պարսս, եւ ազգահատութեան տան
նախարարացն տոհմին Բգնունեաց:

Եւ իբրեւ առ ժամանակ մի խաղաղացաւ երկիրս Հայոց, ապա եռ հրամանն թագաւորն Հայոց Խոսրով, տալ պարգեւս
արանցն քաջացն որ վաստակեցին նմա, եւ փոխանակեցին
զանձինս իւրեանց փոխանակ աշխարհին Հայոց մեծաց յամենայն ի մարտ ճակատուցն պատերազմաց: Եւ եւս Վաչէի
զաւրավարի զականս Ջանջանակին, եւ զՋրաբաշխիս, եւ
զՅլու զլուխ, ամենայն զաւառակաւրն հանդերձ. նոյնպէս եւ
այլոց նախարարացն մեծամեծ պարգեւս: Եւ եւս հրամման
թագաւորն զաւրավարին իւրոյ հանել խաշար յաշխարհէն
բազում, եւ բերել զկայրենի կաղին մայրեաց, եւ տնկել զայն
յԱյրարատեան զաւառին. եւ առեալ յամուր բերդէն արքունի, որում կոչեն Գառնի, մինչեւ ի դաշտն Սեծամաւրի ի բրլուրն որ անուանեալ կոչի Դուին, որ կայ ի հիւսիսոյ կողմանէ քաղաքին մեծի Արտաշատու, զգեւն խնսարի մինչեւ յապարանսն Տիկնունի տնկեցին զկաղինն: Եւ կոչեաց զանուն
նորա Տամար մայրի: Եւ միւս ի մայրեացն յեղջգնաբերանին
ի նմանէ ի հարաւակոյս լցին զդաշտն կաղնատուն տնկով
եւ կոչեցին զանուն նորա Խոսրովակերտ: Եւ անդ շինեցին
զապարանսն արքունական, եւ զերկոսեան տեղիսն պարսպեալ փակեցին. եւ ոչ կցեցին ի միմեանս վասն պողոտայի
ճանապարհին: Եւ աճեաց բարձրացաւ. եւ ապա զամենայն
էրէս եւ զզազանս հրամայեաց ժողովել թագաւորն եւ լնուլ
զքաղաքորմսն, զի լիցին նոցա տեղիք որսոց զբաւսանաց
ուրախութեան թագաւորութեան նորա: Եւ զաւրավարն
Վաչէ կատարէր վաղվաղակի զասացեալն արքայի:

36

VIII

THE PLANTING OF FORESTS, THE WARS WITH THE PERSIANS, AND THE EXTERMINATION OF THE LORDLY HOUSE OF THE BZNUNIK'.

When the country of Armenia had been calmed for a while, Xosrov, king of Armenia ordered that gifts be given to the brave men who had labored for him and [had been willing to exchange their lives for the land of Greater Armenia in all battles of the war. To general Vach'e he gave the sources of [the] Janjanak, and Jrabashxik', and C'lu glux [mountain] with all of its small districts. Similarly he gave very great gifts to the other naxarars. He ordered his general to dig up many young trees, to bring wild oak trees of the forests and plant them in the district of Ayrarat, beginning from the secure royal fortress called Garhni and extending to the plain of Mecamor to the hill called Duin which is on the north side of the great city of Artashat. Thus they planted oak trees south of the river as far as the Tiknuni palace. He called this the *Tachar*[8] forest. South of this in a reedy area they filled up the plain with another oak forest, which they named Xosrovakert. There they built royal palaces, walling and shutting in both sites, nor were the two [areas] joined by a road, The forest[s] grew tall. Then the king ordered that all kinds of game and wild beasts be gathered and placed behind the walls so that [the forests] be places for diversionary hunting and pleasure in his kingdom. General Vach'e immediately implemented what the king said.

---

8 *Tachar:* "Temple".

Եւ մինչդեռ նա յայսմ գործ զմայրեաւքն տնկելովք էր, յանկարծակի գուժկան հասանէր առ Խոսրով ի Հեր եւ ի Զարաւանդ գաւառ, թէ պատրաստեալ են զաւրքն Պարսից գալ հասանել ի գործ պատերազմի ի վերայ քո: Ապա հրամանն ետ արքայ Խոսրով Դատաբայ նահապետի Բզնունեաց զուզագ հանել յաշխարհէ աւելի քան զչափն. եւ զիամար զաւրան մատենիկ զնդան ընդ առաջ նոցա խաղալ հասանել ի դիմի հարկանել, արգելուլ գբշնամիսն: Ապա Դատաբէն երթայր ընդ առաջ զաւրացն Պարսից բազմութեամբ զաւրաւքն Հայոց: Իբրեւ հասանէր Դատաբէն, խորհուրդ միաբանութեան դնէր ընդ իշխանսն զաւրացն Պարսից. կամեցաւ մատնել ի ձեռս նոցա զաւրքայն Հայոց զտէրն իւր. դարան հրամայեաց գործել թշնամեացն ի վերայ իւրոց զաւրացն, եւ անդրէն սուր եւ դնել ի վերայ իւրոց զաւրացն: Յանկարծ յեղակարծումն տարակարծի քառասուն հազար զզաւրան Հայոց միանգամայն կոտորէին, եւ այլ զաւրքն փախստական լինէին. եւ Դատաբէն չարագործ առնոյր զզաւրսն Պարսից, եւ կամէր անկանել ի վերայ թագաւորին Հայոց: Ապա փախստականք զաւրացն վաղ հասանէին ի բանակ արքային Հայոց, գոյժ առնել զանհնարին կործանումն իրացն եղելոց, զչարագործութիւն մատնութեան անաւրէն Դատաբէնայ:

Ապա անգանէր թաւալէր խնդրէր յԱստուծոյ բազում պաղատանաւք եւ ուժգին արտասուաւք թագաւորն Հայոց Խոսրով, հանդերձ Վրթանաւ քահանայապետին: Եւ յետ այսորիկ աճապարէր կուտէր զզաւրսն առ ինքն իբրեւ երեսուն հազար, հանդերձ զաւրավարաւն Վաչէիւ. զայր հասանէր ընդ առաջ նոցա ամենայն աւագախումբ մեծամեծ նախարարաւք իւրովք:

While [Xosrov] was involved with planting the forests, unexpectedly bad news reached him from Her and Zarawand district saying that the Iranian troops were preparing to come to make war against him. Then king Xosrov commanded Databe, nahapet of the Bznunik', to call up a larger than usual number of irregular troops from the land and with the muster of troops of the Matenik brigade, to go in advance of them and to strike at and block the enemy. Databe went before the Iranian troops with the multitude of Armenian troops. But when Databe arrived, he made a plan of unity with the princes of the Iranian troops and wanted to betray his lord, the king of Armenia, into their hands. He ordered the enemy to ambush his own troops, to have his own men put to the sword. Suddenly, in an unexpected fashion 40,000 Armenian troops were destroyed, while the other [surviving] troops fled. The criminal Databe took the Iranian troops and wanted to fall on the king of Armenia. But the fleeing troops quickly reached the army of the king of Armenia bearing the bad news of the unbelievable destruction which had occurred, and the crime of betrayal of the impious Databe.

Then Xosrov, king of Armenia, and Vrt'anes, the chief-priest, fell and rolled on the ground beseeching God with many entreaties and unrestrained tears [to help them]. Then [Xosrov] hurried to assemble troops, some 30,000 and came before them, together with general Vach'e and with all his senior grandee naxarars.

Եւ դիպեցան միմեանց առ ափն ծովուն Բզնունեաց, յԱռեստն աւանի, ի ձկնատեսանան արքունի ի վերայ գետակին։ Եւ տեսին զզաւրսն Պարսից, զի ոչ գոյր թիւ բազմութեանն. զի էին իբրեւ զաստեղս երկնից, եւ իբրեւ զաւազ առ ափն ծովու. զի եկեալ էին անթիւ փողաւք եւ անչափ զաւրաւք։ Եւ սրա հասին անկան ի վերայ բանակին, յուսացեալք առ Աստուած. հարին, սատակեցին, կոտորեցին, եւ ոչ թողին ի նոցանէ եւ ոչ մի։ Եւ թափէին աւար բազում, եւ զփիռսն եւ զամենայն ոյժ զաւրութեան նոցա։ Ձերբակալ արարեալ զԴատաբէնն Վաչէ սպարապետն եւ քաջ Վահան ամատունի, ածէին զնա առաջի մեծի թագաւորին Խոսրովու, եւ քարկոծ առնէին զնա քարամբ իբրեւ զայր, որ աշխարհի եւ գնդի եւ զաւրաց տեառն իւրոյ դաւաճան լեալ իցէ։ Եւ զազգ նորա եւ զկին եւ զորդիս զտանէր յամրոցի անդ իշխանին Ռշտունեաց յանուանեալն յԱղթամար կղզւոց. ի նաւ եւեալ Վաչէ սպարապետն, անցեալ ի կղզին առ հասարակ ոչ զեզ թողոյր եւ ոչ զաւու։ Եւ այսպէս բարձաւ ազգատոհմ նախարարութեանն այնորիկ, եւ զտուն նոցա յարքունիս կալան։

Բայց յետ այնորիկ ոչ դադարէին Պարսք ի տալ պատերազմ ընդ Խոսրովու արքային. եւ նա դնէր աւրէնս զի մեծամեծ աւագանին, նախարարքն աշխարհակալքն աշխարհատեարքն որ էին բիւրաւորքն եւ հազարաւորքն, կայցեն առ արքային, եւ ընդ նմա շրջեցին, եւ մի օք երթիցէ ի նոցանէ ընդ զաւրս արքունի։ Զի երկնչէր նա յերկմտութենէ նոցա, զի գուցէ զնոյն գործ Դատաբէնային գործիցեն, եւ ապստամբ լինիցին ի նմանէ։ Բայց վստահ լինէր ի ծերունին Վաչէ, ի բուն սպարապետն ի զաւրավարն Հայոց մեծաց, եւ ի քաջ Վահան յամատունի։ Գումարէր զզաւրսն ամենայն տանցն աւագանոյն ընդ զաւրսն արքունի, եւ տայր զզումարտական ամենայն ի ձեռս նոցա. եւ հանապազ կային ի քաջութեան ի մարտ պատերազմի ի սահմանս Պարսից. եւ ոչ տային անխտիր աւերել աւերել զերկիրն Հայոց, եւ ոչ նայէլ։ Եւ կայր արքայ ի հանգստի, եւ աշխարհ ի շինութեան եւ ի խաղաղութեան զամենայն աւուրս կենաց նոցա։

The two sides encountered each other by the shore of the Sea of Bznunik'[9] in Arhest awan at the royal fish-reservoir located on a small river. They observed the incalculable multitude of Iranian troops which were as numerous as the stars in the sky or the sand by the seashore, and they had come with countless elephants and troops. But [the Armenians] went and attacked their army, placing their hopes in God. They struck, killed, and destroyed and did not leave a single one of them living. They seized much loot, many elephants and the entire strength of their force. The sparapet Vach'e and brave Vahan Amatuni arrested Databe, brought him before the great king Xosrov, and killed him by lapidation as a man who would betray his land, brigade, and the troops of his lord. [Databe's] azg, wife and children were located there in the stronghold of the prince of Erhshtunik', which was called the island of Aght'amar. Sparapet Vach'e got into a boat, crossed over to the island, and left neither male nor female alive. Thus was the azgatohm[10] of that naxarardom eliminated, and their tun was seized for the crown.

However after this the Iranians did not stop warring with king Xosrov. He made a law that the grandee nobility, the naxarars, holders of lands and lords of lands, who were ten-thousanders and thousanders would have to stay near the king and circulate around with him, and that none of them should go with the royal troops. For he feared their irresolution [thinking] that they might work the same act as Databe and revolt from him. But he had confidence in the aged Vach'e, the natural sparapet and general of Greater Armenia and in brave Vahan Amatuni. [Xosrov] assembled the troops of all the tuns of the nobility together with the royal troops and entrusted the entire corps to them. And they constantly warred bravely on the borders of Iran not permitting [the Iranians] to boldly invade and ruin the country of Armenia, or [even] to glimpse it. And the king remained in peace and the land was in cultivation and peace for all the days of their lives.

---

9 *Sea of Bznunik':* Lake Van.
10 *azgatohm:* family.

Ցաղագս Բակուրայ բդեշխի, որ ապստամբեաց
յարքայէն Հայոց. եւ թէ զիարդ սատակեցաւ
ի զաւրացն Հայոց, եւ փոխանակ նորա լինէր
բդեշխ Վաղինակ Սիւնի:

Զայնու ժամանակաւ ապստամբեաց յարքայէն Հայոց մի ի
ծառայից մեծ իշխանն Աղձնեաց, որ անուանեալ կոչէր բդ-
եաշխն. որ էր մի ի ցորից, զահերէց բարձերէց տաճարին
արքունի: Ետ ձեռս յարքայն Պարսից, եւ մատնեաց զար-
քունի տունն, որ յեց յինքն էր: Եւ էած զաւրս արքային
Պարսից ի թիկունս իւր, եւ հատաւ յերկրէն յիշխանութե-
նէն Հայոց, եւ տայր պատերազմ ընդ արքային Հայոց ուժով
Պարսից թագաւորութեանն. եւ սատկանայր մարտ պա-
տերազմին: Ապա առաքէր թագաւորն Հայոց զբարեկիր
զծառայս իւր,

զիշխանն Կորդուաց զՋոնն,
եւ զիշխանն մեծի Ծոփաց զՄար,
եւ զիշխանն Ծոփաց Շահէի Ներսեհ,
եւ զիշխանն Սիւնեաց զՎաղինակ,
եւ զիշխանն Հաշտենից զԴատ,
եւ զիշխանն Բասենոյ զՄանակ,
հանդերձ բազում զաւրաւք:

IX

HOW THE BIDAXŠ BAKUR REBELLED AGAINST THE KING OF ARMENIA, HOW HE WAS KILLED BY THE ARMENIAN TROOPS, AND HOW VAGHINAK SIWNI BECAME BIDAXŠ IN HIS STEAD.

In that period there rebelled from the king of Armenia one of his servants, the great prince of Aghjnik' who was called the *bidaxš*, who occupied one of the four senior *gah*s[11] in the royal chamber. He extended his hand [in alliance] to the king of Iran and betrayed the royal tun which he himself had supported. The king of Iran sent troops to support him and [Aghjnik'] was separated from the authority of Armenia. He warred with the king of Armenia with the power of the kingdom of Iran. The war became more intense. Then the king of Armenia sent the following of his honest servants [against the enemy]:

> the prince of Korduk', Jonn,
> the prince of Greater Cop'k', Mar,
> the prince of Shahei Cop'k', Nerseh,
> the prince of Siwnik', Vaghinak,
> the prince of Hashtenk', Dat,
> the prince of Basen, Manak,
> along with many troops.

---

11 *gah:* seat.

Ապա չոգան յաղթեցին զաւրացն Պարսից, եւ առ հասարակ ընդ սուր հանին զամենայն. եւ սպանին զբդեաշխն, եղբարբք եւ որդումբք իւրովբք հանդերձ: Բայց զաղջիկ մի զդուստր նորածին, եւ զգլուխն Բակուր բդեշխին բերին առ արքայ: Եւ իբրեւ այլ ոք ոչ էր մնացեալ յազգէն, ետ արքայ զաղջիկն կնութիւն սիրելւոյն արքայի Վաղինեկայ սիւնւոյ, եւ զտունն Աղձնեաց. եւ արար զնա բդեաշխ եւ պայազատ տան նորուն: Ժառանգն բազմացաւ, եւ հանդերձ աշխարհիւն եւ ամենայն ուժովն կայր բդեաշխն Վաղինակ ի ծառայութեան արքային հանապազ: Բայց յորդւոցն Բակուր բդեշխի պատանեակ մի փախեաւ անկաւ առ զաւրավարն Հայոց Վաչէ, եւ անդ ապրեցաւ թագուցեալ ի տան նորա: Որ առ յապա ժառանգ տան նորա լինէր: Որ յայլում ժամանակի դարձաւ կալաւ զտունն իւր, որոյ անուն Խեշա կոչէր:

They went and conquered the Iranian troops, putting them all to the sword, and killing the bidaxš with his brothers and sons. But they brought to the king the head of Bakur the bidaxš and one of his newborn daughters. Since there were no other survivors of that azg, the king gave the girl in marriage to his favorite Vaghinak Siwnik', and also gave him the tun of Aghjnik' making him bidaxš and inheritor of [Bakur's] tun. The heir increased and the bidaxš Vaghinak remained in service to the king constantly with the land and all its might. However, a certain small son of Bakur the bidaxš fled and landed by Vach'e, the general of Armenia, where he was concealed and spared in his tun. Subsequently [the child] returned and seized his own tun. His name was Xesha.

Ժ

Յաղագս Յակոբայ եպիսկոպոսին Մծբնայ:

Զայսու ժամանակաւ խաղաց զնաց մեծ եպիսկոպոսն Մծ-
բնացւոց, այր սքանչելի ծերունի, վաստակասէր ի գործս
ճշմարտութեան, որում անուն Յակոբ, փոխանակ ազգաւն
պարսիկ կոչէր, այր ընտրեալ յԱստուծոյ, յիւրմէ քաղաքէ
անտի զալ հասանել ի լերինս Հայոց, ի լեառնն Սարա-
րադայ ի սահմանս այրայրատեան տէրութեան ի գաւառն
Կորդուաց. այր լի շնորհաւքն Քրիստոսի, որպէս զաւրու-
թիւնք նշանաց եւ արուեստից լինէին ի ձեռաց նորա: Սա
եկեալ ցանկացեալ փափաքեալ մեծաւ տենչանաւք ապա-
ցէր զԱստուած տեսանել զփրկական տապանն նոյեան
շինուածոյն, զի յայս լերին հանգեաւ նա ի ջրհեղեղէն. քան-
զի զամենայն ինչ զոր հայցէր, առնոյր ի տեառնէ: Ապա
մինչդեռ ելանէր ընդ դժուարին ընդ անջրդի ընդ ապափայ-
ան անապատին սարարատեան լերինն. աշխատեցան եւ
ծարաւեցան նա եւորք ընդ նմայն էին: Ապա դնէր ծունր
մեծն Յակոբ ի վերայ երկրին, եւ կայր յաղաւթս առ տէր.
եւ ի տեղւոջն ուր եղեալ էր զգլուխ իւր բոխեաց աղբիւր, եւ
արբին նա եւ որ ընդ նմայն էին. որ մինչեւ ցայսաւր ասեն
այնմիկ աղբեւր Յակոբայ: Եւ ինքն ի նմին աշխատեալ դե-
գերէր զխնդրելին տեսանել առանց յապաղութեան, առնէր
աղաւթս առ տէր:

Արդ իբրեւ էր նա խոնճեալ ի վեր ի դժուարին տեղ-
ւոջն մաւտ ի կատարն, եւ կարի վաստակեալ էր, ննջեաց նա.
եւ եկն հրեշտակ Աստուծոյ, եւ ասէ ցնա. Յակոբ, Յակոբ: Եւ
նա ասէ. Աւասիկ, տէր: Եւ ասէ հրեշտակն. Ահա ընկալաւ
տէր զաղաչանս քո, եւ կատարեաց զխնդրուածս քո. այդ, որ
կայ ընդ սնարս քո, է ի փայտից տապանակին. ահա բերի
քեզ, անտի է այդ. զի այլ մի եւս յաւելցես տեսանել զայն, զի
տէր այդպէս կամեցաւ:

$$X$$

CONCERNING YAKOB OF MCBIN.[12]

In that time the great bishop of Mcbin, a marvelous old man who loved to work deeds of truth (despite the fact that he was of Iranian nationality) who was named Yakob, a man chosen by God, left his city and came to the mountains of Armenia. He came to Sararad mountain which was in the borders of the Ayraratean lordship, in the district of Korduk'. He was a man full of Christ's graces and miracles were achieved by his hands. He came with the desire of seeing the saving ark built by Noah and with great fervor he beseeched God [to grant this], for after the flood it had rested on this mountain. Everything that he requested the Lord granted him. Now while he was ascending over the difficult, waterless and rocky parts of the Sararatean mountain, [Yakob] and those who were with him became weary and thirsty. So Yakob kneeled on the ground and prayed to the Lord, and from the spot where he had placed his head a fountain gushed forth, and he and those with him drank. To this day that fountain is called the fountain of Yakob. Then he continued along on the same difficult mission praying to the Lord that he [may] see what he desired without delay.

When he reached a difficult place near the summit, he became very tired and slept. And an angel of God came and spoke to him, saying: "Yakob, Yakob." And he replied: "I am here, Lord." The angel said: "The lord has accepted your entreaties and fulfilled your request. That which is beneath your head is part of the wood from the ark. I brought it for you from there. Do not climb any higher, for this is how the Lord wants it."

---

12 *Yakob of Mcbin:* James of Nisibis.

Եւ մեծաւ խնդութեամբ յուռն կացեալ, բազում զոհու֊
թեամբ երկիր պագանէր տեառն, եւ տեսանէր զտախտակն
իբրեւ զի կացնեաւ հատեալ հանեալ ճեղքեալ ի մեծ ինչ
փայտից: Եւ առեալ դառնայր անտի, հանդերձ շնորհատուր
պարգեւելովն եւ որբ ընդ նմայն երթեալք իւրովքն ճանա֊
պարհորդ լինէր:

Ապա իբրեւ զայր բերէր այրն Աստուծոյ զաստուա֊
ծագործ մեծութեանցն պատուհասին զնրատու որ առ ամե֊
նայն ազգս բանաւորաց եւ շնչաւորաց յաւիտենից զնշա֊
նակն զփայտն ապրեցուցիչ, զնշանակն հայրենի գործոցն
զնոյեան տապանին, ամենայն քաղաքն եւ զաւարքն որ
շուրջ էին զնովաւ անպայման եւ անչափ խնդութեամբք
եւ ցնծութեամբ ընդ առաջ ելանէին: Իբրեւ զառաքեալ
Քրիստոսի իբրեւ զիրեշտակ երկնաւոր տեսեալ զաւրքն,
զնովաւ պատէին. զքաջ հովիւն իւրեանց իբրեւ զաստուա֊
ծախաաւ տեսանէին. եւ զնովիմք փարեալք, եւ զաստա֊
կասէր զաւգտաբեր զգարշապարացն գշաւիղոն համբու֊
րէին: Եւ զբերեալ պարգեւացն գշնորհիս իւրեանց յաւժարու֊
թեամբ ընդունէին. որ մինչեւ ցայսաւր նշանակ սպանչելու֊
թեանն կայ պահեալ առ նոսա երեւոյթ փայտն հայրապե֊
տական նոյեան տապանին:

Ապա յետ այսորիկ լուր լուաւ յերկրէն Հայաստանէ
սպանչելի եպիսկոպոսն Յակոբ. խաղաց զնաց առ մեծ իշ֊
խանն աշխարհատէրն մեծ ծառայն արքային Հայոց առ
Մանաճիրի որշտունի, եւ եկն թափեցաւ յաշխարհի նորա:
Վասն զի լուեալ էր զնմանէ թէ այր չար եւ անզգամ է, եւ
զուր տարապարտ ի ցասմանէ դառնութեան սրտին իւրոյ
կոտորէ անթիւ մարդիկ: Եկն ուսուցանել եւ խրատել զնա,
զի յանէ տեառն երկուցեալ դարձի յընդանունութեան բարս,
եւ մեկուսի ի վայր դիցէ զանասնաբար զագանասմտուիիւն
մոլեգնութեանն իւրոյ:

With great joy [Yakob] arose and with great thanksgiving he worshiped the Lord. He saw the board which appeared to have been split from a large piece of wood by an axe. Taking the favored gift, [Yakob] and those with him turned back and went on their way.[13]

When the man of God arrived bringing the wood from the saving ark of Noah (an eternal symbol of the punishment which was visited upon all species, a symbol of their fathers' deeds) the entire city and the districts surrounding it came out before [Yakob] with immeasurable incalculable joy and delight. They regarded him as an Apostle of Christ, a heavenly angel, and surrounded him, embracing and kissing his meritorious and beneficial footprints, considering him their shepherd and as a man who had spoken with God. They joyously accepted the gifts he brought as though they were favors for themselves, and to this very day that miraculous symbol is preserved by them—wood from the ark of Noah the patriarch.

After this the marvelous bishop Yakob received news from the country of Armenia. He went to the great prince, the lord of the land, the great servant of the king of Armenia, to Manachirh Erheshtuni, whose land he entered. For he had heard that [Manachirh] was a wicked and unfeeling and crookedly unjust man who, from the wrath of the bitterness of his soul, had killed countless people. [Yakob] had come to teach and advise him so that, out of fear of the Lord, his nature would become mild and he would put to one side his animalistic and bestial frenzy.

---

13 We omit the passage which follows, which was taken from Koriwn.

Իսկ իբրեւ եւտես զնա, արհամարհեաց, ծաղր եւ այպն առնէր անաւրէնն Մանաճիրհի զայրն Աստուծոյ զՅակոբ եպիսկոպոսն։ Եւ առ վայրենի բարուցն իւրոց զոր ունէր յանձին իւրում, իբրեւ նմա հեճուկս առնելոյ, ուխ հարիւր այր որ կային ի կապանս առանց յանցման եւտ ածել առաջի նորա, եւ հրամայեաց ի դահճէ միոջէ ի ծով անդր հոսել. եւ զայնչափ հոգի առանց յանցման կորուսանել, եւ կատակութեամբ ծաղու հրամայէր հայածել զնա յաշխարհէն իւրմէ։ Եւ ասէ. Առ քում բարեսացութիւնդ տեսէր գիարդ մեծարեցի զքեզ. դիւր արարի նոցա ի կապանացն, եւ ի ծովուն դեռ ղուղին։ Իսկ նա զնացեալ անտի մեծաւ տրտմութեամբ ըստ հրամանի պատուիրանին տեառն իւրոյ թաւթափէր զփոշի ոտից իւրոց ի վերայ նոցա։ Գայր հասանէր ի լեառն երկաթահատացն եւ կապարահատացն, եւ որ ընդ նմայն էին, ընդ Հռըշտունիս։ Եւ բաժանէր լեառն բարձր, ուստի երեւէին զաւառքն բովանդակ, որու անուն Ընձաքիսար կոչին։ Իբրեւ հուպ եղեւ յայն լեառն ի ստորոտ լերինն, քանզի բազում աւուրք էին զի չեր ինչ բնաւ ամենելին ճաշակեալ, եւ ծարաւեաց խիստ ծարաւով։ Եկաց յաղաւթս առ տէր, դնէր ծունր, եւ եղ զգլուխս իւր ի վերայ երկրի, եւ բխեաց աղբիւր, ուստի արբ ինքն եւ որք ընդ նմայն էին։ Եւ եղեւ այս ըստ առաջին ալրինակին. որպէս արար ի Սարարադ լերիհն, սոյնպէս եւ առ ոտին Ընձաքիսար լերիհն ի ծովեզերն Հռըշտունեաց ծովուն, որ ըստառաւաջնոյն ալրինակի կոչի եւ այս աղբեւր Յակոբայ մինչեւ ցայսաւր ժամանակի։

But when the impious Manachirh saw that man of God, bishop Yakob, he scorned, ridiculed and derided him. And because of [Manachirh's] savage behavior, to spite [Yakob], he had 800 men (whom he had in bondage for no offense) brought before him, and ordered that they be hurled into the sea from a promontory. Having destroyed so many souls without offense, he then ordered that [Yakob] be ridiculed and chased out of his land. And he said: "Do you see how much I have exalted you for your good words? I relieved them from their bonds, and they are still swimming in the sea." Now [Yakob] departed with great sorrow and in accordance with his Lord's commandment he shook the dust from his feet upon them. [Yakob] and those with him reached the mountain of iron mines and lead mines which divided [the district of] Erheshtunik'. This was a lofty mountain named Enjak'isar from [whose summit] all the districts were visible. When they reached the base of the mountain, having gone without any food for many days, [Yakob] became extremely thirsty. He prayed to the Lord, kneeled, and laid his head upon the ground. And a fountain gushed forth from which he and those with him drank. This was similar to what happened earlier on Sararat mountain, and so it was also that at the foot of Enjak'isar mountain on the shores of the Sea of Erheshtunik', this fountain has been called Yakob's fountain to the present day.

Եւ ելանէր քահանայապետն Աստուծոյ Յակոբ ի գլուխ լերինն Ընձաքիսար, եւ նզովէր զաշխարհն, զի մի պակասեսցէ անտի խռովութիւն մինչեւ ի սպառ, փոխանակ տեռունի խաղաղութեան որ ոչ լուան։ Եւ սուրբ աւետարանիչ եպիսկոպոսն գնաց ի տեղի իւր։ Իսկ յայնմ զաւածի, յետ գնալոյ նորա անտի, յետ երկուց աւուրց սատակեցաւ կինն Մանաճերհայ եւթն որդւով իւրով. յետոյ եւ ինքն չարամահ ծակոտեալ ելանէր մեծաւ տանջանաւք յաշխարհէ։ Եւ ըստ բանին որ ասացաւ, ոչ եղեւ խաղաղութիւն յաշխարհին յայնմիկ յաւրէն յայնմանէ եւ յապա։

Բայց այս Յակոբ գործէր սքանչելիս մեծամեծս. եւ սա դիպեցաւ ի մեծ սիւնհոդոսին ի Նիկիա, որ եղեւ յամս Կոստանդիանոսի կայսեր Հռոմոց, ուր ժողովեցան երեք հարեւր եւ ութեւտասն եպիսկոպոսք, վասն անիծեալ ալանդոյն Արիանոսի աղեքսանդրացւոյ, որ էր ի նահանգէ անտի Եգիպտոսի։ Արդ ամենայն եպիսկոպոսքն նստէին առաջի Կոստանդիանոսի. եւ ի Հայոց էր անդ Արիստակէս, որդի Գրիգորի սքանչելւոյ առաջի կաթողիկոսին Հայոց Մեծաց։ Սկսաւ երեւել սքանչելեաւք նշանաց Հոգւոյն սրբոյ այնմ Յակոբայ ծածկեալ գործք զարմանալի թագաւորին։ Եւտես զի արքային Կոստանդիանոս բուրծ զգեցեալ էր ի ներքոյ իւրոյ ծիրանեացն եւ պատմուճանին, եւ հրէշտակն կայր պահապան սպասաւորել նմա։ Զարմացեալ եպիսկոպոսն Յակոբ, ասաց այլոց բազմութեան ժողովոյն եպիսկոպոսացն զիրս հրէշտակին, որ ոչ հաւատային իրացն։ Իսկ նա պանդեալ վիճէր եւ ասէր. Որովհետեւ դուք գիտէք զիրս ծածկեալս, նախ զայդ յայտ արարէք, զինչ է այն որ զգեցեալն է թագաւորն ի ներքոյ պատմուճանին։ Որ ինքն ի մէջ կացեալ, ի ձեռն Հոգւոյն սրբոյ յայտնէր զհսնաքհութիւն կրաւնազգեաց աստուածասիրութեան նշանակ թագաւորին Կոստանդիանոսի. եւ զննեալ առաջի ամենեցուն ցուցանէր, զի ի ներքոյ ընդ ծիրանեաւքն բուրծ զգեցեալ էր առ սէր ջերմեռանդ հաւատոցն որ առ Քրիստոս ունէր։

God's chief-priest Yakob ascended to the top of Enjak'is-ar mountain and cursed that land so that disturbances would never be absent there, since they had not listened to the Lord's words of peace. Then the blessed evangelical bishop returned to his place. Two days after his departure Manachirh's wife and seven sons died in that district. Then [Manachirh] also departed the world suffering from wicked torments. And in accordance with the word which had been spoken there was no peace in that land from that time onward.

Yakob accomplished very great miracles. He was present at the great synod of Nicaea which occurred during the years of Constantine emperor of the Romans. There 380 bishops assembled to curse the sect of Arianos the Alexandrian who was from that state of Egypt. Now all the bishops were seated before Constantine. Present from Armenia was Aristakes son of the miraculous Gregory, the first Catholicos of Greater Armenia. The amazing secret affairs of the king began to be revealed to Yakob through miraculous signs of the Holy Spirit. He saw that the emperor Constantine was wearing a hair-cloth underneath his purple [garments] and robe, and that an angel was protecting and serving him. The astonished bishop Yakob mentioned the matter of the angel to the other multitude of bishops assembled, but they did not believe it. But he insisted and said: "Since you know about secret things, first reveal what it is that the king is wearing underneath his robe." Standing in their midst, by means of the Holy Spirit he revealed the symbol of king Constantine's humility, his pious clerical garb. And he showed everyone that beneath the purple [robe, the emperor] was wearing a hair-cloth for the love and fervent faith of Christ.

Ապա ետես թագաւորն Կոստանդիանոս գիրեշտակն սպասաւոր երեսացն Յակոբայ, եւ անգաւ առաջի ոտից նորա, եւ մեծապատիւ մեծապարգեւ մեծարեաց զնա։ Եւ արկ զաթոռ նորա ի վերոյ քան զբազումս ի նոցանէ, որք ի սինհոդոսին յայն էին։ Բայց ոսկերք նորա շնորհեցան քաղաքին ամդացıոց, ընդ այլ մծբնացսն ի փոխել նորա անտի անդր ի մարտս պատերազմաց Յունաց թագաւորացն ընդ թագաւորին Պարսից։

After this, the emperor Constantine saw the attendant angel, thanks to Yakob and he fell at his feet and exalted him with great honor and great gifts. And he placed [Yakob's] chair above many of the others present at the synod. Subsequently, [Yakob's] bones were granted to the city of Amida. During the time of the wars between the Byzantine kings and the Iranian king, his bones along with those of other folk of Mcbin were transferred [to Amida].

ԺԱ

Յաղագս մեծի պատերազմին Պարսից եւ Հայոց
ընդ միմեանս, եւ անկանելոյ ի պատերազմին
մեծի զաւրավարին Վաշէի, եւ մահուան
թագաւորին Խոսրովու, եւ փոխելոյ յաշխարհէ
հայրապետին Վրթանայ:

Եւ յետ այսորիկ յաւել եւս լինել մարտ խստութեամբ պատե-
րազմի ի մէջ Պարսից եւ Հայոց ընդ միմեանս. զի ժողովե-
ցան հասին կուտեցան առնուլ զաշխարհն հայաստան երկ-
րին: Ապա ժողովէր սպարապետն զաւրավարն Հայոց մե-
ծաց Վաշէ զազատախումբ բանակ նախարարակոյտ զաւ-
րացն: Եւ ելանէր տայր ընդ զաւրսն Պարսից պատերազմ,
եւ լինէր անհնարին կոտորուած յերկոցունց կողմանցն, եւ
բազում ձախ մեծամեծ ալագանւոյն կոտորելոցն: Անկանէր
ի պատերազմին յայնմիկ մեծ սպարապետն Հայոց Վաշէ.
եւ լինէր ամենայն աշխարհին սուգ անհնարին, զի բազում
անգամ էր տեառն փրկութիւն տուեալ Հայոց ի ձեռն նո-
րա: Ապա ժողովէր եպիսկոպոսապետն Վրթանէս, միսիթա-
րէր զամենեսեան, եւ զինքնին թագաւորն զԽոսրով, եւ զաւ-
րսն ամենայն, որք բազում անձկայրեաց տրտմութեամբք
եւ արտասուակաթ ողբովք եւ ծանրաթախիծ հոգով, մեծաւ
կոծովք եւ անհնարին աշխարանաւք պաշարեալք, զգնա-
ցելոցն կարիս մնացելոցն համարեալ զգային: Զորս մա-
տուցեալ սփոփէր զնոսա մեծն Վրթանէս, եւ ասէր.

56

XI

THE GREAT WAR THE IRANIANS AND THE ARMENIANS FOUGHT WITH EACH OTHER, THE FALL OF THE GREAT GENERAL VACH'E IN THAT BATTLE, THE DEATH OF KING XOSROV, AND THE TRANSLATION FROM THIS WORLD OF THE PATRIARCH VRT'ANES.

After this there was an even more intense war between the Iranians and Armenians, for [the Iranians] had massed and arrived to take the land of the country of Armenia. Then Vach'e, sparapet and general of Greater Armenia, assembled the *azataxumb*[14] from the *naxarar* forces. He arose and did battle with the Iranian troops and there was unbelievable destruction on both sides, including the destruction of many grandee nobles. In this battle Vach'e, the great sparapet of Armenia, fell and there was incredible mourning throughout the entire land, for many times the Lord had saved the Armenians through him. Archbishop Vrt'anes assembled and consoled everyone, including king Xosrov himself and all the troops who were taken with heart-rending sorrow, tearful laments, burdensome care, great sobbings and unbelievable mourning. Considering the departed and the survivors, they mourned. The great Vrt'anes comforted them, saying:

---

14 *azataxumb:* detachment of azats.

«Մխիթարեցարուք ի Քրիստոս․ վասն զի մանաւանդ որք մեռանն, նոքա Յաղագս աշխարհի եւ եկեղեցեաց եւ աստուածագործ արինացն տոչութեան, զի մի զերեալ քանդեսցի աշխարհս, եւ սուրբ եկեղեցիքն աւերեսցին, եւ կամ մարտիրոսք անարգեսցին, եւ կամ սուրբ սպասքն ի ձեռս պղծոցն եւ անարինացն անկցին, եւ սուրբ ուխտն այլայլեսցի, եւ որդիք մկրտութեան զերութեամբ անկցին ի պէսպէս պղծութիւնս անարժնութեան կարգաց պաշտամանց։ Եւ եթէ զաշխարհս ունիցին արդեւք թշնամիքն, եւ զիրեանց զանաւրէն զանկրան զանաստուած կրանիցն զաւրէնս աստ արդեւք հաստատէին․ որ, զոր խնդրեմքս, քաւ եւ մի լիցի։ Իսկ մեր բարեպաշտութեան նահատակք ի վերայ այսորիկ ճգնեալ պատերազմաւ, զչար պահեալ հերացուցեալ հալածեալ յաշխարհէ մեռան, զի մի յայսպիսի աստուածապաշտ եւ աստուածասէր աշխարհի անարժնութիւն մտեալ, չարի կամացն ի ծառայութիւն արկցէ, եւ զբազում ոգիս չերմեռանդն սիրով բնութեանն ի միմեանց բակտեալ թայբայեցէ։ Իսկ սոքա մինչդեռ կենդանի էին, արդար վաստակաւք ի վերայ այսորիկ վաստակեցան․ եւ ի մահուն իրեանց զմիամտութեանն հաստատութեանն զանձինս փոխանակ տալով ընդ ճշմարտութեանն տեառն, մատուցին ի վերայ եկեղեցեաց, եւ ի վերայ մարտիրոսաց, եւ ի վերայ ուխտին սրբութեան արինացն, եւ ի վերայ կարգաց հաւատոցն, եւ ի վերայ ուխտին քահանայութեան, եւ ի վերայ անթիւ ի նոր ի Քրիստոս մկրտելոցն, ի վերայ բնակի տեառն աշխարհիս։ Որք այնմ ամենայնի փոխանակ զանձինս իրեանց ոչ խնայեցին, ընդ վկայս Քրիստոսի է նոցա համար պարտուոյ։

"Be consoled in Christ. For those who have died died for our land, churches and God-given faith, so that our land not be enslaved or demolished, so that the churches not be polluted, that the martyrs not be dishonored, the [church] vessels not fall into the hands of foul, unbelieving men, that the blessed covenant not be corrupted, that the baptized people not be taken captive or be subjected to the various obscenities of the religion of the unbelievers. Should the enemy capture our land they will implant here their impious, unbelieving, godless orders. We hope this will never happen. Our pious martyrs waged war for this and died chasing out and expelling evil from our land, so that faithlessness not enter this pious and God-loving land and that it not turn to serving the will of evil, and that many souls which are bound together with fervent, sincere love not be separated from each other. While they were still living, they labored with just labor for these things. In death, they held firmly their faithfulness and sacrificed their lives for the divine truth, churches, martyrs, the religion of the blessed covenant, orders of the faith, priestly covenant, for the countless new baptisms in Christ's name and for the army of the lord of the land. Those who did not spare their lives for all this must be exalted together with those who sacrificed themselves for Christ.

«Արդ մի լացցուք զնոսա, այլ պատուեսցուք ընդ ճշ-
մարտութեանն, առ նահատակուն դիցուք ընդ աշխարհի ալ-
րէնս յաւիտեանս յաւիտենից, զի ամենայն ոք զոնցա յիշա-
տակ քաջութեան իբրեւ Քրիստոսի նահատակաց անխա-
փան կատարեսցէ: Եւ մեք տառնս արասցուք, եւ ուրախ լի-
ցուք. զի Աստուած այսոքիք հաճեցցի ընդ մեզ, յայսմ հե-
տէ խաղաղութիւն շնորհեսցէ:»

Եւ եղ աւրէնս ընդ աշխարհին մեծ քահանայապետն
Վրթանէս զնոցա առնել զյիշատակն ամ յամէ. եւ որք փո-
խանակ աշխարհին փրկութեան մեռանիցին ի նմանութիւն
նոցա, եղ կանոն յիշել զնոսա առ սուրբ սեղանն Աստուծոյ
ի ժամ պատարագին, յորժամ զանուանս սրբոցն կարգի-
ցեն, եւ ապա զկնի նոցա զնոցայն. եւ մնացելոցն անկելոցն
զուք եւ խնամ կալցին: Զի սոքա, ասէ, ի նմանութիւն Յու-
դայ եւ Մատաթեայ Մակաբէի անկան ի ճակատ պատե-
րազմի, եւ նմանութիւն եղբարց նոցա: Սակայն զՎաչէի
զաւրավարի փոքրիկ մանգիկ մի զնորուն զորդի ի հայրենի
բարձ զանուն մատուցանէին, որում անուն էր յանուն հա-
լուն իւրոյ Արտաւազդ: Առաջի թագաւորին զնաւրն պա-
տիւն ի գլուխն դնէին, եւ զապարապետութեան նորուն տե-
դի. զի կարի որդի վաստակաւորի էր, եւ ի վաստակաւոր
ազգէ. զի այլ յազգին ոչ զտաւ համդկու, զի ի մեծ պատե-
րազմին մեռան: Եւ զզաւրավարութեան զգործ յանձն առ-
նէին Արշաւրայ կամսարականի իշխանին Շիրակայ եւ Ար-
շարունեաց զաւադին, եւ Անդովկայ իշխանին Սիւնեաց. զի
նոքա փեսայք էին տանն մամիկոնեան տոհմին:

"So let us not mourn them but revere them worthily with the martyrs. Let us stipulate an eternal order throughout our entire land so that everyone will commemorate their good memory without fail as Christ's martyrs. We shall celebrate the feast and be glad that through them God has found us agreeable and hereafter will grant us peace."

The great chief-priest Vrt'anes promulgated a law throughout the land that [the martyrs] should be remembered every year [on a specific day] and he made a canon that the people who had been slain for the salvation of the land should be remembered at the blessed altar of God during the mass after the names of the saints were recited, and that the survivors of the fallen should be cared for. For, he said, they fell in battle like Juda and Mattathias Maccabaei and their brothers. General Vach'e had a son who was a very little boy, named after his grandfather, Artawazd. They placed him on the pillow of his patrimonial gah, and in the presence of the king they placed his father's *patiw* on his head and put him in the sparapetut'iwn of his father. For [Artawazd] was the son of a very meritorious [individual], and of a very meritorious azg; and [furthermore] there was no other [individual] in that azg who was robust, since they had died in the great war. The affairs of the generalship were assumed by Arshawir Kamsarakan, prince of Shirak and the district of Arsharunik', and Andovk, prince of Siwnik', since they were brothers-in-law of the tun of the Mamikonean tohm.

Եւ հրաման ետուն մեծ եպիսկոպոսապետի Վրթանէս հանդերձ թագաւորաւն Արշաւրայ եւ Անդովկայ ձնուցանել զպատանեակն զԱրտաւազդ, զի կացցէ ի տեղի նախանեացն իւրոց եւ հաւր իւրոյ, գործ քաջութեան գործեսցէ ամենատեառնն Քրիստոսի, եւ առաջի իւրոյ մարմնաւոր բնակ տերանց արշակունեաց քաջ արանց, եւ տան եւ
կենաց. եւ խնամակալ լիցի այրեաց եւ որբոց, եւ զնորուն
գործ քաջութեան սպարապետութեան անուանի զարբավարութեան յաջորդեսցէն զամենայն աւուրս կենաց իւրոց:

Ապա յետ այսորիկ փոխեալ լինէր քաջ արանցն աշխարհաշէնն Խոսրով, թագաւորն Հայոց մեծաց: Ժողովեալ,
աշխար եղեալ, լացինամենայն սահմանք աշխարհից զաւառաց Հայոց մեծաց. եւ տարան առ իւր նախնիսն յԱնին
յեկեղեաց զաւառն Դարանաղեաց: Եւ յետ սորա փոխեցաւ
եւս յաշխարհէն մեծ քահանայապետն Վրթանէս. եւ ժողովեցան ամենայն աշխարհն Հայոց, եւ մեծաւ պաշտմամբ, սաղմոսիւք եւ երգովք հոգեւորաւք, կանթեղաւք եւ մոմեղինաւք
եւ խնկածու հոտովք, արքունական կառաւք զսուրբն Վրթանէս, անհնարին բեկմամբ վասն իւրեանց յայնմ բնակ
տեառնէն կամ ի հոգեւոր վարդապատութենէն որբ մնալոյ,
մեծաւ լալեաց տրտմութեամբ մինչեւ ի գեւղն Թորդան ի
Դարանաղեաց զաւառն յուղարկէին: Եւ անդ առ մեծի հայրապետին Գրիգորի զնորա սուրբ զոսկերսն հանգուցանէին. եւ զմշակատար զնորա կենդանի յիշատակն ի վերայ
կատարեալ, դառնային:

The great archbishop Vrt'anes and the king ordered Arshawir and Andovk to raise the lad Artawazd so that he might occupy the position of his ancestors and of his father and accomplish deeds of bravery for Christ, the Lord of all, and for the brave men of his natural earthly Arsakuni lords, for their tun and lives; and so that throughout the entire course of his life he would look after widows and orphans and succeed to the acts of bravery of the sparapetut'iwn and the renowned generalship.

After this the world-building brave Xosrov, king of Greater Armenia, died. [People] assembled from all the lands and districts of Greater Armenia to mourn and weep, and they transported [Xosrov] to Ani of Daranaghik', in the district of Ekegheac', by his ancestors. Following him, the great chief priest Vrt'anes departed this world. Then the entire land of Armenia assembled and with great service, with psalms and spiritual songs, with lamps, candles, fragrant incenses, and royal wagons, those who were left orphaned of their natural lord and their spiritual vardapet accompanied [Vrt'anes' body] with sorrowful weeping to the village of T'ordan in Daranaghik' district. It was there, by the [tomb of the] great patriarch Gregory that they laid his holy bones to rest. After celebrating his perpetual living memory, they returned home.

ԺԲ

Յաղագս թագաւորելոյ Տիրանայ յետ հաւր
իւրոյ ի վերայ Հայոց աշխարհին, եւ թէ որպէս
Յուսիկ յետ իւրոյ հաւրն Վրթանայ կալաւ
զաթոռ հայրապետաց. եւ կամ որպէս սպանաւ
ի Տիրանայ արքայէ վասն յանդիմանելոյ
զթագաւորն:

Եւ յանգանելն յաշխարհէ թագաւորն Խոսրովու, Տիրան
որդի Խոսրովու առ զթագաւորութիւնն զիշխանութիւն աշ-
խարհացն Հայոց մեծաց: Եւ ընդ նմին սուրբն երանելի մա-
նուկն Յուսիկ յաջորդեաց զտեղի հայրապետացն Հայոց:
Բայց զումարեաց ընդ նմա թագաւորն Տիրան զմեծամեծ
նախարարան ըստ սովորութեան աւրինակին.

զմեծ հազարապետն ի հազարապատութեանն իսկ, ի
տոհմէ ամենայն Հայոց մեծաց,

զՎաղարշ, որ էր իշխան Անձտայ.

եւ ընդ նմա զՁարեհ իշխանն, նահապետն մեծի Ծոփաց,

եւ զՎարազ Շահունի իշխանն Ծոփաց աշխարհին,

եւ զԳնիթ իշխան Հաշտենից զաւադին ի կամինական
տոհմէն.

զՎորոթ իշխանն Վանանդայ զաւադին,

եւ զՇահէն իշխանն անձեւացեաց տոհմին,

եւ զԱտոմ իշխանն Գողթան,

եւ զՄանաւագ իշխանն կողբացոց.

զԳորութ իշխանն Ձորոց աշխարհին,

եւ զՄանասպ զխորխոռունեաց զիշխանն մաղխազունե-
եան տանն:

Եւ զմերոյ տոհմի ազգի իշխանն սահառունեաց,

եւ զԱբա իշխանն գնունեաց:

XII

THE REIGN OVER THE LAND OF ARMENIA OF TIRAN AFTER HIS FATHER, HOW YUSIK OCCUPIED THE PATRIARCHAL THRONE AFTER HIS FATHER VRT'ANES, HOW HE WAS SLAIN BY KING TIRAN FOR UPBRAIDING HIM.

After king Xosrov passed from this world, his son Tiran[15] took the authority of the kingship of the lands of Greater Armenia. With him the venerable, blessed lad Yusik succeeded to the position of the patriarchs of Armenia. In accordance with custom, king Tiran assembled [the following] grandee naxarars:

the great *hazarapet* from the tohm of the hazarapetut'iwn of all of Greater Armenia,

Vagharsh, prince of Anjit,

prince Zareh, nahapet of Greater Cop'k',

Varaz, prince of the land of Shahuni Cop'k',

Gnit', prince of Hashtenic' district, of the Kaminakan tohm,

Vorot', prince of the district of Vanand,

Shahen, prince of the Anjewac'ik' tohm,

Atom, prince of Goght'an,

Manawaz, prince of Koghb,

Gorut', prince of the land of Jori,

Manasp of the Xorxorhunik', prince of the Maghxazunean tun,

the prince of the Saharhunik' azg,

and Aba, prince of the Gnunik'.

---

15 Tiran (339-350).

Ձնոսա զամենեսեան հրամայեաց երթալ ընդ մեծի հազարապետին Վաղարշու, զի նստուցեն զերանելին Յուսիկ յարքունական կառն, եւ խաղասցեն զնասցեն ի սահմանակիցս իւրեանց ի մայր քաղաքացն Գամրաց ի Կեսարիա, հասուցանել զմանուկն Յուսիկ յառաքելական աթոռն հայրապետացն։ Գնացին եկին հասին ի քաղաքն կեսարացւոց. եառուն ի կաթողիկոսութիւն զՅուսիկն ձեռնադրել, զորդին Վրթանայ։ Եւ նստուցին զնա յաթոռն առաքելոյն Թադէոսի, եւ յաթոռ իւրոյ հաւուն մեծին Գրիգորի. եւ դարձան անդրէն մեծաւ խնդութեամբ, եկեալք առողջութեամբ, յաջողեալք հասանէին յայրայրատեան աշխարհն։ Եւ զիշխանանն երկուսին, եւ նոցուն Ծոփացն, յառաջ արձակէին աւետաւորս առ արքայն։

Ապա իբրեւ լուաւ ինքն արքայն, ընդ առաջ ելանէր նմա ի դաշտն յայն կոյս զետոյն Տափերն կամրջի, ամենայն բանակաւքն բազմութեամբք։ Ապա ողջոյն տուեալք զգանկալի ողջոյնն միմեանց, անցեալ ընդ կամուրջն Տափերայ, մտեալ ի քաղաքն մեծ յԱրտաշատ, յեկեղեցին դառնային եւ նստուցանէին զգանկալի մանուկն Յուսիկ յաթոռ հայրապետական։ Սա զհետ հաւրն իւրոյ Վրթանայ զառաքելական յաջորդէր, հայրական չափոցն նմանեալ ձնունդ, ամենեին զամենայն յամենայնի հրեշտակակրաւն զանձն ցուցանէր, զամենայն ըստ պարգեւացն Աստուծոյ զշնորհիացն կատարէր։ Քրիստոսական բանաւոր խաշանցն հովուելով, աւետարանական պատգամաւորաւքն խրատելով ընձեռեցաւ։

[Tiran] ordered all of these [lords] to go with the great hazarapet Vagharsh to seat the venerable Yusik in the royal wagon, take him to their borders, to the capital city of Cappadocia, Caesarea, and to have the lad Yusik attain the Apostolic throne of the patriarchs. They reached the city of the Caesareans and had Yusik, son of Vrt'anes, ordained to the Catholicosate. They seated him on the throne of the Apostle Thaddeus, on the throne of his grandfather the great Gregory. Then they returned thence with great rejoicing and arrived in the Ayrayratean land, in good health. They sent in advance to the king the two princes of the [two] Cop'k's, to bring the glad tidings.

When the king himself heard about this, he and the entire multitude of the army went before [Yusik] through the plain to the other side of the river [over] Tap'er bridge. After giving each other the desired greeting, they crossed the Tap'er bridge and entered the great city of Artashat, went to the church, and seated the amiable lad Yusik on the patriarchal throne. As his father Vrt'anes, he inherited the Apostolic [throne], and he, the son, became like his father in his qualities. In everything he showed himself to possess angelic conduct, and implemented everything with God-given grace. He shepherded Christ's rational flock and counseled according to the message of the Gospel.

Զի աւուրբք մանուկ, տիսաւք առոյգ, եւ քաջր հասակաւ. գեղով երեսաց սքանչելի եւ չքնաղ, զի այլ ոչ գտանէր ուրեք նման նմա ի վերայ երկրի։ Սուրբ եւ պայծառ հոգւով, ամենեւին ոչ ինչ զբաղեալ ընդ աստիս. իբրեւ զքաջ սպառազէն Քրիստոսի, իբրեւ զախոյեան նահատակ ի տրդայութենէ տիոց ն2կահէր, աներեւոյթ թշնամոյն յաղթութեամբ սպառնացեալ։ Ակն առնուլ կամ աչառել մարդկան բնաւ ամենեւին ոչ գիտէր. այլ զքան Հոգւոյն սրբոյ սուսեր աձեալ ընդ մէջ իւր կրէր։ Իսկ շնորհատուր Հոգւոյն լցեալ զնա, գիտութեանն էր աղբիւրացեալ զամենայն լսելեացն ցուղս ականջացն եւ սրտիցն երկրին։

Իսկ թագաւորն Տիրան, եւ այլ մեծամեծ աւագանին նախարարացն, կամ աշխարհին ամենայն, ոչ ինչ ըստ Աստուծոյ կամաց վարս յանձն առեալ իմաստուն ինչ զնացեալ լինէին։ Քան զամենայն մանաւանդ թագաւորն կամ իշխանքն սպանութիւնս անխտիր ի հեղուլ զարիւն արդար ի տարապարտուց գործէին եւ այլ մեղս բազումս. եւ ոչ հայէին ի հրամանս վերնոյն, ի հանապագորդ լսելոյն ոչ խրատեալք ի յուշն նոցա առնելոյ զԱստուծոյ յոյսն։ Վասն որոյ հանապազ ընդդիմացեալ լինէր երանելի հայրապետն Յուսիկն, վարձ բանիւք համեստութեանն քրիստոսական խրատուն հանապազ յերեսան յանդիմանութեամբ հարկանելով խրատելով կշտամբելով, արկանէր զապառնումն տանջանաց յաւիտենական բարկութեանն անշէջ հրոյն դատաստանին պատմելով, բողոքէր։ Զի թէպէտ աւուրբք մանուկ էր, այլ զաւազութիւն ծերութեան խրատուն յինքեան ցուցանէր, զհայրենի գործ խրատուականն զառաւելութիւն քաջութեան կատարէր։

Though he was but a lad, he was robust and tall, was extremely handsome and attractive, to the point that he had no equal throughout the country. With a soul clean and radiant he did not occupy himself at all with mundane things. Rather, he was like a brave warrior of Christ, like a champion hero who, from his boyhood onward scorned and threatened the invisible enemy with victory. He never showed partiality or bias toward anyone, but rather bore the message of the Holy Spirit like a sword fixed to his waist. The grace-giving Spirit filled him with knowledge with which, like a fountain, he irrigated the ears and souls of all listeners of the country.

However king Tiran, the other grandee noble *naxarar*s, and the entire land did not behave according to the wishes of God, or act wisely. Especially the king and the princes wrought indiscriminate killings, shedding the blood of innocent people in vain and carrying out many other sinful things. They paid no attention to the heavenly commandments, despite the fact that [Yusik] ceaselessly advised and reminded them of God's wishes. For this reason the venerable patriarch Yusik continually reprimanded them with experienced words, with modesty, according to Christ's counsel, and to their faces he reprimanded, reproached, and blamed, telling of [God's] anger and the eternal torments of the inextinguishable fires of judgment, and he protested. Although in years he was but a lad, in wisdom he displayed the seniority of old age, and with great bravery he implemented advisory work and the work of patrimonial virtue.

Հարցն նմանեալ ի մանկութեան իմաստութեան, գձերութեան պատին պատուական պատուականութեանն
զհանճարոյն զուարթութեանն ուշութեանն, իբրեւ գծաղիկ
ի դիտաւորութեանն հասեալ, վասն ճշմարտութեանն մինչ
ի մահ մարտնչէր. նախ զանձն ապրեցուցանելոյ, եւ վասն
այլոց հոգլոց զանյն առնել կամէր։ Այնչափի էր երկիւղած ի
տեառնէ, զի ոչ զսէր եւ զոչ զահ թագաւորին առ ոչինչ
համարէր։ Իսկ գիտութեամբն Աստուծոյ, դպրութեան գրող
սրբոց արուեստան լի էր. եւ առնոյր ի պատուհասել եւ յանդիմանել. արգելոյր զթագաւորն եւ զմեծամեծան չտալ թոյլ
մտանել յեկեղեցին։

Արդ էլեալ կապէր մեծապէս պատուհասիւք, քահանայական իշխանական բանիւ յանդիմանութեանն, վասն
անաւրէնութեան պոռնկութեանն եւ արուագիտութեան եւ
արենհեղութեանն, գրկութեան, յափշտակութեան, աղքատատեցութեան եւ այլոց բազում մեղաց որ այսմիկ նման
իցէ։ Եւ ինքն վասն ահի սաստից աւրինացն Տեառն թշնամի համարեալ թուէր որոց հանապազ անցանէին զկարգաւքն Քրիստոսի, եւ հանապազ ի սմանէ սուրբ բանին
Աստուծոյ խոցոտեալ լինէին։ Եւ այս մարտ պատերազմի
էր սորա առ հասարակ ընդ ամենեսեան յանդիմանութեան
զամենային աւուրս կենաց իւրոց։ Որ իբրեւ աւր մի յաւուրց
տարեկանաց, դիմեաց գալ թագաւորն Տիրան հանդերձ
այլովք աւազանուքն մտանել յեկեղեցին, իսկ ընդդէմ բարբառեալ ասէր. Չես արժանի, հիմ գաս, մի գար ի ներքս։
Վասն որոյ անդէն ի ներքս քարշին զնա յեկեղեցւոջն.
բրածեծ եղեալ ջախջախեալ քահանայապետն Աստուծոյ
սուրբ, երանելի մանուկն Յուսիկ, կիսամահ կոշկոճեալ ընկեցեալ լինէր։ Զոր բարձեալ պաշտաւնէիցն դրան եկեղեցլոյն ի Բնաբեղ բերդէն արքունի մեծ Ծոփաց գաւառին, եկին
բերին ի գաւառն Դարանաղեաց ի գեղն Թորդան. եւ անդ
ոչ ինչ յետտ բազում աւուրց հանգեաւ, եւ եղաւ մատ առ
Գրիգորի եւ ընդ հարս իւր։

From his youth onward he had [his] patrimonial wisdom, the dignity of honorable old age, and reflected happy genius as a fragrant flower. For the sake of truth, he battled until death, first, to save himself, and then, he wanted to accomplish the same for the souls of others. He had such piety toward the Lord that he cared nothing for the king's affection or majesty. He was full of the knowledge of God and skill in reading Scripture. He threatened and chastised, and prevented the king and the grandees from entering Church.

With words of priestly authority [Yusik] threatened and reproached them for impiety, adultery, homosexuality, the shedding of blood, dispossession, ravishment, hatred of the poor and numerous other sins such as these. He himself, out of awe of the severe commandments of the Lord, regarded as enemies those who perpetually transgressed the orders of Christ and broke the holy word of God. Throughout the entire course of his life he waged a war of reproach against everyone. On one of the annual feast days, king Tiran and others of the nobility came to enter Church. But [Yusik] cried out, saying: "You are unworthy. Why have you come? Do not come inside!" Therefore they dragged him into the church, and clubbed and crushed God's chief-priest, the blessed venerable lad Yusik. After beating him, they left him there, half-dead. Officiants of the court church took him from the royal Bnabegh fortress in the district of Greater Cop'k' to the village of T'ordan in Daranaghik' district. There, not many days later, he died and was laid to rest near Gregory and his fathers.

ԺԳ

Ցաղագս թէ զիարդ յետ մահուն Ցուսկան
անառաջնորդ լինէր երկիրս Հայոց. եւ ոչ
որդիքն Ցուսկանն արժանի եղեն հաւրն
աթոռոյն:

Եւ յետ այսր անցեալ ժամանակաց, զկնի թոպամանն լինե-
լոյ երանելոյն Ցուսկան, անառաջնորդք եղեալ իբրեւ զկոյրս
մոլորեցան երկիրն լեզուին թորգոմական աշխարհին: Քան-
զի տուաւ նոցա ոզի մոլորութեան, աչս զի մի տեսցեն, եւ
ականջս զի մի լուիցեն, եւ սիրտ զի մի իմասցին դառնալ
յապաշխարութիւն: Եւ զխաւարային խորխորատ կորստեան
զտեալ, հարեալ իրրեանց անձանց ճանապարհի, կործանե-
ցան անկեալք. զի ոչ մի ոք զոյր որ նոցա մոլեզնութեանն
պատկառուկս արկանէր զմեղս գործելոյ, այլ անհովիք
էին: Զկորստեան ճանապարհն համարձակէին ի չարիս
կամաւք զնացեալք, եւ կամաւք լեալք որդիք բարկութեան.
եւ առանց Աստուծոյ շրջէին յաշխարհի կամակոր ազգ տանն
Հայոց երկրին: Նմանեալք լինէին այնմ հաւտի խաշանց, որ
զպահպանութիւն շանցն պահողաց պահապանացն, ի
բաց մերժեցին, եւ կամաւք իւրեանց կերակուր գէշ թշնա-
մութեան զայլոցն մատնեցան, ըստ նմանութեան մեծին
Աբենացւոց քաղաքին:

72

XIII

HOW THE COUNTRY OF ARMENIA REMAINED WITHOUT A PATRIARCH AFTER THE DEATH OF YUSIK, AND HOW YUSIK'S SONS WERE UNWORTHY OF THEIR FATHER'S [PATRIARCHAL] THRONE.

Sometime after the venerable Yusik was beaten to death, the country of the land of the T'orgomean language was leaderless, and was like a blind person, groping. They were given the soul of erring: eyes which do not see, ears which do not hear and hearts which do not understand and do not turn to atonement. Benighted, they reached the abyss of destruction, having cut their own road, they were ruined and fell, and there was no one to be shamed by their acts and sins of frenzy, since they remained without a leader. They boldly traveled the road of ruin, and by their own will fell into sin, by their will they became the sons of anger, and without God they traveled about the land of the crooked azg of the tun of the country of Armenia. They resembled that flock of sheep which made its own protecting and guarding dogs depart, and by its own will was betrayed to the enemy wolves, becoming their food, just like the great city of Athens.

Յայնմ ժամանակի զթագաւորն իւրեանց արինակ չարի առնէին, եւ նովին արինակաւ ձեւել սկսան, եւ նոյնպէս գործել։ Զի ի վախնցուց, յորմէ հետէ առին նոքա զանուն քրիստոնէութեանն, լոկ միայն իբրեւ զկրաւնիս իմն մարդ-կութեան յանձինս իւրեանց եւ ոչ շերմեռանդն ինչ հաւա-տովք ընկալան, այլ իբրեւ զմոլորութիւն իմն մարդկութեան ի հարկէ։ Ոչ եթէ որպէս պարտն էր զիտութեամբ յուսով կամ հաւատով, բայց միայն սակաւ ինչ որք զհանգամանս զիստէին հեղլէն կամ ասրի դպրութեանց, որք էին հասու ինչ այնմ փոքր ի շատէ։ Իսկ որք արտաքոյ քան զզիստու-թիւն արուեստին էին այլ խառնաղանձ բազմութիւն մարդ-կան ժողովրդոց նախարարացն եւ կամ շինականութեանն, եթէ զցայգ եւ զցերեկ նստեալ վարդապետացն եւ ըստ նմանութեան ամպոցն իբրեւ զյորդահեղեղ ինչ անձրեւաց սաստկութիւն զվարդապետութիւնն ի վերայ հոսէին, ոչ ոք ի նոցանէն եւ ոչ մի ոչ, եւ ոչ մի բան, եւ ոչ կէս բանի, եւ ոչ դոյզն յիշատակ ինչ, եւ ոչ նշմարանս ինչ զոր լսէինն, եւ ոչ կարէին ինչ ունել ի մտի։ Վասն զի միտք իւրեանց ընդ ան-պիտանս ընդ անաւգուտս եւեթ զբաւսեալ էին. զոր արի-նակ մանկունք տղայք ընդ մանգութեանն եւ ընդ տղայու-թեանն խաղալիկ խանկարեալք, եւ զպիտոյիցն եւ զկարե-ւորացն ոչ ինչ փոյթ արարեալ, սոյնպէս եւ դեզերեալ մա-շէին յանուղղայ կրթութիւն ընդ չքոտի մտացն ի հնութիւն հեթանոսութեանց սովորութեանց, բարբարոս խուժադուժ միտս ունելով։

In that time [people] took their wicked example from the king and started to behave like him, and to do as he did. For long since, when they accepted Christianity, they took that faith by obligation, as though it were a human error, and not in fervent faith. [They accepted the faith] not knowledgeably with hope and faith, as is necessary. Only a few who were to some extent familiar with Greek or Syriac education partially understood that [faith]. But those who were devoid of literacy, namely the people—the motley multitude of naxarars and *shinakans*[16]—even if teachers sat day and night and drenched them with learning like clouds pouring down heavy rain, none of them would have been able to understand or remember a single word, half a word, or any bit of what they had heard. For their minds were occupied with useless, vain matters, like little boys prepossessed with their childish toys, and they took no notice of useful or important things. Similarly, [the Armenians] with their weak minds were attached to undirected learning, to the old pagan customs, since they possessed rough, barbaric intellects.

---

16 *shinakans:* peasants.

Եւ զիւրեանց երգս առասպելաց զվիպասանութեանն սիրեցեալք ի փոյթ կրթութեանցն, եւ նմին հաւատացեալք, եւ ի նոյն հանապազգործեալք, ի հեռ եւ ի նախանձ ընդ միմեանս չառակնութեամբ, թշնամութիւն դիսութեանց, զմիմեանս խածատել, եւ նենգել այր զրնկեր եւ զեղբայր։ Սիրելիք սիրելեաց, եւ մերձաւորք մերձաւորաց, եւ ընտանիք ընտանեաց, ազգականք ազգականաց, խնամիք խնամեաց դնէին գայթակղութիւն։

Անդ էր տեսանել այր ընկերի արեամբք ծարաւեալք ընկելով, ոգովք չափ զային վնասուցն անխրատ վարս եւ անհանճար միտս ունելով։ Եւ զդիցն հնութեան պաշտամունս ի նմանութիւն պոռնկութեան գործոյն ընդ խառր կատարէին. եւ ոմանք զնոյն իսկ ցանգութիւն զիջութեան պոռնկութեան կատարէին յանձինս իւրեաց։ Վասն այսրիկ ոչ զկրատ իմաստութեան լսէին, եւ ոչ առաջնորդացն ասելոյ զԱստուծոյ պատգամն անսացեալք հնազանդէին. այլ վասն ի նոցանէն յանդիմանութեանն ատէին եւ հալածէին զնոսա եւ սպանանէին։ Եւ ըստ մարգարէական բանին առ նոսա ասելոյ, թէ «Ատէին ի դրունս զյանդիմանիչս», եւ զբանս սուրբս արհամարհէին։ Քանզի ոչ գիտէին թէ որպէս այլոց ազգացն եւ հալատացելոցն կամ ի սպատնցն ետ նոցա զգիտութիւն ճշմարտութեան հաւատոցն աստուածաբանից քարոզութեանն, որպէս որբ ընկալանն առին գոհութեամբ եւ հալատացին եւ վայելեցին ի շնորհս մարդասիրութեանն արդեւք, այլ ըստ հրէական մտացն կուրացելոց եւ խաւարելոց եւ կաղացելոցն ի ճշմարտութենէն։ Թերեւս եւ առ այս ազգ միտէր բանն մարգարէական յառաջգիտական, եթէ

They loved their songs, legends, epic-tales, and were enthusiastic about learning them, and believed in them, and persevered in them. Toward each other they manifested spite and envy, hostility, grudges. They nibbled at each other, and a man would betray his comrade and his brother. Lovers tried to scandalize their loved ones, relations their relatives, families their families, members of the same *azg* other members, and in-laws, their in-laws.

Then one could have seen a man, thirsting for the blood of a comrade, drinking it, how [people] competed to harm each other, possessing crooked behavior and stupid minds. And, like [committing] adultery, during the night they performed the worship of the deities of old. And some even personally performed the lust of foul adultery. They did not heed intelligent advice, nor did they submit to commandments of God preached by leaders; rather, because of such reproachful words, [leaders] were hated, persecuted and killed. Regarding them, it was as the prophetic expression said, that: "They hate the reprimanders at the gates." Thus did [the Armenians] scorn the blessed words. For the preaching of the divine word did not give them knowledge of the true faith as it did to other peoples, to the believers and wise men, who thankfully accepted and enjoyed the grace of God's humanity. Rather, like the Jews, with their blinded and benighted minds, they were lame [in seeking] the truth. Perhaps the warning words of the prophet applied to this people also, that:

«Որդիք անմիտք, եւ ոչ որդիք իմաստունք. իմաստունք են գչար գործել, եւ զբարի գործել նոքա երբէք ինչ ոչ գիտացին»: Եւ դարձեալ ասէ. «Որդիք եղջերիկք, խստասիրտք, խստաշունչք, ոյք դառնացուցին զիս նոքա եւ հարք իրեանց»: Այսպէս լքեալք եւ սոքա, զի ոչ իմացան եւ ոչ հաւատացին յաներեււյթան Աստուծոյ երեւելեաւքս. յարաբածոց աստի չիմացան զարարիչն եւ զկարգիչ եւ զննամիշն առնուլ ի միտ: Ցանախեաց զերեւույթ նշանս իր եւ զքթանչելիս, մինչեւ զմարդկային բունթիւնս շարծեաց ի կերպարանս անասնոյ, ուստի փրկութեանն նոցա լինէին պատճառք:

Եւ մինչեւ յայս յանապիստան եւ յանմիտ թագաւորութիւնն իսկ, առ այն թագաւրաւ Տիրանաւ, ընչ նոյն իսկ ընդ այս նայեցեաւք, անցուցին չարութեամբք քան յամէնայն դարս: Մանաւանդ քան զամէնայն, զի զգլխաւորն առաջնորդն թոպամահ սպանին, եւ այնուհետեւ ըստ կամաց գրնային: Քանզի ոչ ոք այն ոք զոյր, յորմէ խիթայինն յանդիմանութեանն որ նոցա արգել անկանէր զնալ յանաւրէն ճանապարհին ելանել: Ապա բարձեալ թողեալ եղեն նոքա ի ձեռանէ տեառն, երթեալք զհետ կամաց սրտից իրեանց. ապա չկայր ոք առաջնորդ եւ ոչ զլուխ քահանայութեանն: Սակայն փոյթք եղեն նոքա ոչ վասն ճշմարտութեան ինչ խնդրել իրեանց հովիւ կամ առաջնորդ որ կայցէ զլուխ ժողովրդեանն հաւտապետութեանն, այլ բանից ընկեր իրեանց խնդրէին զայն ոք որ ըստ նոցա կամացն վարիցէ:

"The foolish, stupid sons, show wisdom in working evil, but are completely incapable of doing good." Or: "The harsh-faced, hard-hearted, severe sons and their fathers have grieved me." Thus, they too were abandoned since they did not understand and they did not believe in the invisibility of God as revealed through visible words. They could not differentiate the Creator from the created, the regulator, the protector. He increased His visible miracles such that human nature was raised from the forms of animals, and He became the cause of their salvation.

During the period of this despicable and foolish reign, during the reign of king Tiran the acts of wickedness that were committed surpassed those of all previous ages. Most of all was the fact that they beat to death the principal and leader [Yusik], and then did as they pleased. Thereafter there was no one from whose reproach they would draw back, who would prevent them from going on the road of impiety. Rather, their Lord quit them, and they pursued their hearts' desires, for there was neither leader nor head of the priesthood. However they were indeed interested [in finding a new Catholicos] not for the sake of Truth, a shepherd, leader, or head of the flock, but they sought someone who would keep them company and conduct matters in accordance with their wishes.

Յայնժամ խորհուրդ արարեալ թագաւորին եւ իշխանացն, եւ համարէն իսկ աշխարհին թէ զո արժանի այնմ իմիք գտանիցեն. քանզի երկու մնացեալք երկուորիք երկու մանգունք, միումն Պապ անուն, եւ միումն Աթանագինէս, ճանաչէին ստահակք եւ անխրատք, որք ոչ ինչ ըստ իմաստութեան աստուածեղէն գրոց, եւ ոչ վարժ հրահանգաւք առաքինութեանցն, եւ ոչ հաւրն իւրեանց չափոց ինչ նմանեցին մխտ եղեալ, եւ ոչ ընդ իւրեանց ճնիչան հայրն Յուսիկ նայեցան, եւ ոչ մեծին Գրիգորի յառաքինութիւնան ուշ եդին, եւ ոչ զիւրեանց հոգեւորն պատուականութիւն յաւիտենական կենացն զպատիւ ինչ եղին ի մտի։ Այլ իւրեանց ժամանակի դարուն նմանեալք, եւ պանձացեալք յիւրեանց յանցաւոր սնոտի ի մարմնաւոր տոհմականութիւնն ազգականութեան, զինուորական զվարսն ընտրեցին։ Վասն այնորիկ անրնտիրք եղեալք, ի հպարտութեանն խոտեցան ըստ յառագաջագոյն տեսլեանն հայրն իւրեանց. ոչ մտին ի լուծ աստուածպաշտութեանն։ Եւ ոչ այլ ոք ի նմին տանէ զաւակին Գրիգորի գոյր ոք. զի այնչափ իսկ կային մարմրնաւոր զաւակին, եւ տոքա ինչ ոչ թէ արժանի հարցն զնացեալ նմանեցին վարուց։ Եւ այլ ոչ ոք էր, որ զառաջնորդութիւն ցլխաւորութեան քահանայապետութեանն վերակացութեանն ոք տէրունական տանն հրամանատարութեանն կատարեալ, պաշտաման յաջորդէր։

In that period the king, the princes, and indeed the entire land consulted to see whom they could find worthy of [the Catholicosate]; for the two remaining twin sons [of Yusik], Pap and At'anagines were recognized as petulant and undisciplined. They lacked the learning of divine Scripture, and had no training in virtue. They did not resemble their fathers or their progenitor Yusik. They did not seek to be virtuous like Gregory the great, nor did they think about their spiritual honor, the honor of eternal life. Rather, they resembled [the people] of their own age, and, boasting of their earthly noble pedigree they chose the military life. As a result, they were not chosen and were rejected because of their arrogance, in accordance with the previous vision of their father, and they did not attach themselves to the yoke of piety. However, there were no other offspring from the tun of Gregory—these were the only ones, and because of their behavior, they were unworthy of their fathers. There was no one to perform [the role of] leadership of the chief-priest's superintendency, or commander of the Church.

ԺԴ

Յաղագս վարուց եւ գործոց մեծին Դանիէլի
առն Աստուծոյ, եւ թէ որպէս յանդիմանեաց
զթագաւորն Տիրան, եւ կամ որպէս
պատուհասեալ մեռաւ ի նմանէ:

Բայց յայնժամ դեռ եւս կենդանի էր ծերունի սուրբն մեծն քո-
րեպիսկոպոսն Դանիէլ, այր սքանչելի: Աշակերտ եղեալ էր
սա մեծին Գրիգորի, վերակացու եւ գլխաւոր Եկեղեաց նա-
հանգին Տարաւնոյ, Գրիգորի ձեռական իշխանութեանն կող-
ման մասին գործակալութեանն մեծի դատաւորութեանն,
ունէր զիշխանութիւնն զայն առանձինն. այլ վերակացու եւ
հրամանատար տեսուչ եւ հոգաբարձու ամենայն եկեղեց-
եացն Հայոց մեծաց ընդ ամենայն աղդիս. այլ եւ ի կողմանս
Պարսից յաւտար տեղիս քարոզեաց սա, եւ անթիւս ի մոլո-
րութենէ դարձոյց:

Եւ էր սա ազգաւ ասորի. եւ ունէր սա զաստիճան աթո-
ռոյն գլխաւորութեան Տարաւնոյ, ի մեծն եւ նախ զառաջին
եկեղեցին ի մայր եկեղեցեացն ամենայն հայաստանեայց:
Այսինքն նախ եւ զառաջին եւ գլխաւոր տեղին պատուա-
կան. զի յառաջ նախ անդ շինեալ էր սուրբ եկեղեցին, եւ
ուղղեալսեղան յանուն տեառն: Նոյնպէս եւ ի ներքոյ քան
զնա մարգարէանոցն Յովհաննու, նոյնպէս մաւտ ի տուն
տեառն Հանգիստ առաքելոցն: Արդ այս տեղիք վասն յա-
ռաջակարգութեան կանոնաւ ի հայրապետացն եւ ի թագա-
ւորացն պատուեալք լինէին. որպէս ի Դարանաղեաց զաւա-
րին յեկեղեցին Թորդանու պատուին վասն գերեզմանացն
հայրապետին Գրիգորի եւ Արիստակեսի:

XIV

THE LIFE AND DEEDS OF THAT MAN OF GOD, THE GREAT DANIEL, HOW HE UPBRAIDED KING TIRAN, AND HOW HE WAS MURDERED BY HIM.

During this time a marvelous man, the aged great suffragan bishop, the blessed Daniel, was still living. He was a student of the great Gregory [and was] superintendent and head of the churches of the state of Taron, holding the office of great justiciary of Gregory's own principality. [He was also] superintendent, commanding overseer, and trustee of all the churches of Greater Armenia everywhere. In foreign places in the Iranian areas [Daniel] also preached and turned many [souls] from error.

By nationality, he was Syrian. He held the principal [episcopal] throne in Taron [where] the first and greatest, the mother of all churches of Armenia was located, namely, [he held] the first and principal place of honor. For it was there [in Taron] that the first blessed church was built and [the first] altar in the name of the Lord was raised. [Also in Taron], to the south of [the church] were located the chapel of John [the Baptist] and near the church, the Repository of the Apostles. Because of the primacy of these sites, by canon they were honored by the patriarchs and kings, just as the church in T'ordan in the district of Daranaghik' was revered for [containing] the tombs of the patriarch Gregory and Aristakes.

Սոյնպէս եւ զյիշատակս թագաւորին Տրդատայ թէ կամաւք թէ ակամայ, որ արժանին լեալ էր նախածանաւթ ի Քրիստոսն հաւատոց: Վասն այսորիկ կամ եղեւ աշխարհին զնախնեաց ժամանակին հարանց եպիսկոպոսաց զայս տեղիս պատուել, ուր սոքա եղեալն էին. զի սիրելի էր աշխարհին պատուիլ զյառաջ ընծայն Քրիստոսի զթագաւորն իւրեանց Տրդատ: Նոյնպէս եւ զյառաջ եպիսկոպոսն զնախավաստակն Գրիգորիս. սոյնպէս եւ ի զաւանն այրարատեան զնախաւկայան Քրիստոսի, ուր Գայիանէն եւ Հռիփսիմէն կային, իւրեանց հանդերձ գործակցաւքն. սոյնպէս առաւել եւ զնախախելդեցին:

Այս տեղիքս ամա էին յանձն հանդերձ զաւառաւքն յորս էին. հաւատարիմ էր սա այնմ զլխաւոր սեղանոյն, իշխանութեան աթոռոյն հայրապետացն, հաստատութեան ուխտին կաթողիկէ եկեղեցւոյն: Եւ էր սորա ընկալեալ զքորեպիսկոպոսութեան ձեռնադրութիւն աստիճանին ի ձեռաց մեծին Գրիգորի, յաւուրս յորում կորձանեաց զբագինս մեհենիցն Հերակլեայ, այս ինքն Վահագնի, որում տեղոյ Աշտիշատն կարդացեալ. ուր նախ եդ զհիմունս եկեղեցւոյ սրբոյ:

Եւ էր սա այր զարմանալի, առնէր նշանս եւ զաւրութիւնս մեծամեծս յանուն տեառն մերոյ Յիսուսի Քրիստոսի: Սա եւ կաւշկաւք քայլելոյն զնայր ի վերայ ջուրց ջետոց, եւ ոչ թանային. եւ ոչ հանէր սա: Եւ յաւուրս ձմերանոյն յորժամ կուտեալ դիզեալ զմեծութիւն բազմութիւն թանձրութեան ձեանցն կուտակեալ հիւս ձեանցն ի վերայ ձմերային լերանցն յայնպիսի լերանց ի վերայ ընդ այնպիսի ժամանակի կամէր ուրեք երթալ ի պէտս ճանապարհի, յանկարծաւրէն ձիւնն ցամաք արձն լինէր առաջի նորա:

Similarly, reverence was paid to the memory of king Trdat who, willingly or unwillingly, became worthy of being the first [Armenian king] acquainted with the faith in Christ. Consequently, the land wanted to revere the sites where the fathers and bishops of former times were laid to rest. The land liked to revere their king Trdat, the first to accept Christ as well as the first bishop and laborer Gregory, and in the Ayraratean district, Christ's proto-martyrs, Gayiane and Hrip'sime and their colleagues. So too, even more so, the first church [was revered].

These places were entrusted to [Daniel] together with the districts they were located in. He was loyal to that principal altar, the authority of the patriarchal throne, and the firm covenant of the cathedral church. [Daniel] had received ordination as chorbishop from the hands of Gregory the great at the time when he destroyed the idols of the temples of Heracles, that is, Vahagn, in the place called Ashtishat, where the foundations of the blessed church were first laid.

He was a marvelous man who worked very great miracles in the name of our Lord, Jesus Christ. He could walk on the water of a river wearing his shoes, without getting them wet. During the winter when great dense masses of snow were heaped upon the mountains, if he wanted to cross such mountains to travel somewhere, suddenly the snow would disappear before him.

Եւ զի կամէր ի հեռաստան ուրեք երթալ, իբրեւ զփայլական սպացեալ լինէր անաշխատ. իբրեւ թռուցեալ յոր կամէրն երթալ ի տեղին, յանկարծաւրէն անդ գտանէր։ Յարուցանէր զմեռեալս, առնէր եւ բժշկութիւնս հիւանդաց, եւ այլ եւս մեծ նշանս եւ զաւրութիւնս քան զնոյնս գործէր, զորս ոչ բաւեսցէ ընդ գրով նշմարանաց փակել։ Եւ բնակութիւն իւրոց կայենիցն յանմերդի լերինս, այլ զտեսչութիւն մարդկան պիտոյից ոչ երբէք անփոյթ առնէր։ Միահանդերձ մաշկանապորտն սանդաղաւոր, եւ կերակուր իւր արմատք բանջարոց, եւ զաւազան անգամ ընդ ինքեան ոչ ունէր։ Եւ առ բանն Աստուծոյ այնչափի էր ճգաւր, զի զինչ հայցէրն յԱստուծոյ առնոյր, եւ զոր ինչ ասէր այն լինէր։ Եւ կայեանք տեսչութեան իւրոյ, յորժամ յանապատաց ի շէնս իջանէր վասն գործոյ Աստուծոյ, ի գլխաւոր տեղիսն յեկեղեցեացն լինէր։ Եւ յաճախ յակն աղբերն ի ներքոյ սարաբարձր մեհենատեղւոյն Հերակլեայ, որ կայ դէմ յանդիման լերինն մեծի որում Ցուլն անուանեալ կարդան, ի բազնին տեղւոջէ ի բացագոյն իբրեւ քարընգէց մի ի ներքոյ կուսէ, ի դոյզն ծործորակին ի սակաւ անտառակին ի հացուտ պուրակին որում անուն տեղոյն իսկ Հացեացն դրախտ կոչեն։ Այս այն աղբերն է, յորում առնէր յայնժամ եւս վաղ մեծն Գրիգոր զմկրտութիւնսն զաւրացն բազմաց։ Ցայնմ տեղւոջ էր սորա կայեանք խցկան սրբոյն Դանիէլի. էր դարափոր արարեալ բնակութիւն. եւ յայնմ տեղւոջ զղիտաւորութիւն այցելութեանն կատարէր։

If he wanted to go some distance, like a flash of lightning, he was there in an instant, as if he had flown. He raised the dead and healed the sick, and accomplished other very great miracles which it is impossible to describe in writing. He dwelled in the uninhabited mountains, but did not ignore the needs of people. He wore a single garment of fur and a pair of sandals; he ate the roots of vegetables, and did not even use a cane. His power with God was such that whatever he requested, he received, and whatever he spoke of came about. When he descended to the inhabited places from the uninhabited places, the areas of his direction became principal churches, for the work of God. [He came] frequently to the source of the fountain below the lofty site of the temple of Heracles, which was opposite the great mountain called C'ul, a stone's throw below where the idol was, in the small valley abounding in ash-trees, called *Hac'eac'n draxt.*[17] This was the stream in which in the past the great Gregory had baptized a multitude of troops. It was here that the blessed Daniel had his cell, dug into the ground. And it was here that he held his supervisory visit(s).

---

17 *Hac'eac'n draxt:* "the paradise of Hac'eatc'"

Արդ միաժողով եղեալ մեծամեծք նախարարացն, եւ ի մի վայր եկեալք, խորհուրդք խորհեցան. հաւանեցուցին զթագաւորն, ածել զձերունին զԴանիէլյիւրեանց բանակն, զի աձցեն կացուսցեն զնա իւրեանց գլուխ առաջնորդ, զի նստցի նա յաթոռն հայրապետական: Եւ յղեցին առ նա

> զՈմն իշխանն Սահառունեաց տոհմին,
> եւ զԱրտաւան զիշխանն Վանանդայ,
> եւ զԿարէն իշխանն Ամատունեաց տոհմին,
> եւ զՎարազ իշխանն Դիմաքսենից տոհմին:

Եւ եկին նախարարքն հասին զտին զնա յԵկեղեաց գաւառին, ի գեւղն Եկեղեցւյն ի Թիլն. զի դեռ իմն զգործ մշակութեան Աստուծոյ գործէր: Եւ առին զնա եւ ածին առ թագաւորն Տիրան, ի գաւառն Աղձնեաց ի Բառաւջ յաւան: Եւ իբրեւ մտանէր առաջի թագաւորին Տիրանայ քորեպիսկոպոսն մեծն Դանիէլ, անդէն ի ձեռն առնոյր զկշտամբութիւն յանդիմանութեանն:

Սկսեալ խաւսել, յառաջ մատուցեալ, ասէր եթէ ընդէր մոռացարուք դուք զԱստուած զարարիչն ձեր, եւ զգուք նրշանացն եւ խրատուց, եւ զթքանչելեաց զոր արար առ հարսն ձեր եւ առ ձեզ. եւ դուք դարձայք ի մոլորութիւն կռապաշտութեան նախնեացն ձերոց, եւ յատելութիւնս եւ յազահութիւնս եւ ի զրկութիւնս եւ յառքատակերութիւնս, ի պոռնկութիւնս, ի նենգութիւնս եւ ի միմեանս զրկութիւնս եւ ի սպանութիւնս:

Now the grandee naxarars assembled in one place, held a meeting, and took counsel. They convinced the king to call the aged Daniel to their *banak* so that they might make him their principal leader and seat him on the patriarchal throne. They sent [the following individuals] to him:

Omn, prince[18] of the Saharunik' tohm

Artawan, prince of Vanand,

Karen, prince of the Amatunik' tohm,

and Varaz, prince of the Dimak'sen tohm.

These naxarars came and found [Daniel] in the district of Ekeleac', in the village of the church, at T'il, for he was still doing service to God. They took and brought [Daniel] to king Tiran in Baraej awan, Aghjnik' district. As soon as the great suffragan bishop Daniel came before king Tiran, he started to upbraid and reproach him.

He came forward and started to speak, saying: "Why have you forgotten your creator, God, and the mercy, miracles, and counsel which he showed your fathers and you? You have returned to [the customs of] your ancestors: to the error of idol-worship, hatred, greed, dispossession, despoiliation of the poor, adultery, treachery, dispossessing and killing each other.

---

18 *"zOmn ishxann,"* alternatively, "a certain prince".

Կործանեցայք լքեայք կասեցէք կաղացայք յարդարութեան ճանապարհաց, եւ թողէք դուք զբարերարն ձեր զԱստուած որ զձեզ յոչրնչէ արար եւ հաստատեաց, եւ ի մոլորութիւնս ձեր անձանաւթք եղերուք դուք ի նմանէ։ Մինչ դուք զձեր անձինսդ անգիտս արարեալ էիք ի կորստերանն, նա եկն ի խնդրել զձեզ. զի թէպէտ եւ ինքն իսկ միածին որդին Աստուծոյ եկն էջ ուսուցանել զՀայր իւրոց արարածոց. զի թէպէտ եւ ոչ լուան նմա, եւ չարչարեցին եւս մինչեւ ի մահ, եւ համբեր, սակայն եւ ոչ նա զիւր զաւրութիւնն ոչ թագոյց յումեքէ, զի պատճառք կենաց լիցի ամենեցուն։ Եւ զորս եգիտ արժանիս եւ պատրաստականս իւրում յարութեանն, ընտրեաց, ուսոյց, եւ արձակեաց քարոզս եւ կոչնականս եւ հրաւիրակս ի վերկութեան լյան հրրաւիրել զձեզ։

Սակայն եւ դուք յայնմ փոխանակ երախտեացն ապախտիս հատուցէք. զորմէ դուք իսկ նախ զձեր զբարոզն եւ զհրաւիրակն զառաքեալ առ ձեզ եկեալն սպանէք. զայն որ եկեալ զձեզ կոչէր ի վերկական շնորհս արքայութեան տեառն մերոյ Յիսուսի Քրիստոսի։ Զի թէպէտ եւ դուք առ ձերում անմտութեան տիրասպան ազգին խորհրդոյն հաղորդեցայք Հրէիցն. զի նոքա զոտէրն կարծեցին սպանանել, հարքն ձեր զանդրին առաքեալն սպանին. եւ զհետ նորա նորին նմանին չարչարեցին վասն նոյն նորին իրաց։

Forsaken, you have fallen and strayed from the path of righteousness; you have abandoned your benefactor, God, Who raised you from nothing and established you. In your error you have alienated Him. While you carelessly gave yourselves over to ruination, He came to seek you. Although He is the only-begotten Son of God, nonetheless He came, He descended to acquaint His creations with His Father. Although they did not listen to Him and tortured Him to death, He endured it and never hid His power from anyone, so that He might become the cause of life for everyone. Those whom He found worthy, and ready for His resurrection, He chose, taught and dispatched as preachers and summoners and inviters, to invite you to the light of salvation.

But in place of His kindness you showed ingratitude. First you killed those preacher(s), Apostle(s) and messenger(s) who came to you with the intention of inviting you to the kingdom of our Lord Jesus Christ, to the grace of salvation. You became communicants with the plot of the Lord-slaying Jewish people, in your stupidity. For they, in their opinion, killed the Lord; while your fathers [killed] His Apostles and later they tormented those resembling them, for the same thing.

Իսկ զկնի սորին իրացս այսոցիկ եկին բազմութիւնք սրբոց վկայիցն Աստուծոյ, նոցին Առաքելոցն ճգնակիցք. որք մինչ ի վտանգ չարչարանացն ճգնեալք, մինչ յիւրեանց մահն, պնդեալք ցուցանեն ձեզ զճշմարտութիւնն, զի թերեւս նոքաւք դառնայցէք յիմաստութիւն զիտութեան որդւոյն Աստուծոյ: Սակայն եւ առ նոսա լցէք կատարեցէք բովանդակեցէք զսպասութիւն սպանութեանց ամբարշտութեանցն կամացն ձերոց: Սակայն նորին արեամբն զոր ասացի բազում եւ պէսպէս նշանաւք խրատեաց զձեզ, եւ ի մահ ոչ մտանեաց վասն բազում ողորմութեանն. եւ իւր մերձաւորս արար զձեզ, եւ խառնեաց զձեզ ի բնութիւն կանդանութեան ընտանութեան վարդապետութեանն իւրոյ, ուղղութեան աւրինացն, յառաւելութիւն որդւոյն սիրելւոյ իւրոյ:

Եւ յետ այսորիկ եթող ձեզ զամենայն վնասս ձեր, եւ ետ ձեզ վարդապետս զհիրելիս իւր: Բայց դուք եւ ոչ զմի զայն ոչ յիշեցէք, ոյ եդիք ի մտի, ոչ կալայք ի սրտի, այլ յետս դարձայք հրէական ազգին նմանեալք. առէք զնոյն յանձինս ձեր զնոցուն աւրինակն գործոց: Զի պարտ էր ձեզ յիշել զերախտիսն տեառն ձերոյ Քրիստոսի, որ ոչ յիշեաց զմեղս հարցն ձերոց, եւ ոչ զանաւրէնութիւնս ձեր: Եւ ձեզ չէր պարտ մոռանալ զճգնութիւն հարցն սրբոցն խրատեացն եւ վարդապետացն ձերոց, որք ուսուցիչքն էին ձեր, որք հանապազ տքնէին վասն փրկութեան ոգւոց ձերոց.

After this, many of God's blessed witnesses came, the co-ascetics of those same Apostles. They were subjected to the danger of torments, but endured to the point of death to show you the Truth, so that perhaps through them you would become intelligent and recognize the Son of God. But you worked your wicked will and your customary murder toward them as well. Despite this [God], through their blood, counseled you with many miracles and in His great mercy did not subject you to death. He made you His relatives and communicants of His natural living doctrine, correct laws, and the greatness of His beloved Son.

After this He forgave you all your transgressions and made His dear ones your teachers. But you did not remember one of them, you did not remember or keep [them] in your hearts. Rather, like the Jewish people you withdrew, and began to work the same sorts of deeds as they. Although you should have recalled the kindnesses of your Lord, Christ, Who forgot the sins of your fathers and your impious acts, [you did not]. You should have remembered the labor and effort of your blessed fathers, your counselors and vardapets who taught you, constantly working for the salvation of your souls.

Եւ արժան էր ձեզ ունել զութ ընդ նոսա որք հոգեպէս բանիւ վարդապետութեանն երկնեցին եւ ծնան զձեզ վերստին, եւ ըստ ձերում զերծման անդրէն դառնալոյ դարձեալ միւսանգամ վերստին կրկնելոյ չարեացն ապաշխարելոյ ինքեանք իւրեանց խնդրուածովքն երկնեցին զձեզ դարձեալ, մինչեւ կարպարանեսցեն զՔրիստոս ի ձեզ, զի արժանի լինիցիք մտանել յերկնից յարքայութիւնն անդր։ Պատշաճ էր եւ ձեզ խնամել զնոցին որդիսն եւ զաշակերտսն, որ ըստ հոգեւոր բանին ըստ աստուածային ծննդեանն էին որդիք, առաջնորդք եւ վերակացուք ձեր ի տէր. թող թէ որ մարմնապէս իսկ էին նոցա ճեռք, եւ հոգեւոր նոցին գործոց ոչ ինչ պակաս քան զիարսն իւրեանց:

Արդ ձեր թողեալ զԱստուած, եւ յիշեցուցէք զչարիսն ձեր զառաջինս, եւ լցէք զչափ մեղացն հարցն ձերոց։ Որ զի նոքա սպանին զիարսն սուրբս չարչարանաւք վասն բարւոյն չկամելոյ լսել զաւգտակարն խրատ ի նոցանէն, եւ դուք զորդիս եւ զժառանգս եւ զգործակիցս եւ զնմանողս նոցին սպանէք, որք ոչ հաւանեալ գործոց մեղացն ձերոց, սուրբ մանուկն Յուսիկն զիայրապետն զաթոռական զվիճակական զվիճակին Թադէոսի առաքելոյն եւ զնորին նմանոյն Գրիգորի: Եւ դուք զիրէական բարուցն բերէք զաւրինակն յանձինս ձեր, սպանութեանցն սովորութեանց զրկութիւնս. որպէս եւ նոքա անխրատք զիւրեանց զառաքեալսն կամ զմարգարէսն կոտորեցին, սոյնպէս եւ դուք ըստ նոցին աւրինակի կատարեցէք:

You should have had love for those people who labored to teach you the word [of God], and gave you rebirth and labored to return you from faithlessness. To atone for the evils of their comrades, with their entreaties again did they labor to impress Christ within you, to make you deserving of entering the Kingdom. You should have cared for their sons and students who, according to their spiritual words, were their sons through divine birth, your teachers and overseers [in leading you] to the Lord. [You should have cared for those] who even were their physical sons and were in no way less in spiritual work than their fathers.

"But you abandoned God and repeated the evils of your fathers, surpassing the sins of your fathers. Just as [your fathers] wickedly killed the blessed fathers, not wanting to hear their beneficial advice, so did you kill their sons and heirs, their colleagues and those resembling them, who did not agree to your sinful deeds, [such as you killed] the blessed lad Yusik, your patriarch, holder of the throne and diocese of the Apostle Thaddeus and Gregory, who resembled him. You followed the example and conduct of the Jews with their killings and dispossessions. Just as they, being unadvised, destroyed their apostles and prophets, so did you [kill] yours.

Արդ վասն այսչափ ստութեանց ձերոց եւ պղծութեանց, բարձէք տէր զթագաւորութիւնդ ձեր ի ձէնջ. բարձէք եւ զթագաւորութիւնդ ի ձէնջ. Յրուեսջիք եւ բաժանեսջիք, եւ գրրուեսջին սահմանք ձեր որպէս եւ Իսրայէլ, եւ անտէրունչք եւ անխնայ եւ անխնամք լիջիք. եւ լիջիք դուք իբրեւ զխաշինք, զինչ գուցէ նոցա հովիւք: Մատնեսջիք իբրեւ զնաւտ ի ձեռս զազանաց, եւ անկջիք ի փառաց ձերոց. եւ ի ձեռս աւտար թշնամեաց մատնեսջիք դուք ի զերութիւն եւ ի լուծ ծառայութեան, եւ ոչ բարձցի երբէք կամ պակասեսցէ լուծ ծառայութեան ի ձէնջ. եւ ոչ երբէք պակասեսցէ լուծ չար ստրկութեան ծառայութեանն ի պարանոցաց ձերոց. հաշեսջիք եւ մաշեսջիք ի ցանկութիւնս ձեր: Որպէս պատառեցաւ Իսրայէլ, եւ ոչ կարկատեցաւ, սոյնպէս եւ դուք ցրուեսջիք եւ կորձանեսջիք. եւ այլք վայելեսցեն ի վաստակս ձեր, եւ այլք կերիցեն զաւրութիւնս ձեր. եւ ոչ ոք գտանիցի, որ փրկեսցէ զձեզ. եւ ոչ հաճեսցի ընդ ձեզ տէր, եւ ոչ նայեսցի եւ ոչ փրկեսցէ այլ զձեզ:

Այլ զի կոչեցէք զիս ելանել զալ առ ձեզ, զայս ամենայն կամիք լսել դուք յինէն: Եթէ իմ չէր զայս ամենայն պատմել ձեզ, սակայն այս ամենայն լինելոց էր ձեզ վասն սպանման արդարոյն մեծին մանկանն Յուսկան առաքինւոյն առաջնորդի ձերոյ, որ էր ի տանէն զաւակին Գրիգորոյ. զի այս ամենայն լինելոց է ձեզ, զի այսպէս եցոյց ինձ տէր: Այլ զի յղեցէքդ առ իս, եթէ եկ կաց մեզ զլուխ եւ առաջնորդ, զիարդ լինիցիմ առաջնորդ այնոցիկ որք ոչ դառնայցեն զկնի տեառն. կամ զիարդ կայցեմ զլուխ ազգի, զորս եթող տէրն ի ձեռանէ:

"Now, as a result of so much of your falseness and obscenities, the Lord will take your kingdom and priesthood from you. You will be dispersed and divided. Like Israel, your borders will be dissolved, and you will be lordless, uncared for, and not one of you will be spared. You will become sheep without a shepherd, and like a flock you will be betrayed to the wild beasts. You will fall from your glory, be betrayed into slavery to foreign enemies, will fall under the yoke of servitude, and that yoke will not be lifted from you. The yoke of wicked slavish servitude will not be removed from your necks. You will be worn out in your desires. Just as Israel was torn and not repaired, so will you be dispersed and destroyed. Others will enjoy your labors, and others will consume your strength. None will be found to save you. The Lord will not be satisfied with you, will not look upon you, and will save you no more.

"Why did you summon me to come to you? Was it that you wanted to hear this from me? Even if I did not relate all this to you, nonetheless all of it will befall you because you killed that righteous lad, the great Yusik, your virtuous leader who was of the *tun* of the son of Gregory. Yes, all this will be visited upon you, for the Lord showed it to me thus. But you sent to me, summoning me to come to be your head and leader.

Կամ զիարդ ամբառնայցեմ զձեռս իմ աղաւթիւք առ
Աստուած վասն այնոցիկ, որոց ձեռք իւրեանց շաղախեալ
են արեամբ սրբոց տեառն. կամ զիարդ եղէg բարեխաւս
վասն այնորիկ, որք նուաճեցինն. կամ զիարդ մատուցա-
նեմք աղաւթս պաղատանս այնոցիկ որք դարձուցին զթի-
կունս առ տէր, եւ ոչ զերեսս իւրեանց: Կամ զիարդ խաւ-
սիցիմ ի հաշտութիւն վասն այնոցիկ, որք փախուցեալն են
եւ ոչ կամին դառնալ. որոց ինքնին տէր նիւթեաց պատ-
րաստեաց զամենայն չարիս ի վերայ նոցա վասն այնորիկ,
զի ասացիք թէ ոչ տեսանէ տէր զայս ամենայն, եւ որ ինչ
նման է սոցին բանիցս:

Զայս բանս խաւսեցաւ սուրբ ձերունին Դանիէլ քորե-
պիսկոպոսն առաջի թագաւորին Տիրանայ, եւ առաջի իշ-
խանացն, պետացն եւ ամենայն զաւրացն: Եւ մինչ դեռ խաւ-
սէր նա զայս ամենայն, հիացեալ զարմացեալ թագաւորն
մխտ դնելով լուր եւեթ կայր: Եւ եղեւ իբրեւ զայս ամենայն լը-
լաւ, բորբոքեալ ի բարկութիւն դառնութեան ամբարշտու-
թեան ցասման իւրոյ. զոր տայր հրաման անդէն խեղդա-
մահ առնել զնա: Զոր իբրեւ լուեալ անդէն սպասաւորացն,
կատարեցին զգործ հրամանին վաղվաղակի. բայց մեծա-
մեծք նախարարացն աւագանին շատ եղին ի մտի արքա-
յին, զի մի կատարեսցէ զչարութիւն կամացն իւրոց. առ
դառնութեան սրտին ցասման, առ զայրուցս բարկութեանն
ոչ ինչ անսաց նոցա. այլ ճոպան ի փողս եղեալ, խեղդամահ
արարին զնա: Այսպէս կատարեցաւ սուրբն Դանիէլ:

How could I be the leader of people who do not follow the Lord; how could I be the head of an *azg* which the Lord has abandoned? How could I raise my hands to God in prayer for people whose hands are stained with the blood of the Lord's saints? How could I offer entreating prayers for people who have turned their backs, not their faces, to the Lord? How could I intercede for people who have rebelled? How could I speak of reconciliation for those who have fled and do not want to return, for whom the Lord himself has prepared all of these evils because you said that you do not see the Lord?" And he said more in this vein.

The blessed aged suffragan chorbishop Daniel said these things before king Tiran, the princes, commanders and all the troops. While he was speaking the king listened in stupefied amazement. When he had heard all of it, he became inflamed with wrath, in the bitterness of his impious rage. He ordered that [Daniel] be strangled then and there. The attendants implemented this order as soon as they heard it. Although the grandee naxarar nobility greatly exhorted the king not to carry out the wickedness of his will, nonetheless [Tiran's] soul was so bitter with rage, he was so furious, that he did not heed them. Placing a rope around [Daniel's] throat, [the attendants] strangled him. Thus was the blessed Daniel slain.

Եւ բարձին զմարմին նորա բազմութիւն մարդկան, որք տեղեակ էին նմա, եւ գիտէին զնա. եւ կամեցան մեծարել զնա ընդ ոսկերս սուրբ վկայիցն Քրիստոսի։ Ապա ինքն յայտնեալ երեւեցաւ առն սրբոյ աշակերտին իւրում, որոյ անուն կոչէր Եպիփան, զի մի՛ ի պատիւ առցեն զոսկերս նորա իբրեւ զայլոցն. այլ տարցին ի տեղին ուր ինքն հրամայեաց, եւ ծածկեսցեն ընդ հողով։ Զի այսպէս յայտնեալ բարբառեցաւ նոցա. զի եթէ տերունական մարմինն, ասէ, ի գերեզմանի ծածկեցաւ աւուրս երկուս մինչեւ ցայրն երրորդ յորում յարեաւ առ հայր իւր, որչափ եւս առաւել պարտ է մերում հողեղէն մարմինս ընդ հողով ծածկել։ Ապա բարձին զմարմին նորա սուրբ սիրելիք իւր աշակերտք, որոյ գլխաւորին անուն էր Շաղիտա, որ ի նմանէ իսկ աշխարհին Կորդուաց վարդապետ տուեալ էր. եւ երկրորդին անուն Եպիփան, որ զաւադին Աղձնեաց եւ մեծաց Ծոփաց ի նմանէ իսկ վարդապետեալ էր, եւ ընդ նոսա պաշտաւնեայք բանակին։ Եւ գնացին տարան եդին զմարմինն ի տեղւոջն ուր յառաջագոյն էր կայեանք խցկանն իւրոյ յերկրին Տարաւնոյ, որ էր մայր եկեղեցեացն Հայոց, մաւտ յակն աղբերն ուր առնէր Գրիգոր զմկրտութիւնսն աշխարհագաւր բազմութեանն, ի տեղւոջն որ անուանեալ կոչի Հացեաց դրախտ։ Յայնմ տեղւոջ ծածկեցին զմարմին սրբոյն Դանիէլի ընդ հողով, ըստ յառաջագոյն տեսլեանն ըստ հրամանի նորա տուեալ։

A multitude of people who recognized and knew him took his body and wanted to exalt it [placing it] with the bones of the blessed witnesses of Christ. But [Daniel] himself appeared to his blessed student named Epip'an [saying] not to honor his bones with the others, but [that they should] take [his body] to a place which he himself commanded and cover it with soil. [Daniel] himself said: "If the Lord's body was kept in the tomb for two days until on the third day [Christ] rose to His Father, how much more necessary is it for us, earthlings, to be covered with the soil?" [Daniel's] blessed body was taken by his dear students. Chief among them was Shaghita, who had been designated by [Daniel] as vardapet of the land of Korduk'. The second [student burying Daniel] was Epip'an who had been designated vardapet of the district of Aghjnik' and Greater Cop'k'. With them went clerics of the banak. They went and took the body to the place where [Daniel's] cell had been, in the Taron country (where the mother church of Armenia was located), to the place called Hac'eac' draxt near the fountain where Gregory had baptized the multitudinous members of the *ashxarhazor*.[19] It was there that they committed the body of the blessed Daniel to the ground, in accordance with his command given in the vision.

---

19 *ashxarhazor:* militia.

Յաղագս որդւոցն Յուսկան, եթէ որպէս
ընթադրեալ առ ոտն հարին զմեծ
քահանայութեան զԱստուծոյ զպատիւն:

Ապա խորհուրդ արարին մատուցանել զորդի սրբոյն Յուսկան ի քահանայութիւն հարցն վարդապետութեանն: Ապա
առանց իրեանց կամացն ընբռնեցան, եւ բռնաբարեցան ի
միաբանութեան եպիսկոպոսացն. զի կալեալք, ակամայ առեալք զձեռնադրութիւն սարկաւագութեան հարկեցան Պապն
եւ Աթանագենէս: Որոց ընդ ոտն հարեալք զաւանդն հոգեւորն պատուի, անձամբ զանձինս իրեանց, խոտորատուր
յարուեստն զինուորութեանն զինեցան, եւ յերկիր կործանեցան: Եւ ընտրեցին զերկրաւոր կեանս, եւ առին եւս իրեանց
կանայս զքորս թագաւորին, եւ մերժեցին զանձինս իրեանց
ի ժառանգութենէ Աստուծոյ: Բայց անուանք կանանց նցա, անուն կնոջն Պապայ Վարազդուխտ, նորա աննրդիթ
անզաւակ եղին յաշխարհէ. անուն կնոջն Աթանագենէ Բամբիշն. ի սոցանէ ծնաւ այր սքանչելի եւ զարմանալի Ներսէս,
որ առ յապայն եկաց քահանայապետ:

Բայց յայնմ ժամանակի ոչ ոք գոյր, որ առաջնորդէր
նոցա զքահանայապետութիւնն: Ապա խորհուրդ արարին
թէ զո զացցեն իրեանց առաջնորդ. ապա կամ եղեւ ամենեցուն առ հասարակ, զի ի նմին տանէ իշխանութեանն Գրիգորի գտցեն, որ կալցի նա զաթոռ հարցն:

XV

THE SONS OF YUSIK, AND HOW THEY TRAMPLED [THE DIGNITY OF] THE GREAT CHIEF-PRIEST OF GOD.

They then decided to place the sons of the blessed Yusik in the vardapetal priesthood of their fathers. Against their will they forcibly seized them on the wishes of the bishops. They were involuntarily obliged to accept ordination as deacons, both Pap and At'anagines. They cast the spiritual dignity to the ground, dressing in military style, and were destroyed. They chose the life of this world, taking as wives the king's sisters, and were rejected from the inheritance of God. The wife of Pap was named Varazduxt. [This couple] died without bearing sons. At'anagines' wife was named Bambish. [This couple] bore the marvelous and wonderful man Nerses, who subsequently became the chief-priest.

But in that period there [still] was no one to direct the chief-priesthood for them. So they took counsel [to decide] who they could find to be their leader. They all resolved that [such an individual] should be selected from the same tun of the authority of Gregory, and that he should hold the throne of [his] fathers.

ԺՁ

Յաղագս Փառինայ, որ կալաւ
զաթոռ հայրապետացն։

Յայնմ ժամանակի համարեցան արժանի զՓառէն ումն երէց, ի գաւառէն Տարաւնոյ, ի մեծէ մարգարէանցէն Յովհաննու, որ էր նախ շինեալ տուն աղաիթից եւ խնդրուածոց ի համզիստ սրբոցն, զի տեղին այն նմա էր հաւատացեալ։ Ապա կոչեցին զնա առ արքայն. եւ առաքեաց զնա
պատարագաւք թագաւորն, եւ հրովարտակաւք եւ ճոխ իխանաւքն որ ընդ նմա առաքեցանն,

      մեծ զաւրավարն Հայոց որում անուն էր Վասակ, ի մամիկոնեան տոհմէն։
      եւ Մեհենդակ ըրշշտունի,
      եւ Անդովկ սիւնի,
      եւ Արշաւիր կամսարական,
      մեծք եւ զլխաւորք նահապետք.
      եւ տասն այր այլ, արք պատուականք,

      Առին զնացին զՓառէն սուրբ ի մայրաքաղաքն Գամրաց ի Կեսարիա, եւ անդ ձեռնադրեցին զան ի կաթողիկոսութիւն Հայոց մեծաց։ Եւ զան դարձեալ յիւրեանց աշխարհն խաղաղութեամբ։
      Եւ նստաւ Փառէն յաթոռ հայրապետական սակաւ ժամանակս. եւ այլ ինչ չհամարձակէր նա կամ խրատել ինչ,
կամ յանդիմանել զմոլորութիւն ինչ զուրոյք կամ զամբարշտութիւնս։ Բայց միայն զիւր անձն սուրբ պահէր, եւ ի հարկկէ ընգերէր անաւրէն թագաւորին, եւ ըստ նորին կամացն
երթեալ հնազանդեալ։ Եւ յետ այսորիկ հանգեաւ, եւ յաւելաւ
առ հարս իւր. եւ առեալ պաշտաւնէիցն եկեղեցւոյ բանակին
զմարմինն, զնացեալք ի գաւառն Տարաւնոյ տարան ի յագարակն մեծի մարգարէանցին Յովհաննու, որ էր ինքն ի կենդանութեանն իւրում յառաջագոյն բնակեալ. եւ անդ զեդեցիկ շիրիմ գործեալ, եւ զորա ոսկերս ծածկեցին։

XVI

HOW P'ARHEN OCCUPIED THE PATRIARCHAL THRONE.

At that time they considered worthy [of the Catholicosate] a certain presbyter named P'arhen from the district of Taron, from the great chapel of John [the Baptist], [a man] who had earlier constructed the house of prayer and supplication as a repository for the saints. They entrusted [the position] to him. They summoned [P'arhen] to visit the king. The king selected [the following] illustrious princes and sent them with gifts and decrees.

the great general of Armenia, named Vasak from the Mamikonean tohm,
Mehendak Erheshtuni,
Andovk Siwnik',
Arshawir Kamsarakan,
great and principal nahapets,
and ten other honorable men.

Who went to the blessed P'arhen in the capital city of Cappadocia, Caesarea, where they ordained him to the Catholicosate of Greater Armenia. And they returned thence to their own land in peace.

P'arhen occupied the patriarchal throne for a short while. Although he did not dare to advise or reprimand anyone's error or impiety, he nonetheless kept his own person holy. He was obliged to befriend the impious king, submitted to him, and acted according to his wishes. After this he was gathered to his fathers. Clerics of the banak's church took his body and committed his bones in an attractive tomb which they constructed on the field of the great chapel of John in the district of Taron, a place where P'arhen had lived during his lifetime.

ԺԷ

Յաղագս Շահակայ որ էր ի զաւակէ Աղբիանոս
եպիսկոպոսի, որ յաջորդեաց զտեղի
հայրապետացն աթոռոյն. եւ թէ որպէս յայնմ
ժամանակի երկիրն Հայոց թողեալք զտէր եւ
զպատուիրանս նորա:

Ապա յայնմ ժամանակի միաբան խորհեցան աշխարհաւրէն
խորհուրդ, եթէ ում պարտ իցէ զհայրապետութեանն զկա-
թողիկոսութիւն ունել: Ապա իբրեւ ոչ ոք զոյր ի տանէն
Գրիգորի այնմ արժանի, ապա նմանեցուցին զՇահակ ումն
անուն ի տոհմէ զաւակին Աղբիանոս եպիսկոպոսին: Եւ
տան զնա ի ձեռս իշխանին մարդպետութեանն, որում ա-
նուն իւր Հայր կոչէր. եւ յաւագաց զումարէն ընդ նմա զիշ-
խանն Գարդմանաց ձորոյն. եւ առնեն ընդ նոսա այլ տանն
նախարարս. եւ յուղարկեցին զնա մեծաշուք պատուով
յերկիրն Գամրաց ի մեծ քաղաքն Կեսարիա: Անդ ձեռնա-
դրէն զՇահակն ի կաթողիկոսութիւն Հայոց մեծաց, եւ
պատուով դառնան առ թագաւորն:

Եւ յաջորդեաց զտեղի հայրապետացն Շահակն. եւ
սա նմանեաց վարուցն Փառէնայ: Առաջնորդէր սա աշխար-
հի ըստ նմին աւրինակի: Բայց որոց հովուէրն չեղեալք
ունկն ինչ խրատու ճշմարտութեանն, այլ յանդիմանեալք
հոլանեալ գործէին զմեղս համարձակութեամբ, առանց խի-
թի յամենայն չարիս դարձեալք, թողեալք զտէր եւ զպատ-
ուիրանս նորա առ հասարակ թագաւորն եւ նախարարքն
եւ իշխանքն:

XVII

SHAHAK, SON OF BISHOP AGHBIANOS, WHO SUCCEEDED ON THE PATRIARCHAL THRONE, AND HOW THE COUNTRY OF ARMENIA ABANDONED THE LORD AND HIS COMMANDMENTS.

Then at that time [the people] unitedly held counsel in a popular assembly to decide to whom they should give the Catholicosate of the patriarchate. But since there was no one worthy of it from the tun of Gregory, they designated a certain Shahak from the tohm of the son of bishop Aghbianos. They entrusted him to the care of the prince of the mardpetut'iwn, who was named Hayr. With him they mustered awags of the prince of Gardmanac'jor, and [this party] took along ten other naxarars. They accompanied [Shahak] with very grand honor to the great city of Caesarea in the country of Cappadocia. There they ordained Shahak as Catholicos of Greater Armenia, and they returned to the king with honor.

Thus did Shahak succeed to the position of the patriarchs. He resembled P'arhen in his behavior, and directed the land after his example. However the people he shepherded—generally the king, the naxarars and the princes—did not heed his truthful advice, and, even though reprimanded, they openly and boldly worked their sins, fearlessly accomplishing all sorts of evils, forgetting the Lord and His commandments.

Եւս չար քան զնոսա առ մարդիկ մարդկանն ամբարշտեալք, ի հնութիւն առաջին գործոցն հարցն իւրեանց դարձեալք, ի փոքրկանց մինչեւ ցմեծամեծս ի յայս էին հարեալք ի սոյն կանխեալք: Վասն այտորիկ ամենայնի բարկացեալ տէր Աստուած ի վերայ նոցա եթող ի ձեռանէ, արար զնոսա կոխան ի յարուցելոցն ի վերայ նոցա թշնամեաց նոցա: Քանզի ի ժամանակաց ի թագաւորութեանն Տրդատայ, յորմէ հետէ զտէրն ճանաչելոյ արար խաղաղութիւն, եւ լռեցոյց շուրջ զթշնամիս նոցա, զի ցածոյց տէր զմարտ պատերազմացն ի սահմանաց նոցա, եւ մինչեւ յայն ժամանակ ոչ ընդ ումեք բանք գոյին ամբոխի կամ խռովութեան, եւ ի մեծի խաղաղութեան էին բնակեալք: Ապա ի ժամանակին յայնմիկ յարոյց զարացոյց զգրգռութիւնս սահմանակցաւք շուրջ յամենայն կողմանս զթշնամիս նոցա. եւ ոչ մի ոք ի թագաւորացն Հայոց ոչ ոք գտանէր նոցա բարեկամ, այլ ամենաքեան թշնամիք:

Others were even worse than they from the lowly to the grandees, impious toward others, and returned to the old former deeds of their fathers. As a result, the Lord God grew angry at them and abandoned them and permitted enemies to rise against and trample them. From the time of the reign of Trdat, [that is] after [Armenia] recognized the Lord, [God] granted them peace and quieted the enemieswho surrounded them; the Lord decreased battle in their boundaries, and until that time there was no turbulence or agitation with anyone. They had dwelled in great peace. But now in this period [the Lord] increased aggravation from their enemies on all sides of their borders. And none of the kings of Armenia could find a friend among them, only enemies.

ԺԼ

Յաղագս Հայր մարդպետին, որ տայր կոտորել զազգս նախարարացն Հայոց:

Բայց յայնմ յանմիտ թագաւորութեանն ժամանակի ոչ միայն թշնամիք թշնամեաց, այլ եւ բարեկամք բարեկամաց եւ ընկերք ընկերաց դաւաճանութիւնս մատնութիւնս սկսան յարուցանել ի մէջ հայաստան երկրին, եւ բեր ազգի ազգի թշնամութիւնս գործէին: Վասն զի անկաւ ի նոսա խռովութիւն ի տեառնէ, այս պղծութեան եւ ոգի մոլորութեան. զի նախ միմեամբք քանդեալք աւերեցան վասն անաւրէնութեան իւրեանց: Բայց քան զամենեսին աւելի այր մի անաւրէն եւ այսամուտ, որ աւելի ընդ ազգս նախարարացն գրգռէր զթագաւորն Տիրան: Այս ինքն որ ունէր զպատիւն մեծի մարդպետութեանն, այր ներքինի չարասիրտ չարախորհուրդ չարագործ, որում Հայր կոչէին: Զբագումս ի նախարարացն ետ քունթեամբ առանց վնասու կոտորել, եւ խանգարեաց զմեծ տէրութիւն թագաւորութեանն: Մանաւանդ աւելի գերկու տոհմսն զաւագս տայր իրով չարախաւսութեամբ հանել ընդ սուր, եւ անունդ առնել միահաղոյն զտոհմսն Ռշտունեաց եւ զտոհմն Արծրունեաց. բառնային ի միջոյ առանց ամենայն վնասու եւ յանցման, մինչ անգամ եւ զէգն կոտորեցին ազգացն: Յայնմ ժամանակի ի գայթակղի գտանէին ի դայեակս մանկունս փախստեայ, զՏաճատ որդի Մեհրնդակայ Ռշտունւոյ. եւ միւս եւս Շաւասպ որդի Վաչէի արծրունւոյ. տր֊դայք ստնդիայք, զոր ածին առաջի թագաւորին:

XVIII

HAYR MARDPET WHO GAVE OVER TO DESTRUCTION THE LORDS NAXARARS OF ARMENIA.

But during the foolish reign [of Tiran], not only enemy against enemy, but friend against friend and comrade against comrade [were bent on] arousing treachery and betrayal in the realm of Armenia, and they worked a myriad of diverse hostile deeds against each other. For the Lord visited agitation upon them for their spirit of abomination and error. Because of their impiety, first they destroyed and ruined each other. There was one impious and diabolical man who surpassed all the rest, and who aggravated king Tiran against the naxarar azgs. This was the eunuch Hayr, who held the honor of the great mardpetut'iwn, a wicked-hearted, malicious malefactor. Through slander he effected the destruction of many naxarars who had worked no crime, and he disrupted the great lordship of the kingdom. In particular through his slander he managed to have two senior tohms—the Rheshtunik' tohm and the Arcrunik' tohm—put to the sword and [almost] entirely wiped out, without them committing any crime or fault, and they even destroyed the women of [those] azgs. Then two children, caught in the scandal, had found refuge by fleeing to *dayeak*s; one was Tachat, the son of Mehendak Erheshtunik', the other, Shawasp, son of Vach'e Arcrunik', both suckling children. They were brought before the king.

Իբրեւ տեսանէր, տայր հրաման հանել փողոտել զմանկունան. զի նոքա եւեթ ձետք մնացեալ էին յազգացն: Եւ անդ դիպեալ Արտաւազդ եւ Վասակ, արք ի մամիկոնեան տոհմէն, որք էին զաւրավարք ամենայն զաւրացն Հայոց, որք յարուցեալք անկան ի վերայ մանկանցն տղայոց, մէն մի յանթի հարեալք ի դուրս գնացին. զՀննի ի վեր առեալք, կոուոյ պատրաստէին ի վերայ այնց մանկանց մեռանել: Զի թէպէտ եւ սնուցանէին նոքա զորդին զարքային զԱրշակ, սակայն գչարեալք ընդ գործ ժամանակին թողին զաանն իւրեանց զԱրշակ, եւ գնացին ի բաց ի բանակէն արքունի: Եւ չոգան յաշխարհին իւրեանց յամուրս Տայոց. եւ անդ եստան ամս բազումս ընտանեալք իւրեանց, եւ թողին զայլ գտուն իւրեանց: Եւ սնուցանէին զայն մանկունան, զՇաւասպն եւ զՏաճատ. եւ եստուն նոցա զդստերս իւրեանց ի կնութեան, ուստի դարձեալ միւսանգամ ազգն այն սերեցան. եւ ոչ խառնէին նոքա ի խորհուրդս Հայոց միւչեւ ի բազում ամս:

When [Tiran] saw them, he ordered that they be beheaded for they were the only progeny of those azgs. Now it happened that Artawazd and Vasak, men of the Mamikonean tohm, were present. They were generals of the entire Armenian troops. They jumped up, seized the little boys, each one taking one under his arm, and rushed out with their weapons aloft, ready to fight and die for those children. Although [the Mamikoneans] had been raising Arshak, the king's son, nonetheless, angered at the deeds of that time, they left their charge, Arshak, and quit the royal banak. They went to their land, to the strongholds of Tayk', remaining there many years with their families, leaving their other home. They raised those children, Shawasp and Tachat, married their daughters to them, and regenerated those azg(s). And they did not participate in Armenian councils for many years.

ԺԹ

Յաղագս որդւոցն Յուսկանն Պապայն եւ
Աթանագինէին, եթէ որպէս կամ զիարդ
սատակեցան յանաւրէնութեան իւրեանց:

Այլորդիքն Յուսկանն, Պապն եւ Աթանագենէս, յաստուածա-
տեցութեանն զկեանս իւրեանց վարեցին. յանաւրէնութեան
եւ յամբարշտութեան շրջէին: Եւ զամենայն աւուրս կենաց
իւրեանց ի մեծի յանդգնութեան էին, եւ ոչ երկեալ Աստու-
ծոյ առաջի աչաց նոցա. եւ ի բազում անառակութեան եւ ի
գիջութեան գնային, եւ զկարգն Աստուծոյ արհամարհեալ
այպանէին: Եւ էին նոքա յերկրին Տարաւնոյ յեկեղեցւոջ
յաւանին յԱշտիշատ, ուր զառաջինն էր շինեալ զեկեղեցին
ի հայոյն նոցա Գրիգորէ: Յայն զեղ երկոքեան եղբարքն
երթեալք համանէին Պապն եւ Աթանագենէս: Եւ բազում
հատեալ յարբշռութիւն, զԱստուծոյ զտաճարան այպն
առնէին. եւ երթեալք երկոքին եղբարքն մտանէին յեպիսկո-
պոսանոցն որ էրն անդ, եւ ըմպէին անդ գինի բոզաւք եւ
վարձակաւք եւ գուսանաւք եւ կատակաւք, զուրբք եւ զար-
լիրեալ տեղաւքն քամահեալ կոխան առնէին:

Եւ մինչ էին յուրախութեան մեծի, բազմեալք էին ի ներ-
քս եպիսկոպոսանոցին ուտէին եւ ըմպէին, յանկարձակի
հրեշտակ տեառն երեւեցեւ ի նմանութիւն փայլատական,
եւ հարեալ սատակէր զերեկուսեան զեղբարան միանգամայն
ի բազմականին անդ: Եւ այլ մարդիկն որք էին անդ, որք
տաճարակիցք էին ուրախակիցք եւ բազմականակիցք էին,
որք միանգամ անդ դիպեցան, առ հասարակ թողին եւ փախ-
եան, եւ եղին արտաքս ի տաճարէ անտի: Եւ յահէն մեծէ այլ
ոչ եւս ոք ի նոցանէ դարձաւ անդրէն. եւ ոչ ոք իշխեաց բնաւ
այլ մարդ ի մարդկանէ մտաբերել մտանել ի ներքս, եւ ոչ ի
դուրսն հոյպ երթալ եւ դնել, քանզի ի բաց մնաց ի փախչելն
նոցա. եւ ոչ յայլ աւուրս ոք առ դրաւքն իշխէր անցանել:

XIX

YUSIK'S SONS PAP AND AT'ANGINES AND HOW THEY WERE KILLED IN A BLESSED PLACE BECAUSE OF THEIR IMPIETY.

The sons of Yusik, Pap and At'anagines led their lives in impiety, lewdness and God-hating. Every day of their lives passed in great audacity, without the fear of God before their eyes. They conducted themselves in a licentious way, in adultery, and ridiculed and scorned the order of God. Now it happened that they were in the Taron country at the church in the *awan* at Ashtishat, the first church which their grandfather, Gregory, had built, Pap and At'anagenes, the two brothers, went and reached that village. With great impiety they were ridiculing the temple of God. The two brothers went and entered the episcopate located there and drank wine with whores, harlots, bards, and jesters, and, scorning the blessed and sacred places, they trampled on them.

While they were in great merriment, reclining in the episcopate eating and drinking, suddenly the angel of the Lord appeared in the form of a bolt of lightning, striking the two brothers dead where they sat. The other people who were with them in the temple making merry and sitting with them, up and fled from the temple, one and all. Out of terror not one of them turned back, nor did anyone else dare think of going inside or even of approaching the door which had remained open when they fled. On the following days, no one dared to cross the threshold.

Եւ Պապն եւ Աթանագենէս երկոքեան եղբարքն այսպէս սատակեցան. անկեալ դնէին ի ներքոյ եպիսկոպոսանոցին ի տեղւոջն բազմականացն։ Եւ դրունք տաճարին ի բաց կային, եւ ոք հւպ չիշխէր երթալ. մինչեւ նեխեցան մարմինք նոցա եւ կողոպտեցան, եւ յաղկեցան. քակեցան լուծան ի միմեանց, ցրուեցան ոսկերք նոցա։ Եւ բազում ամիսք անցանէին ի վերայ իրացն. ապա իշխեցին մտանել ժողովել բառնալ հանել անտի զոսկերս նոցա, եւ գրտանէին զնոսա լոկ ցամաքեալ զկճացեալ զոսկորս նոցա. եւ հանէին յայզւոջն եկեղեցւոյն, որում Ազարակն կոչեն։ Բայց մնաց Աթանագենի որդի ի Բամբշնէ ի քեռէ թագաւորին, եւ անուն նորա Ներսէս, որ եկաց յաթոռ հայրապետացն առ յապայ ամէնային երկիր Հայոց։ Բայց Պապոյ ի բուն ի կանջէն ոչ մնաց, այլ էր նորա հարճ մի ի զաւառէն Տարաւնոյ, ի Հացեաց գեղջէ կարճազատացն. եւ մնաց որ ի հարճէ անտի ի Հացեկացւոյն որում անուն իւր որդւոյ հարճին Վրիկ կոչէր:

Thus did the two brothers, Pap and At'anagines, perish, felled inside the episcopate in the spot where they reclined. The doors of the temple remained open, and no one dared to approach. Finally their bodies rotted, spoiled, and decomposed, and their bones came apart and scattered. Many months passed. Then [the people] dared to enter, collect and remove their bones which had become withered and dry. They removed them to the church vineyard, which was named Agarak. At'anagines was survived by a son from the king's sister, Bambish, named Nerses. Subsequently [Nerses] came to occupy the throne of the patriarchs, throughout the entire country of Armenia. Pap was not survived by any son from his natural wife. However, he had relations with a concubine from the district of Taron [who was] of the *karchazat*s [lesser *azats*] of Hac'eac' village. From this Hac'ekac'i concubine who was named,[20] [Pap] was survived by a son called Vrik.

---

20 Name missing.

Յաղագս Տիրանայ թագաւորին, եթէ որպէս
մատնեցաւ յիւրմէ սենեկապետէն ի Փիսակայ
Սիւնոյ, եթէ կորեաւ, եւ գերեցաւ ի Վարազէ
իշխանէն պարսկէ. եւ կամ որպէս ամենայն
երկիրն Հայոց ընդ նմին գերեցաւ:

Բայց դեռ բարեկամութիւն էր ի մէջ թագաւորացն երկուցունց,
ի մէջ թագաւորին Հայոց եւ Պարսից: Նստէր յաշխարհին
Ատրպատական որում անուն կոչէր բարձգահին իւրում
Շապուհ Վարազ: Արդ մինչ դեռ եւս յոյժ խաղաղութիւն էր
ի մէջ թագաւորացն երկուցունց, անկաւ ի տեառնէ խոռվու-
թիւն ոչինչ բանիւք արամբ միով անարգաւ, որ ոչ ինչ պա-
կաս քան զդեւ էր մոլութեամբ, որոյ անուն Փիսակ կոչիւր.
որ սենեկապետն էր արքային Տիրանայ, ազգաւ սիւնի: Սա
դեսպանազնացեալ էր առ Վարազ Շապուհ, զոր թողեալն
էր սահմանապահ արքային Պարսից յԱտրպատական աշ-
խարհին:

Զայնու ժամանակաւ ձի մի էր երիվար արքային Տի-
րանայ, զորմէ կարի զարմանային: Եւ էր ձին գունով ճար-
տուկ ճանճկէն. սա լի էր քաջութեամբ, անուանի եւ հո-
յակապ, մեծ եւ բարձր երկայն քան զամենայն ձիս, եւ
տեսանելով քան զայլս գեղեցիկ, զանազան որ համեմատ
նմա այլ ոչ գտանէր: Զորմէ յերթալն իւրոյ դեսպանու-
թեանն սենեկապետն արքային Փիսակ մատնեաց զձին
Վարազայ, վասն զի բարեկամացեալ էր ընդ նմա. եւ ի ն-
մանէն ինքն թուղթ առեալ, բերեալ մատուցանէր արքային
Հայոց:

XX

REGARDING KING TIRAN, AND HOW HE WAS BETRAYED BY HIS CHAMBERLAIN P'ISAK SIWNIK'; HOW HE WAS LOST AND HOW, IN A PERIOD OF PEACE, HE WAS SUDDENLY ARRESTED BY VARAZ, THE IRANIAN PRINCE; HOW THE ENTIRE COUNTRY OF THE ARMENIANS WAS LOST AND RUINED ALONG WITH HIM.

There was still friendship between the two kings of Armenia and Iran. In the land of Atrpatakan a high-ranking individual named Shapuh Varaz resided. Now while complete peace existed between the two kings, at the Lord's will agitation was stirred up as a result of some insignificant matter by a certain vile man (who was not less than a demon in frenzy) named P'isak. He was the chamberlain of king Tiran, and of the Siwnik' azg. He had gone as an ambassador to Varaz Shapuh whom the king of Iran had left in the land of Atrpatakan as a border-guard.

At that time king Tiran possessed a horse which [everyone] greatly marveled at. The horse's color was roan. It was very brave, renowned, splendid, great, tall, broader than any horse and handsomer. Nothing could be compared with it. When the king's chamberlain, P'isak, went on his embassy, he betrayed [the horse's existence] to Varaz with whom he had become friendly.

119

Զորմէ չիաւանեալ տալ, ոչ առնոյր յանձն։ Այլ վասն զի կասկածէր յառնէն զի գոյժ խռովութիւն ինչ ի մէջ թագաւորացն երկոցունցն արասցէ, ի խնդիր անկանէր զնոյն գոյն ճի, զնոյն նշան, զնոյն պատկեր, բաց ի մեծութենէ զի այնչափ ուրեք ոչ գտանէր, զնոյն նման զնոյն կերպարանս ճարտուկ ճանճկէն գտեալ, եւ հանդերձ հրովարտակաւք եւ պատարագաւք ի ձեռն մոլեկան Փիսակայն առ իշխանն յԱտրպատական առ Վարազն արձակէր։ Եւ միտս դնելով խորհուրդ առնէր. զի ասացես, ասէ, եթէ այս ինքն է զոր խնդրեցերն, զի առ սէր ոչ խնայեաց ի քէն։ Իսկ նա յորժամ հասեալ առ Վարազն, յայտ առնէր խնայութեանն, ի գրգռութիւն ջանացեալ ոչ կամէր բժշկել զնենգախաւսութիւնն իւր. այլ եւս քան զեւս սրեալ զչարախաւսութիւնն իւր, ասելով եթէ այնչափ ի հետ եւ ի նախանձ, ի չարակնութեան եւ ի քշնամութեան, ի յատելութեան եւ ի չկամութեան, յերկմտութեան եւ յաներկիւղութեան առ թագաւորն Պարսից եւ առ ամենայն զաւրսն Պարսից արքային Հայոց Տիրան, մինչ անգամ վասն կաշոյ միոջ խնայ արարեալ թագոյց, եւ զքեզ ծառ արարեալ, եւ այլ ընդ այլոյ զմիտս գողանալ քո. զոր յիմ ձեռն եւս աձել, առ քեզ առաքեաց։ Եւ ոչ այդ միայն է, ասէ. այլ ի կայսր եւ ի զաւրս նորա յուսացեալ, խորհի հանել զթագաւորութիւն Պարսից յազգէն Սասանայ. զի ասէ, թէ մեր լեալ է եւ հարցն մերոց այն տէրութիւնն։ Արդ ասէ, թէ չեմ ծուղալոց մինչեւ դարձի պատիւ հարցն նախնեաց. զնախնի զթագաւորութիւնն այսրէն առ որդի եւ առ զաւակ նոցա յազգս իմ եւ ի տունս իմ եւ յանձն իմ դարձուցանեմ։ Եւ այնչափի եւ այսպիսի բանիւք գրգռէր զնա Փիսակն անաւրէն ի վերայ տեառն իւրոյ բնակի, եւ նիւթէր զմահ ի վերայ իւրոյ թագաւորին։

Taking a letter from him, he brought it to the king of Armenia, who refused [to give the horse up]. However, because he distrusted the man [and feared that]he could stir up disturbance between the two kings, [Tiran] sought out a horse possessing the same color, markings, and appearance (except for size, since he could not find such a large horse anywhere). He found a horse of the same roan color and sent it to Varaz the prince in Atrpatakan together with deeds and gifts, entrusting it to the fanatical P'isak. [Tiran] advised [P'isak] to say: "This is [the horse] that you requested which, out of affection, [Tiran] did not deny you." But when he reached Varaz, he revealed the matter of the retention [of the horse] and tried to aggravate matters, not wanting to temper his deceitful words. On the contrary, he sharpened his slander further, saying: "The king of Armenia, Tiran, is so filled with envy, jealousy, malevolence, enmity, hatred, ill-will, vacillation and audacity toward the king of Iran and toward all the Iranian forces that to preserve a single hide, he concealed it, ridiculing you. He found another [horse] and entrusted it to me, to bring to you. But that is not the extent of it. He plans to remove the kingship of Iran from the azg of Sasan, relying on the emperor and his troops. For, he says, 'that lordship belonged to our fathers, and [now] to us. I shall not rest until I retrieve the honor of my ancestral fathers, and return the former kingdom to the sons of my azg, to my tun and to myself personally.'" With such and similar words did the impious P'isak aggravate [Varaz] against his own natural lord, and plot to effect the king's death.

Ապա իբրեւ զայս ամենայն լուաւ Վարազ Շապուհ ատրպատական մարզպան ի կատադախաս ի շնաբերանն Փիսակայ, վաղվաղակի նամակ ամբաստանութեան գրեալ Վարազայ յարքայէն Հայոց մատուցանէր Ներսեհի արքային Պարսից: Եւ այնչափ զայրացոյց զրգռեաց յուզեաց դրդեաց սրտմտեցոյց բարկացոյց զթագաւորն Պարսից ի վերայ արքային Հայոց, որ ապա առ հրաման ի նմանէ, զինչ եւ է հնար զտանել մարթել ճանապարհս, մեքենայիւք զայթակղութիւնս դնել որսալ ըմբռնել զարքայն Հայոց: Եւ միևս դեռ խաղաղութիւն էր ի մէջ թագաւորացն երկոցունց, բարկութիւն տեառն զրգռեաց յուզեաց զվրէժս, զի խնդրեսցին սուրբ արիւնք մահուցն երկուց մեծացն քահանայիցն առաջնորդացն յանարէն Տիրանայ:

Ապա յայնմ ժամանակի Վարագն արձակէր դեսպան առ արքայն Հայոց, ի հաշտութիւն խաղաղութեան դաւով խաւսել ընդ նմա. զանձուկ սիրոյ պատճառեալ, համարձակութիւն խնդրէր զալ նմա առ նա: Իսկ իբրեւ լուաւ զայն Տիրան արքայն Հայոց, փութապէս վաղվաղակի մեծաւ ուրախութեամբ առ ինքն կոչէլ հրամայէր: Եւ միևս չեւ նա եկեալ էր, խորհէր արքայն ընդ իր ծառայսն ներքինիսն սպասաւորսն իւրում սենեկի. ասէ. Արժան է մեզ, այր որ զայ առ մեզ զբաւսուցանել եւ ուրախ առնել որսովք եւ բազմականաւք, եւ ամենայն պէսպէս վայելչութեամբք: Այլ ոչ եթէ այնչափի ինչ արժան է զմեծ ինչ որսոյ տեղիս ի մերում երկրի ասա նմա տեսանել վասն չարակնութեան յաչաղանաց չարաբարութեան նենգութեանն ազգին Պարսկաց. այլ նմանեցուցէք տեղիս դոյզնագիւտ որսաց ինչ որով լոկ զբաւսուցուք զնա, եւ մի որասցուք զառատ ինչ որսոց զտեղիս, եւ զի մի մեծ ինչ նախճիրս որսոց կոտորեալ առ ի ցոյցս առնելոյ: Այլ վարկպարազի արասցուք, ասէ, վասն դառնագող չար ազգին չարութեանն դառնագող ազգին: Այլ յերկրին Ապահունեաց, յուտինն մեծի լերինն Մասեաց, տեղին զայն որասցուք. տեղւոյն որում անուն կոչի քաղաք Աղիորսք:

When Varaz Shapuh, *marzpan* of Atrpatakan, heard all this from the desperate dog-mouthed P'isak, he immediately wrote a letter of accusation against the king of Armenia, and sent it to the king of Iran, Nerseh.[21] He so angered, inflamed and enraged the king of Iran against the king of Armenia that [Varaz] received an order from him to find whatever means possible—artificial slanders—of hunting and seizing the king of Armenia. Thus, while peace still reigned between the two kings, the anger of the Lord was moved to seek vengeance and to demand [punishment] from impious king Tiran for the blessed blood of the two great, leading priests he had slain.

At that time Varaz sent an emissary to the king of Armenia treacherously speaking with him about peace, and requesting permission to visit him (because of his affection [for Tiran]). When Tiran, king of Armenia heard that, he immediately ordered that [Varaz] be summoned to him, with great delight. But before he arrived, [Tiran] reasoned with his own servants, the eunuch attendants of his chamber, saying: "It is befitting for us to divert and gladden the man who is coming to us, with hunts, banquets, and all sorts of pleasant things. But there is no need for him to see that the hunting places here in our country are so great, because of the malevolent, malicious treachery of the Iranian *azg*. Rather, places which are not rich in game must be found, sufficient for his recreation. Let us not hunt in places rich in game, nor make a great slaughter of game for the sake of display. Let us do things for the sake of form, because of the bitterness and wickedness of that *azg*, Let us hunt in the Apahunik' country, at the foot of the great Masis mountain, at the place called *k'aghak'*[22] [the enclosure of] Aghiorsk'.

---

21 During the reign of Tiran (339-350), the king of Iran was Shapur II (310-379) not Nerseh (293-302).
22 k'aghak': "city".

Ապա եկն եհաս Շապուհ Վարազն երիւք հազարաւքն, եւ յանդիման եղեւ թագաւորին յերկին Ապահունեաց. եւ մեծապէս մեծարեցաւ ի նմանէ: Եւ այն բանքն, որ վասն որսուն ի թագաւորէն ասացաւ, վաղվաղակի յունկն զառավարին Պարսից հասանէին ի բերանոյ չորիկն չոգմոգն տիրանենկն եւ տիրադրումն տիրասպանուն տիրամատնիչն Փիսակայ, յայն յաշխարհակորոյս յառնէ անտի. եւ աւուրս սակաւ ուրախ լինէին ի միասին: Այլ իշխանն Պարսից գթշնամութիւնն զոր ունէր ի ներքոյ, խորամանգեալ ծածկեալ մեքենայեալ առագաստեալ բերէր, եւ առնէր սպաս զղաւն կատարել:

Եւ ի ժամանակին յայնմիկ այնպէս դիպեցաւ, յայնմ ժամանակի զառավարքն չէին անդ, սարտուցեալ էին. եւ այլ մեծամեծք նախարարացն, եւ աւազ տանուտէրք ազատանին, սոյնպէս եւ զաւրքն արքունի յիւրաքանչիւր տունս յիւրաքանչիւր կայեանս յիւրաքանչիւր դաղարս դադարեալ էին: Եւ ոչ ոք էր որ մնացեալ էր առ թագաւորին, եւ ոչ գունդ եւ այրեւձի. բայց միայն սակաւ սպասաւորաւք հանդերձ, եւ որսովն պատականաւք, եւ ռահվիրայ մարդկան, եւ խառնաղանջ խորանապահ զաւրուն, եւ ռամիկապաս զառավքն, եւ տիկնաւն հանդերձ եւ արքայորդին մանուկն Արշակ: Այսպէս սակաւուք դիպեալ ի ժամանակին յայնմիկ, զի թէպէտ եւ տեսեալ հարուստ զնդաւ եկեալ զառավարն Պարսից, զի էին ընդ նմա սպառազէնք վառեալք արք իբրեւ երեք հազարք, ոչ ինչ խիթացեալ զգուշաւ անկասկած լինէր: Քանզի տեսանէր զնա իբրեւ ի պատճառս խաղաղութեան եկեալ, մեծաւ պատարագաւք եւ պատուական ընծայիւք եւ մեծաշուք մեծարանաւք:

Shapuh Varaz arrived with 3,000 men, was met by the king in the Apahunik' country, and greatly exalted by him. Those words which the king had spoken about the hunt immediately reached the ears of the Iranian general. [They were uttered] by that world-destroying man, P'isak, the deceitful informer, [who would] lie to, betray, and kill his lord. For a few days they made merry together. But the Iranian prince craftily kept concealed the enmity he had within him, artificially veiling it, and waiting to work the treachery.

Now it so happened that at that time the generals were not present, having become alienated. Similarly, the grandee naxarars, senior tanuters of the nobility and the royal troops each were remaining in the dwellings of their tuns. No one was with the king, neither brigade nor cavalry. [Tiran was alone] except for a few attendants, keepers of the hunting hounds, people of the road-crew, the motley force of tent-guards, the *rhamikspas*[23] troops, the queen and the lad Arshak, the king's son. Thus it was that there were few people present at the time. Although [Tiran] observed that the Iranian general had arrived with a dense brigade—he had with him some 3,000 arms-bearing men—[Tiran] felt no distrust or suspicion. For he saw that [Varaz] had come in peace, bearing great gifts, honorable presents and very grand compliments.

---

23 *rhamikspas:* plebeian.

Եւ իբրեւ ոչ ինչ բազում աւուրք ընդ մէջ եղեն, յրնթրիս կոչեն ի հագ հրաւիրեալ զարքայն. ի պատիւ մեծարանաց կոչէր: Ապա իբրեւ ընդ գինիս մտին, քաջ արբեալ լինէին թագաւորն եւ որ ընդ նմայն էին, զաւրն դարանակալ յանպատրաստից յանկարծաւրէն յայլակարծուց զնոսա յանկարծուստ յիրաքանչիր բազմականի ի վերայ հասեալք ընբռնէին, եւ վահանափակ շերտաւորացն պատէին զթագաւորն Տիրան: Եւ կալեալ կապեալ զոտս եւ զձեռս նորա ի կապս երկաթիս, եւ զբանակն զոր զտանէր աւար հարկանէր. եւ զգանձս եւ զստացուածս, զկին եւ զորդիս թագաւորին, զոր զտին ի բանակին, խաղացուցին յերկրէն Ասահունեաց:

Իբրեւ եկին հասին ի գեղ մի, որում անուն Դալարիս կոչէին, յորժամ եկն եմուտ զաւրաւարն Պարսից ի ներքս ի գեղն Դալարիս, աձէր կապեալ զարքայն Տիրան ընդ իւր: Եւ ասէ Վարազ, Ադձ տեսէք ածուղ, որով երկաթ շղացուցանուք, զի զաչս խարեցունք զարքայիս Հայոց: Եւ անդէն բերին ածուղ, որով խարէին զաչսն Տիրանայ: Ապա ինքն խաւսել սկսաւ Տիրան, եւ ասէ. Փոխանակ զի իմ երկու աչքս լուսաւորքս խաւարեցան յայս տեղւոջս, արդ փոխանակ Դալարեացս անուան, Աձուղ անուն լիցի սմա մինչեւ ցյաւիտեանս ժամանակաց. եւ այս երեւոյթ նշանակս մրնասցէ յիմ յիշատակի: Այլ ինձ յուչ եղեւ եւ գիտեմ թէ այն զի խնդրեցաւ յինէն վրէժ չարեաց մեղացն իմոց, փոխանակ զի խաւարեցուցի ես յաշխարհս որում թագաւորեալ էի յերկուց լուսաւոր վարդապետացն, եւ կարծեցի շիջուցանել զլոյսն ճշմարտութեանն քարոզութեանն երկուց հաւատարմացն, վասն այսորիկ խաւարեցաւ լոյս տեսանելեաց աչացս իմոց:

After a few days had passed [the Iranians] invited the king to a dinner, to honor him. When they were drinking wine and the king and those with him became quite drunk, a force which had been lying in wait suddenly, unexpectedly pounced upon the couches where each of them was, seizing them while shield-protected spearmen surrounded king Tiran. Seizing him, they restrained his feet and hands with iron fetters and looted whatever they found in the banak. They took from the Apahunik' country the king's treasures, goods, wife and son, whatever they found in the banak.

When they arrived at a village named Dalarik', the Iranian general entered the village taking the bound king Tiran with him. Varaz said: "Go and find coal to heat iron so we may blind this king of Armenia." They brought coal and blinded king Tiran's eyes. Then Tiran himself began to speak, saying: "Because the light of my two eyes was dimmed in this place, from now to eternity let the name of [this village] be called Acugh [Coal] instead of Dalarik' as a clear sign in memory of me. I recalled and now know that vengeance for the evils and sins I wrought has been demanded from me. For I dimmed this land of which I was king when I deprived it of two radiant varda-pets, believing that by this I would extinguish the light of the true preaching of those two believing men. For this reason, the light of my eyes was extinguished."

Եւ յայնմ ժամանակի վաղվաղակի փութանակի չու առնէր յԱծուղ գեղջէն, խաղայր գնայր ձեպով իշխանն արքային Պարսից հանդերձ Տիրանաւ արքայիւ եւ ամենայն զերութեամբն յերկիրն Պարսից. եւ երթայր յԱսորեստան առ տէրն իւր յարքայն Պարսից։ Լու եղեւ այս ամենայն կորձանումն գուժի չարեացն յանկարծաւրէն թշուառու-թեանն հասելոյ։ Ապա ժողով լինէր նախարարացն եւ իշ-խանացն, գործակալք եւ զաւրագլուխք, պետք եւ ամենայն աշխարհաժողովք բազմութեանն եկելոց կուտելոցն։ Թէ-պէտ եւ ժողովեցան կազմեցան գունդ եղեն, պատրաստու-թեամբ զհետ կրթէին Վարազայ, ոչ ինչ կարացին հասա-նել։ Սակայն հասանէին առնուին զկողմ ի Պարսից աշխար-հէն. առ հասարակ մարդակոտոր առնէին, եւ զաշխարհն յայրեաց եւ յաւար դարձուցանէին։ Եւ ինքեանք դառնային, եւ ի մի վայր ժողովէին, կոծ եղեալ աշխարանաւք լային զիւրեանց բնակ տէրն զարքայն Հայոց. սոյնպէս եւ զկորուստ աշխարհին, եւ զանձանց անտէրչութիւն կորձանմանն վա-րանացն աղողորմ գործէին։

Then the prince of the Iranian king immediately left Acugh village traveling quickly and taking along king Tiran and all the captives, heading for the country of Iran. He went to Asorestan, to his lord, the king of Iran. The bad news of all this destruction and unexpected misery reached [the Armenians]. Then the naxarars, princes, officials, military commanders, chiefs and the entire *ashxarhazhoghovk*[24] multitude assembled. Although they assembled and organized a brigade, ready to pursue Varaz, they were not able to catch up. But they took a part of the land of Iran, killed the people, burned the land, and turned it into a ruin. Then they returned, assembling in one place where they wept and mourned for their natural lord, the king of Armenia. They also wept pitifully for the loss of the land, and for the fact that they themselves were left lordless.

---

24 *ashxarhazhoghovk:* civilian.

ԻԱ

Յաղագս թէ որպէս ժողովեցան
միաբանութեամբ նախարարքն Հայոց, եւ
չոգան ածին զթագաւորն Յունաց իւրեանց ի
թիկունս ազնականութեան ի յերկիրն Հայոց.
եւ թէ որպէս եկն թագաւորն Պարսից բազում
զաւրաւք, եւ Ներսեհ արքայն Պարսից միաձի
ճողոպրեալ փախստական անկանէր յերկիրն
Պարսից:

Ապա առաւել ժողովեցան ի մի ժողով միաբանութեանն
մարդիկ աշխարհին Հայաստան երկրին. նախարարք մեծա-
մեծք. աւագք, կուսակալք, աշխարհակալք, ազատք, զաւ-
րագլուխք, դատաւորք պետք, իշխանք. բայց ի զաւրավա-
րացն, այլ եւ ի շինականաց անգամ ռամիկ մարդկանն:
Ապա խաւսել սկսան այր ընդ ընգերի, եւ ասեն. Զինչ է այս,
որ ի սուգ մտեալ եմք. թշնամիք այսու զամագիւտ լինին. այլ
քան սակաւ ժամանակք են, այսրէն արշաւեսցեն թշնամիրն:
Այլ եկայք, ասեն, զանձինս անձամբք մսիթարեսցուք. ան-
ձանց եւ աշխարհի պահ կալցուք, եւ զտեառն բնակի վրէժ
խնդրեսցուք: Ապա առ հասարակ ամենայն մարդիկ աշ-
խարհին ի մի միաբանութիւն եւ ի մի խորհուրդս ժողովե-
ցան վասն ազնականութեան եւ ի թիկունս իւրեանց զտա-
նելոյ:

Յայնմ ժամանակի առաքեցին ի մեծ նախարարաց
անտի աւագանին Հայոց հանդերձ պատարագաւք առ թա-
գաւորն Յունաց, զի ի նա ձեռս տուեալ ծառայեսցեն նմա
հնազանդութեամբ, եւ լինիցի նա նոցա թիկունք ազնական-
ութեան խնդրել վրէժս ի թշնամեաց նոցա: Ապա առաքե-
ցին

զԱնդովկ նահապետն Սիւնեաց,
եւ զԱրշաւիրն կամսարական, նահապետն Արշարունե-
աց,

130

XXI

HOW ALL THE LORDS OF ARMENIAN ASSEMBLED IN UNITY AND SENT TO THE EMPEROR OF BYZANTIUM, PLEDGING THEIR LOYALTY; HOW KING NERSEH OF IRAN CAME TO ARMENIA WITH MANY TROOPS BUT WAS DEFEATED AND ESCAPED TO IRAN BY A HAIRSBREADTH.

Then people of the land of Armenia assembled in a larger meeting of unity. [This included] the grandee naxarars, awags, governors, rulers of lands, azats, military commanders, judges, chiefs, princes, as well as generals, *shinakans*,[25] and even *rhamiks*.[26] Those assembled spoke with their comrades, saying: "What is this that we are doing, mourning? The enemy will conquer us in this way. Very soon they will invade. Come, let us console ourselves, save ourselves and our land, and seek vengeance for our natural lord." Thus it was that all the people of the land came together and took counsel together to find aid and assistance for themselves.

They sent [a delegation consisting of] the great naxarars of the Armenian nobility carrying gifts to the Byzantine emperor [proposing] that they extend their hand to, and obediently serve him, and that he would aid them and support them in exacting vengeance from their enemies. They sent:

Andovk, nahapet of Siwnik',

Arshawir Kamsarakan, nahapet of Arsharunik'.

---

25 *shinakans:* peasants.

26 *rhamiks:* plebeians.

Որք երթեալ հասեալ էին յաշխարհն Յունաց ի կայսերական պաղատն թագաւորացն. եւ տային զիրովարտակն,
եւ ունէին զպատարագսն բերեալ առաջի, եւ մատուցանէին
զաշխարհապաղատ պատգամն առաջի թագաւորին: Զոր
իբրեւ լուաւ կայսրն զիրսն զայնոսիկ, մեծաւ փութով եւ բազում պատրաստութեամբ ի խնդիր ելանէր իրսն հասելոյ. եւ
աղնական եւ թիկունք լինէր աշխարհին Հայոց: Մանաւանդ
զի գուխտն յիշեալ զդաշանցն կռելոց զերդմանցն հաստատութեան, միջնորդութեամբ ի մէջ կայսերն Կոստանդիանոսի եւ ի մէջ թագաւորին Տրդատայ եղեալ էր:

Արդ մինչ դեռ դեսպանքն երթեալք յերկրէն Հայոց ի
կայսերական պաղատն չեւ էին անդրէն յիւրեանց աշխարհն
դարձեալ, ի կողմանց արեւելից խաղաց զնաց ինքն Ներսեհ
արքայն Պարսից, զալ առնուլ այրել եւ աւերել, կորուսանել
եւ միահաղոյն իսկ յիւր վտարել զսահմանս Հայաստան
երկրին: Եւ առեալ զամենայն զաւրս իւր բնիւ աղխիւ եւ ամենայն մեծաւ կարաւանաւ, փղակոյտն բազմութեամբ
հանդերձ, անթիւ վաճառաւք եւ բնիւ մաշկապանձենաւքն,
եւ ամենայն կանանաւքն, եւ հանդերձ տիկնանց տիկնաւն,
եկն եհաս ի սահմանս Հայոց. խաղդեաց եղից զերկիրն առ
հասարակ: Յայնմ ժամանակի ազատազաւրքն նախարարացն Հայոց առեալք զիւրաքանչիւր ընդանիս, լինէին փախստականք, ի կողմանս Յունաց անգանէին, զոյժ տային
կայսերն բազմագունդ բանակին նախարարացն:

They reached the imperial palace of the kings in the land of Byzantium, presented the edict, had the gifts brought forth, and presented the message of the entire land to the emperor. When the emperor heard about this, with great alacrity and preparation he undertook to expedite matters, to help and aid the land of Armenia. This was especially so since he remembered the treaty sealed with an oath and confirmed [which had existed] between the emperor Constantine and king Trdat.

Now while the emissaries who had gone to the imperial palace from the country of Armenia had not yet returned to their land, Nerseh himself, king of Iran, came from the east to burn, ruin, destroy and make the borders of the country of Armenia completely his own. He took all of his troops with the main baggage, all in a great caravan, with a multitude of elephants, unlimited supplies, with the main tents, all the women and the queen of queens, and arrived at the borders of Armenia. He filled up the entire country. Then the azatazork' of Armenian naxarars took their families and fled to the Byzantine areas, bringing the bad news to the multi-brigade banak of the emperor's naxarars.

Ապա իբրեւ զայս ամենայն լսէր թագաւորն Յունաց, նոյնաւրինակ եւ նա զիր զարսն գումարէր. եւ չու արարեալ զայր հասանէր յերկիրն Հայոց ընդդէմ թագաւորին Պարսից: Եւ եթող զիր զբանակն զՍատաղ քաղաքաւն. եւ ինքն ընտրեաց իր արս երկուս գլխաւորս, արս իմաստունս հայաստան բանակէն, այս ինքն զԱրշաւիրն եւ զԱնդովկն. զի այս արք էին, որ չոգան առ նա դեսպանութեամբ յառաջնում նուագին: Եւ այսպէս հանդերձ նոքաւք ինքն իսկ կայսրն ի շինականութեան կերպարանս ի կաղամբավաճառի աւրինի, մտանէր ի բանակն Պարսից:

Իբրեւ էր նա բանակեալ ի զաւտին Բասենոյ, ի զիւղն որ անուանեալ կոչի Ոսխայ, եկին մտին ի բանակն արքայ֊ ին Պարսից, դիտեցին քննեցին զչափ առին զինցա զաւ֊ րութիւն զարացն: Եւ անտի դարձան յիւրեանց բանակն, կազմեցան պատրաստեցան. զային հասանէին գտանէին զբանակն արքային Պարսից ի նմին տեղւոջ բանակեալ ի պղերգութեան յանհոգութեան յանկասկած խաղաղութեան: Ապա հասեալ ի տուրնջէն ժամուն, անկանէին ի վերայ թագաւորին Պարսից, ընդ սուր զամենայն բանակն հանէ֊ ին, եւ ոչ զմի ոչ ապրեցուցանէին: Եւ առին զկապուտ զաւ֊ լար բանակին, եւ զկանայս թագաւորին եւ զբամբիշն, եւ զբանսական ընդ նոսին, եւ զինչս եւ զտացուածս նոցին ընդ նմին ի զերութիւն վարէին, զկանայս նոցա եւ զգանձս եւ զկեանս եւ զկազմած նոցա: Բայց միայն թագաւորն պրծ֊ եալ մազապուր, պէշասպիկ մի սուրհանդակ առաջի, պրծ֊ եալ ելանէր փախստական. հազիւ ուրեմն կարէր անկանել հասանել յաշխարհն իւր:

Now when the emperor of Byzantium heard all this, he too assembled his troops and came to the country of Armenia, against the king of Iran. He left his army near the city of Satagh. He himself selected two principal wise men from the Armenian army, namely Arshawir and Andovk, who had previously gone to him as emissaries. Then the emperor himself entered the Iranian army in the disguise of a rustic cabbage-seller.

[The Iranian army] was encamped in the district of Basean, in the village called Osxay. They came and entered the army of the king of Iran, and observed and noted the number of their troops. Then they returned to their camp and prepared their organization. [The Byzantines] came and attacked the army of the king of Iran encamped in that same place, finding them negligently unconcerned and unsuspectingly at rest. Attacking during the daytime, they fell upon the Iranian king, putting everything to the sword and sparing no one. Then they took the banak as loot, the king's women, the queen and the women with her their possessions and goods into captivity—their women and treasures, provisions and equipage. Only the king was able to escape by a hairsbreadth and go free as a fugitive, thanks to a swift running pony. And he barely reached his own land.

Իսկ կայսրն մեծաւ շքեղութեամբ անուանի պերճաց-
եալ ի մէջ բանակին երեւեալ. զայր ի չափ հասեալ առ հա-
սարակ կոտորէին, եւ զայլ ամենայն ի գերութիւն վարէին
յերկիրն Յունաց: Եւ ի վերայ երկրին թողոյր զիշխանան վե-
րակացուս զԱնդովկ եւ զԱրշաւիր, մեծապարգեւ մեծապա-
տիւ մեծարէր. եւ յանձն արարեալ զնոսա ամենայն իշխա-
նացն եւ զաշխարհն նոցա, եւ ինքն կայսրն չու արարեալ
զնաց յերկիր իւր յերկիրն Յունաց:

Եւ արքայն Պարսից զնացեալ փախստական յերկիր
իւր. եւ իբրեւ եհաս անդր ժողովէր առ ինքն զամենայն մը-
նացեալս իշխանութեան իւրոյ, եւ ի խոյզ եւ ի խնդիր ան-
կանէր: Խորհուրդ ի մէջ առնոյր հարցեւքնին առնել. հրա-
մայէր վերստին, զի տեսցեն եւ յայտ արասցեն թէ ուստի
եղեւ սկիզբն պատերազմացն եւ մարտին: Ապա ի վեր եկին
եւ յայտնեցան իրքն առաջի նորա. զի յոչինչ իրաց ի վատ-
թար բանից համարեցան զիրսն եղեալս, վասն ձիոյ միոյ
կարծիս առնել զայն ամբոխ խռովութեան ի մղեկան առ-
նէն Շապուհ Վարազայն: Ապա հրաման ետ հանել զպա-
տիւն ի բաց, եւ մերկանալ ի նմանէ զպատուական պատ-
մունճանն, եւ մեծաց հարուածոց արժանի առնէր զՎարազն.
ըստ պարսկի արինակին հրամայէր զնորթն ի բաց հանել,
եւ խոտով լնուլ, եւ ի հրապարակի իւրում ի տեսիլ ձանա-
կանաց կանկնել հրամայէր: Եւ ինքն ի զղջումն եկեալ
վասն իրացն եղելոց, ապա արձակէր զիշխանանն պատուա-
կանս ի հնազանդութիւն խաղաղութեան վասն գերեղարձ
առնել ի կայսերէն միւսանգամ, եւ այնուհետեւ աղաթա-
կերս արձակել ի հաշտութիւն խաղաղութեան խաւսել ընդ
կայսերն, զի գնեայ զկանայս իւր արձակեացք ի գերութե-
նէն, եւ բարձցէ ի նմանէ զձանակութեանցն զղարովութեան-
ցն նախատինս:

Then the emperor, elevated with great pomp, appeared in the midst of the army. They killed all the mature males, and took the rest as captives to the country of Byzantium. He left the princes Andovk and Arshawir as overseers of the land, exalting them with great gifts and great honors. The emperor entrusted all the princes and their land to them, and then departed for his own country, Byzantium.

The king of Iran went as a fugitive to his own country. When he got there, he assembled all those remaining under his authority and set about investigating things. He held counsel and conducted an inquiry again so that they could see and reveal how this war had started. On this occasion circumstances were disclosed and it was plainly revealed that it had arisen over an insignificant matter, a malicious slander, that the frenzied Shapuh Varaz had stirred up the disturbance over one single horse. So the king ordered that his *patiw* be removed, that his robe of honor be stripped from him, and that Varaz be subjected to great torments. After the Iranian fashion, he commanded that [Varaz'] skin be flayed, stuffed with straw, and the body hanged in the view of his concourse, in ignominy. He himself regretted what had happened and sent honorable princes [to the emperor] for peace, to get the captives returned and to beseech him to speak of peace and reconciliation so that at least his women be returned from captivity and he himself released from the ignominy of insulting blame.

Ապա գրէր հրովարտակ թագաւորն Յունաց Վաղէս առ արքայն Պարսից. Նախ դու, ասէ, դարձուցես զգերութիւն առեալ յերկրէն Հայոց, եւ զթագաւորն Տիրան ինքնին գլխովին, եւ զամենայն ինչ զոր առեալ իցէ անտի. ապա յորժամ զայդ արասցես, եւ ես զիմս դարձուցից զոր առեալ եմ. զի եթէ ոչ նախ դու զնոցա զաւարն դարձուցես, եւ ես ապա զքոյդ դարձուցից: Եւ իբրեւ լուաւ զայն հրաման արքայն Պարսից, վաղվաղակի զիրսն կատարէր. հանէր զկապեալն Տիրան ի տանէն բանդի կապանաց, խաւսէր ընդ նմա ողոքով, զի թագաւորեցուսցէ զնա անդրէն յիւր աշխարհն արձակելով, զի երթիցէ նա պատուով: Ապա տուեալ պատասխանի Տիրանայ, եթէ անազգուտ է ինձ եւ անպատշաճ է կուրութեամբ, անմարթ իսկ է կարի, ունել զթագաւորութիւն. բայց փոխանակ իմ թագաւորեցո զԱրշակ զորդի իմ:

Յայնմ ժամանակի թագաւորեցուցանէր զԱրշակ որդի նորա ի վերայ աշխարհին Հայոց. եւ զկանայս թագաւորին եւ զայլ գերին ամենայն, զանձիւք ընծայիւք եւ ստացուածովք հանդերձ, եւ միանգամայն դարձ առնէր ամենայն գերութեան: Եւ զինքնին Տիրան թագաւորն Պարսից հանդերձեաց կազմեաց մեծաւ կազմութեամբ, եւ արձակեաց յիւր աշխարհէն յերկիրն Հայոց. եւ կատարեալ հաւատարմացոյց զասացեալսն հրամանաց թագաւորին Յունաց: Եւ իբրեւ զնոսա ի Հայս յուղարկէր, ապա եւ զ՛ի թագաւորէն Յունաց զան ինքն եկեալսն դեսպանսն արձակէր յիւրմէ, զի երթիցեն պատմեսցեն թագաւորին Յունաց թէ որպէս եւ կամ զիարդ նա զիրամաննն կատարեաց զթագաւորին Յունաց, զի եւ թագաւորն Յունաց դարձուցէ զգերութիւնն զոր առեալ զթագաւորին Պարսից:

The emperor of Byzantium, Vaghes[27], wrote a *hrovartak* [edict] to the king of Iran, [saying the following]: "First return the captives you took from the country of Armenia and principally king Tiran, as well as everything else you took thence. When you have done that I will return what I have taken. But first you return their booty and then I will return yours." As soon as the king of Iran heard this command, he immediately implemented it. He removed the captive Tiran from the shackles of the prison house and spoke affectionately with him saying that he would once again enthrone him in his own land and return him in honor. But Tiran replied: "In my blindness it is useless, improper and indeed impossible for me to hold the reign. But make my son, Arshak, king in my place."

Then [the Iranian king] enthroned Arshak, [Tiran's] son over the land of Armenia, simultaneously returning the king's women, all the other captives, with treasures, presents, and goods. With great preparation, the king of Iran personally organized and dispatched Tiran from his land to the country of Armenia. Thus he faithfully implemented the Byzantine emperor's commands. When he had sent them to Armenia, he then dispatched those emissaries who had come to him from the Byzantine emperor, so that they would go and tell the emperor that he had implemented his commands, and so that the emperor would return what he had captured from the king of Iran.

---

27 The emperor at the time was actually Constantius II (337-361).

BOOK III

Եւ եղեւ իբրեւ լուաւ զայնս ամենայն թագաւորն Յունաց եթէ կատարեաց ի գլուխ եհան զայս ամենայն ի նմանէ զտուեալ հրամանն թագաւորն Պարսից, եւ դարձ արար զերութեանն Հայոց եւ Տիրանայ արքային, հաճեցաւ։ Յայնմ ժամանակի եւ թագաւորն Յունաց առնէր զերդդարձ զերութեան արքային Պարսից։ Եւ հանդերձեաց կազմեաց թագաւորն Յունաց զկանայս թագաւորին Պարսից մեծաւ պատուով, եւ զամենայն զերութիւնս նոցա ընդ նոսին յերկրէն Յունաց յերկիրն Պարսից դարձուցանէր, եւ բարեաւ առ թագաւորն յուղարկէր։

When the emperor of Byzantium heard all this, that the Iranian king had done all he had commanded, returning the Armenian captives and king Tiran, he was pleased. Then the Byzantine emperor returned the captives of the Iranian king. He sent the women of the king of Iran back to him in great honor, and with them, all that had been captured.[28]

---

28 The following section contained chapter headings for Book IV, and is omitted here.

ՉՈՐՐՈՐԴ ԴՊՐՈՒԹԻՒՆ

Ա

Յաղագս թէ որպէս յետ բազում շփոթի
պատերազմացն Ներսեհ արքայն Պարսից թէ
որպէս թագաւորեցոյց զԱրշակ զորդի Տիրանայ,
եւ արձակեաց յաշխարհն Հայոց հանդերձ
Տիրանաւ հարբ իւրով եւ ամենայն գերութեամբն
հանդերձ:

Այլ իբրեւ եղեւ հաճութիւն եւ բազում խաղաղութիւն ի մէջ
թագաւորին Յունաց եւ Ներսեհի արքային Պարսից, հաւա-
նեցան մեծաւ սիրով առնել զկամս միմեանց. եւ դարձուցա-
նէր կայսրն Յունաց զգերութիւն արքային Պարսից: Ապա
եւ թագաւորն Պարսից Ներսեհ թագաւորեցոյց զԱրշակ
որդի Տիրանայ, եւ հարբ նորին եւ հանդերձ կանամբք իւր-
եանց եւ ամենայն գերութեամբ հանդերձ եւ զանձիք իւր-
եանց եւ ստացուածովք արձակեաց մեծաւ փառաւք: Խա-
ղաց գնաց Արշակ արքայ Հայոց մեծաց, թագաւորեաց յերկ-
րին աստրեստանեայց հանդերձ հարբն իւրով եւ ամենայն
ընտանեաւքն իւրովք, եկն եհաս յերկիրն Հայոց, եւ ժողով-
եաց զգրուեալս երկրին, եւ թագաւորեաց ի վերայ նոցա:

Եւ եղեւ խաղաղութիւն մեծ ի ժամանակին յայնմիկ:
Ժողովեցան ամենայն թագուցեալքն փախուցեալք կորու-
եալք երկրին Հայոց. եւ էին անկասկածք բնակեալ ի խա-
ղաղութեան մեծի ընդ հովանեաւ արքային Արշակայ:
Ապա կարգեցան կազմեցան յաւրինեցան խաղաղացան
աշխարհն Հայոց ի մէջ երկուց թագաւորացն. եւ յայնմ հետէ
բնակեալք խաղաղութեամբ վայելեալք յիւրաքանչիւր յա-
րարս իւրեանց:

FOURTH BOOK

I

HOW AFTER MANY CALAMITIES IN BATTLE KING NERSEH OF PERSIA ENTHRONED TIRAN'S SON ARSHAK, RETURNING HIM TO THE LAND OF THE ARMENIANS WITH HIS FATHER AND ALL THE CAPTIVES.

When there was agreement and great peace between the king of Byzantium and the king of Iran, Nerseh, with the two of them affectionately implementing the desires of the other, the emperor of Byzantium returned the captives of the king of Iran. And Nerseh, king of Iran, enthroned Tiran's son, Arshak, and sent him, his father, their women, all the captives, their treasures and belongings [back to Armenia] with great glory. Arshak, king of Greater Armenia, having become king in the country of Asorestan, came and reached the country of Armenia together with his father and entire family. He assembled the dispersed folk of the country and reigned over them.

There was great peace in that time. All the concealed, the fugitives and the missing of the country of Armenia assembled, and dwelled in great peace without suspicion under the protection of king Arshak. Then [the people of] the land of Armenia were ordered, organized and at peace between the two kings, and thereafter each person dwelled in peace enjoying his own creations.

Յաղագս շինութեան կարգաց յաւրինելոց

աշխարհին, նուաճութեան յիւրաքանչիւր

տեղիս վարուց կարգաց, նորոգելոյ աշխարհին

թագաւորութեան Հայոց։

Յայնմ ժամանակի խնդիր ելանէր արքայն Արշակ տոհմին

զարաւացաց ազգին քաջացն Մամիկոնէնից. մանաւանդ

զի իւր դայեակս եւ սնուցիչք էին: Ապա երթեալ գտանէր զնը-

սա յամուրս աշխարհին Տայոց յիւրեանց աշխարհին, եւ

դարձուցանէր զնոսա յրնդանութիւնն. զի պատակտեալք եւ

թակտեալք էին յրնդանութենէն եւ յամենայն գործոց Հայոց

ի ժամանակս խալութեանն Տիրանայ: Եւ կացոյց արքայն

զՎարդան զերէց եղբայրն ի նահապետութեանն ազգին իւ-

րեանց, եւ զՎասակ զմիջին եղբայրն զիւր դայեակն ի սպա-

րապետութիւնն զաւրավարութեան յիրս պատերազմացն.

սոյնպէս եւ զկրտսերն ի պետս զաւրացն կացուցանէր:

Սոյնպէս եւ զամենայն ազգան զաւրացն մեծամեծացն նա-

հապետացն, որպէս առաջին թագաւորքն նուաճեալք յիւ-

րաքանչիւր չափու: Եւ հնազանդէր զմեծամեծան, զիւրա-

քանչիւր զաւրս բաժանեալ յամենայն կողմանց, սահմա-

նացն Հայոց սահմանապահս կացուցանէր:

II

THE RESTORATION OF THE ORDERS AND CUSTOMS IN THE LAND OF THE ARMENIANS, THE REGULATION AND RENEWAL OF THE KINGDOM.

At that time king Arshak[9] raised the question of the tohm of the generals, the azg of the Mamikonean braves, especially since they had been his dayeaks and nourishers. He went and found them in the strongholds of their land of Tayk' and brought them back into confidence (for during the period of Tiran's madness, they had split and broken with communication and from all Armenian affairs). The king established the senior brother Vardan in the nahapetut'iwn of his azg; the middle brother, Vasak, his dayeak, in the sparapetut'iwn, the generalship in charge of military affairs; and the youngest was appointed [to look after] the needs of the troops. Similarly, all the azgs of the troops of the grandee nahapets were returned as had been the case under former kings, each to his proper station. He also placated the grandees, dividing the troops of each one on all sides, and appointing border-guards for the borders of Armenia.

---

9 Arshak (350-367).

Եւ նորոգեցաւ զուարթացաւ տէրութիւնն թագաւորութեանն Հայաստան երկրին որպէս եւ զառաջինն. մեծամեծքն յիւրաքանչիւր գահու, եւ գործակալքն յիւրաքանչիւր չափու։ Եւ սկիզբն գործակալութեանն հազարապետութեանն աշխարհատեան խնամակալութեանն, աշխարհա- շէն աշխարհատած դեհկանութեան, շինականաշէն ազգն Գնունեաց հազարապետն ամենայն երկրին։ Նոյնպէս ստրատելատութեան սպարապետութեանն զարավարու- թեանն մարտի կռուելոյ, գործոյ ըրազմիկ ճակատամուղ նիզակին, իրափառն աղանազգիք աղանադրաւշ արծուէ- նշանք, վարձնականիշք աներկիւղք քաջասիրտք նահա- տակք քաջանունք, բարենշանս բարեհամբաւք բարեգործք յաջողակք ի գործ պատերազմաց ի բուն ի նախնեացն կարգաց ի Մամիկոնեան ազգին, ի վերայ իշխանութեանն բովանդակ ի վերայ ամենայն զաւրաց զաւրավարութեանն բազմութեանն Հայոց մեծաց, հանապազ յամենայն ժամ յաղթող ազգին պարգեւեալ յերկնից բարիանուն իրաքաշ ի մեծի նահապետութեան պատերազմի։ Եւ այլ յայսմ ազ- գաց եւ ի խնսարի որ գործակալս անուն բարձիւք առաջի արքային պատիւ ի գլուխ բազմէին. թող զնահապետս մե- ծամեծս եւ զտանուտեարս որք գործակալք միայն էին, ինն հարեւր բարձ որ մտանէր ի ժամ տաճարին ուրախու- թեանն բազմակալացն կարգելոց. թող զտտնկայս գործա- կալութեանն սպասու:

Thus was the lordship of the kingdom of Armenia renewed and clarified, as it had been previously: each of the grandees on his seat, and each official according to his station. The first office of the hazarapetut'iwn, [the office] concerned with looking after the land and keeping it cultivated, [went to] the Gnunik' azg [in charge of] making the shinakans flourish; [the offical was] hazarapet of the entire country. Similarly [the function] of sparapetut'iwn-stratelate, the generalship [in charge] of warfare of military fronts [went to] the Mamikonean azg, the *aghanazgik', aghanadroshk'*,[10] with the symbol of an eagle, emblazoned with a bird, the fearless, brave-hearted renowned champions, well-formed, well-reputed doers of good deeds, successful in military matters. [They were placed] in the natural orders of their ancestors, over the entire principality, over all the troops of the generalship, [over] the multitude of Greater Armenia, this victorious azg, which was always successful, favored by heaven, [the Mamikoneans] well-named and brave [designated] in the great nahapetut'iwn of war. Aside from these azgs, [Arshak appointed] officials from lower [azgs] who sat before the king on cushions, their patiws on their heads. Not counting the grandee nahapets and tanuters, those who were only officials [comprised] nine hundred cushions, [individuals] who entered the tachar at the time of merry banquets; to say nothing of the attendants, officials who stood.

---

10 *aghanazgik', aghanadroshk':* banners.

Գ

Յաղագս սրբոյն Ներսիսի, թէ որպէս կամ
ուստի էր, կամ որպիսի կամ զիարդ ընդրեցաւ
եպիսկոպոս լինել Հայոց աշխարհին:

Ապա ի մի ժողով կուտեցան առ արքայն Արշակ մեծամեծք
նահապետք ազգաց ազգաց, տոհմաց տոհմաց, գնդից եւ
դրաւշուց տեարք․ ամենայն սատրապք նախարարք եւ ա-
զատք, պետք եւ իշխանք, զաւրավարք եւ սահմանապանք,
ի մի հաւանութիւն միաբանական խորհուրդք, զի եկեցեն
տեսցեն եւ խորհեսցին վասն իրեանց առաջնորդի, թէ ում
արժան իցէ նստել յաթոռ հայրապետութեանն եւ հովուել
բանաւոր խաշանց Քրիստոսի: Ապա յաղթեաց կալաւ այս
բան խորհրդի ամենեցուն առ հասարակ որ անդ էին, զի ի
մնացորդաց տանն Գրիգորի, յայնմ զաւակէ զցեն զառաջ-
նորդութիւն: Չի ամենեքեան ասէին ցարքայն․ վասն զի ն-
որոգեաց Աստուած զթագաւորութիւն ձեր, սոյնպէս պարտ
է ի յայնմ զաւակէ նորոգել զհոգեւոր նահապետութիւնն:
Չի ընդ նորոգել այնր աթոռոյ, ասեն, նորոգեսցին պայծառ
վարք աշխարհիս Հայոց:

Ապա յականէ յանուանէ իսկ խնդրեցին աշխարհա-
ժողով զաւրքն բազմութեան զայն, որ անուանեալ կոչէր Ներ-
սէս, զորդի Աթանագենի, զթոռն քահանայապետին Յուս-
կան, որդւոյ Վրթանայ, որդւոյն Գրիգորի մեծին առաջնոյ
քահանայապետին. եւ մաւր սորա Բամբիշն անուն, քոյր ար-
քային Տիրանայ: Սա լեալ էր ամունաւոր յաշխարհակեաց
կեանս նախ յաստիս մանկութեան. ի տղայութենէ սնեալ եւ
ուսեալ ի կեսարացոց քաղաքին Գամրաց ընդ հաւատարիմ
վարդապետաւք. եւ ցանկալի եղեալ իւրոյն համարուեստն
զուգակցացն։ Այլ ի ժամանակին յայնմիկ էր ի վարս զինուո-
րութեան, ի գործակալութեան սիրելի սենեկապետ արքային
Արշակայ, հաւատարիմ ի վերայ ամենայն կարգաց թագա-
ւորութեանն ի ներքոյ եւ արտաքոյ:

III

CONCERNING SAINT NERSES, WHERE HE WAS FROM AND HOW HE WAS ELECTED CATHOLICOS OF GREATER ARMENIA.

There assembled before king Arshak the grandees, the nahapets of many azgs, of many tohms, the lords of brigades and banners, all the satrapal naxarars, azats, pets, princes, generals, border-guards, in one united assembly. [They had assembled] to ponder and take counsel as to who should be their leader, who was worthy of sitting on the patriarchal throne and shepherding the rational flock of Christ. This thought found general acceptance among all the attendees, that they select a leader from the tun of Gregory's survivors. All of them said to the king: "Just as God renewed your kingdom, so it is necessary to renew the spiritual nahapetut'iwn through [Gregory's] descendants. For when that throne is restored, then the moral splendor of the land of Armenia will be restored.

Then the *ashxarhazhoghov*[11] forces of that multitude expressly requested Nerses (At'anagenes' son, the chief-priest Yusik's grandson, who was V'rt'anes' son, who was the son of Gregory the great, the first chief-priest). [Nerses'] mother was Bambish, the sister of king Tiran. During his youth, leading a lay life, he had married. From childhood he had been nourished and educated in the city of Cappadocia, Caesarea by faithful vardapets and was beloved by his classmates. At that time he was a military official, the beloved chamberlain of king Arshak, responsible for all the internal and external arrangements in the life of the realm.

---

11   *ashxarhazhoghov:* civilian.

Այր էր սա մեծ եւ բարձր ցանկալի հասակաւ, եւ վայելուչ գեղով. զի ոչ գտանէր ուրեք նման նմա գեղեցկութեանն ի վերայ երեսաց երկրի, տեսչալի ցանկալի եւ զարմանալի եւ ահագին ամենայն նայեցող տեսողաց, եւ նախանձելի յարութեանն ի զինուորական կրթութեանն: Երկիւղած ի տեառն է Աստուծոյ, յոյժ աւանդապահ պատուիրանաց նորա. մարդասէր, սուրբ զգաստ, սաստիկ իմաստուն եւ առանց ակնառութեան. իրաւանց իրաւարար, ցածուն քաղցր խոնարհ աղքատասէր, ի սրբութիւնս ամուսնութեանցն ալիմաւոր, եւ կատարեալ սիրովն Աստուծոյ: Եւ առ իւր ընկերս ըստ պատուիրանին սիրել զամենայն ընկեր իբրեւ զնաձն. զի ի զինուորութեանն այսպէս կատարեալ էր վարուք լաւութեամբ, որ մինչդեռ մանուկ իսկ էր զընայր նա ամենայն պատուիրանաւքն տեառն եւ արդարութեամբ, անարատութեամբ եւ ամենայն պաշտամամբք առ ընկերս իւր: Անձանձրոյթ էր, եւ ունէր զնախանձն Աստուծոյ, եւ եռայր սուրբ հոգւովն. այսպէս իսկ էր ամենայնիւ կատարեալ յամենայնի: Եւ զաղքատս եւ զտառապեալս այսպէս սիրէր եւ ակն ածէր ի վերայ նոցա, զի զիւր ինչ զհանդերձս եւ զկերակուր հասարակէր ընդ նոսա: Եւ նեղելոց եւ տառակուսելոց աւգնական եւ վերակացու, եւ ջատագով ամենայն զրկելոց լինէր նա:

Մինչ դեռ եւս զզինուորական ձեւն յինքեան բերէր, եւ զարդարեալ էր գեղեցիկ պատմուճանաւ եւ զարդ վայելուչ, եւ ցանկալի գեղով իւրով, երկայն հասակաւ, եւ չքնաղատես հերաւք վարսից իւրոց, կայր ի սպասու թագաւորին մաւտ ի անարս արքայ ին, զարքունական սուսերն զպողովատիկն զոսկէպատեանն հանդերձ ականակապ մարգարտազարդ կամարաւն ի սպասու նորա բարձեալ ունէր, առ հասարակ ատեանն զբռողք բարձեալ աղադակէին եթէ Ներսէս լիցի մեր հովիւ:

He was a tall man, of pleasing size and captivating beauty, so much so that his equal in good looks could not be found in the world. Everyone looking at him found him desirable, amazing and venerable, and he displayed enviable courage in military training. He had the fear of God in his heart and stringently upheld His commandments. He was humane, pure and modest, very intelligent, unbiased, just, humble, a lover of the poor, proper in married life, and perfect in the love of God. He dealt with his comrades in accordance with the commandment—to love one's comrade as oneself. Similarly in military matters he had a perfectly virtuous behavior. From his childhood onward he lived according to the Lord's commandments, with justice, purity, and serving his comrades. He never tired, with a zeal for God in his heart; he was accomplished in everything, burning with the Holy Spirit. He loved the poor and afflicted and kept a watchful eye on them, to the point that he shared his clothing and food with them; he was a helper and superintendent to the oppressed and anguished, and he encouraged all the dispossessed.

Now while [Nerses] stood at the king's side in service, wearing his military dress adorned with the attractive ornaments on his robe, of tall height, with his attractive hairstyle, bearing aloft the royal sword of steel with its golden sheath, with his belt of costly gems decorated with pearls, those at the *atean* [tribunal] generally raised a shout, saying: "Let Nerses be our shepherd."

Զոր իբրեւ լուեալ, զրողոք բառնալով զանձն անարժան համարեալ, չկամէր չառնոյր յանձն: Իսկ յորժամ տեսանոյր զամենեսեան ի նոյն յառաջին բանին վերայ պնդեալ, զի զանոյն աղաղակէին առաջի թագաւորին. ասէին, Ոչ ոք լիցի մեր հովիւ բայց ի դմանէ, եւ ոչ ոք նստի այլ յայնմ աթոռ բայց դա: Իսկ նա իբրեւ զանձինն չկամէր արժանի իրին առ յոժ խոնարհութեան իւրում, ապա ի մէջ եկաց, սկսաւ ստել սակաւ մի, խաւսել զանձնէ իւրմէ զանաւրէնութիւնս եւ զբամբասանս մեղաց որ իւր չէր գործեալ:

Զոր իբրեւ լուան բազմութիւնքն, զիտացեալ զստելն նորա վասն անձինն, ամենեքեան առ հասարակ հանդերձ թագաւորաւն թալացեալ էին ի ծաղուէ: Իսկ զաւրքն աղաղակէին առ հասարակ. Ի մեզ եւ ի գլուխս մեր դարձին այն մեղք զոր գործեցերն. ի վերայ անձանց մերոց եւ ի վերայ որդւոց մերոց լիցին գործքն. բայց դու զգործս հաւրն քո Գրիգորի, զանոյն առաջնորդութիւնն նորոգեա մեզ: Իսկ նա իբրեւ այլ ինչ ոչ եգիտ տալ նոցա բանիցն պատասխանի, զի թշնամանս լինէր զաւրացն, եւ ասէր. Անաւրէնք էք եւ պիղծ, եւ ոչ կարեմ ձեզ հովիւ կալ, եւ ոչ զձեր մեղաց ընդ անձամբ առնուլ. ապա ոչ կարեմ աչառել, եւ ոչ ձերում չարութեանդ համբերել: Եւ այսաւր տարապարտուց սիրէք դուք զիս տարապարտ, եւ վաղիւ ատելի եւ թշնամի եւ թակն զգլխոյ ձերմէ կոշկոճիչ կապէք զիս. այլ թոյլ տուք ինձ, անհոգութեամբ ըստ իմում չափու անարժանութեամբ զկեանս իմ տառապանաւք եւ մեղաւք, հանդերձեալ դատաստանին յալիտենից ակն ունելով, անցուցանել թերեւս կարացից: Ապա զրողոք բառնային բազմութիւնք զաւրացն, եւ ասէին եթէ այդ մեղաւորդ լիցիս մեզ հովիւ. զի այնչափի պնդեալ մարդկանն, յԱստուծոյ տեսչութենէն լինէր այնպէս: Առ սրտին զազանութեանն եւ յոյժ ցասմանն թագաւորն Արշակ ինքն ձգտեալ զսուսերն արքունական կամարաւն, զոր նմա Ներսէհն բարձեալ ունէր ի սպասու թագաւորին ըստ աւրինաց սենեկապետութեանն, ի բաց հանէր ի նմանէ:

When he heard this, he cried out in protest, regarding himself as unworthy, and not wanting to consent. But he saw that all of them insisted on the same thing in the king's presence: "We do not want anyone else as our shepherd but [Nerses]. No one but he will sit on that throne." But since, out of modesty, he did not consider himself worthy, he came forward and began speaking a little bit falsely about himself. He started to accuse himself of impieties and sins which he [in fact] had not committed.

But the multitude, upon hearing this and knowing that he was making up falsehoods, together with the king grew weak from laughter. The troops were all clamoring: "Let your sins be upon us and upon our sons, and your impieties as well. Do you restore for us your [great grand]father's deeds and leadership." But since [Nerses] had no other way of answering them, [said the following] to wound the troops: "You are impious and obscene. I am unable to be your shepherd, or to take on your sins. I cannot respect or bear your wickedness. Today you like me crookedly; tomorrow you will be my enemies and haters, and make me your scourge. Leave me alone. Perhaps, without cares, I will pass my life of tribulations and sins in accordance with my unworthiness, awaiting the eternal judgment of the next life." The multitude of troops raised a cry saying: "It is just you, the sinner, who must be our shepherd." It was God's providence that the people were so insisting. King Arshak, in his animalistic fury, seized and pulled toward himself the royal sword with the belt which Nerses bore in attendance on the king according to the rules of the chamberlain-ship, and removed it from him.

Եւ հրամայեր զնա կապել զիրրով առաջեւ. զհերսն զանգրագետս զկայելուչ թագաւանգուր վարսիցն, զի ուրեք երբեք նման նմա ոչ գտանէր, զայն ի բաց խզեալ հրամայէր. եւ ընդ նմին զկայելուչ պատմուճանն, զայն ի բաց պատառեալ հրամայէր։ Հրաման տայր, եւ բերին զճանդերձս կոթիկոսաց զգեցուցանէին նմա. ետ հրաման, եւ կոչեցին զձերունի եպիսկոպոսն որում անուն էր Փաւստոս, եւ տայր զնա ձեռնադրել ի սարկաւագութիւն։ Բայց յորժամ զհերսն դեռ վիրային ի նմանէ, առ յոյժ զեղեցկութեանն բազումք յարտասու հարան որք լուանն կամ տեսին, ի զեղն աւեղկեալ զկերպարանն փոխելովն։ Այլ յորժամ տեսին զնա քրիստոսեան զեղովն զարդարեալ բազմաց լինէր ուրախութիւն, յորժամ շնորհիք բարերարք կոչեցին զնա լինել հոգեբարձու տանն Քրիստոսի։

Յայնժամ եղ տէր ի միտս ամենեցուն խնդրել իւրեանց հովիւ զայն, որ նոցա կարող լինել զառաջնորդութիւնն կենացն ճանապարհին ցուցանել։ Եւ մինչ դեռ իսկ զձեւս զինուորութեան յինքեան բերէր յերեւելիաս, ներքին մարդովն զՔրիստոս էր զգեցեալ յանձն իւր, եւ ազնուական վարս էր յինքեան կերպարանեալ։ Եւ յուսովն զոր ունէր խաչեալ էր ընդ Քրիստոսի, եւ թաղակից եղեալ էր ընդ նմին. եւ սիրով հաւատոյ մեռեալ էր մեղացն, եւ յարութեան յուսոյն արդարութեամբ սպասէր։ Վասն այսորիկ յիրաւի արժանի եղեւ սա աթոռոյն հայրապետաց եւ տեղւոյ հարցն իւրոց առաջնոց, զաթոռն Թադէոսի առաբելոյ, եւ ժառանգութիւն հաւրն մարմնապէս ի նոյն հոգեւորին Գրիգորի. այլ իբրեւ ի տեառնէ եղեւ կոչումն նմա զալ յիրս այսպիսի, եւ էարկ ի միտս ամենեցուն խնդրել զսա արժանի այնմ իրին։ Իսկ նա յոյժ առ երկիւղածութեանն եւ բազում խոնարհութեանն զանձին իւր անարժան համարեալ իրացն, մեծ կարգաց աստիճանին Աստուծոյ, յոր ձգեալ էին զնա։ Այլ բռնաբարութիւն եւ միաքանութիւն եւ հրամանն Աստուծոյ, մանաւանդ առ նախնեաւքն, վասն նորա իսկ ասացեալ էր ի տեալեանն Աստուծոյ առ Յուսիկն եթէ այր լինելոց է ի սորա զաւակէ, լիցի լոյս աշխարհիի։

Then he ordered that [Nerses] be bound in his presence, that his attractive, curly locks (which had no equal) be sheared, and that the comely robe be torn off. He also commanded that they garb him in clerical clothing. He gave the order, and they summoned an aged bishop, named P'awstos, and had him ordain [Nerses] into the deaconship. But while they were cutting his hair, because of its beauty, many who heard about this or saw it wept at how his beauty had been altered. But when they saw him adorned with Christian beauty, many rejoiced that, thanks [to God] the benevolent, he had been called to be the trustee of the house of Christ.

It was the Lord Who had awakened the thought in all of them to request him as their shepherd, someone who could be their leader and show them the path of Life. While [Nerses] was still in military garb, the inner man was dressed in Christian clothing and he personified noble behavior. With the expectation he had, he had been crucified with Christ, buried with Him, with the love of faith he had died for sins, and awaited resurrection with the hope of justice. Thus truly was he deserving of the throne of the patriarchs, of the place of his fathers the leaders, of the throne of the Apostle Thaddeus, and the inheritance of his physical as well as spiritual father, Gregory. But it was the Lord Who summoned him to such a calling, and placed the thought in everyone's mind to demand him as worthy of it. But [Nerses] (out of great piety and humility) considered himself undeserving of this great dignity of God which they placed on him; but it was through force, unity [of the assembly] and the command of God. For regarding him, it had been said to his ancestors, to Yusik, in a vision from God, that a man would be born to his son who would be the light of the world.

Դ

Յաղագս թէ որպէս առին զնացին եւ տարան զՆերսէս ի Կեսարիա.

Ապա գումարեցին զիշխանսն մեծամեծս, զի առցեն զցանկալին Ներսէս, եւ զնասցեն ուր սովոր էին զհայրապետսն աւ֊ծանել։ Նա եւ բազմութիւն եպիսկոպոսացն Հայոց ժողովե֊ցան առ թագաւորն վասն նորին խնդրոյն խորհել ամենեց֊ցուն միով միաբանութեամբ զնա ընտրել, հաճոյ թուեցաւ ամենեցուն զի նստցի նա յաթոռ զլխաւորութեանն։ Ամենե֊ցուն միաբանութեամբ եպիսկոպոսացն եւ թագաւորին եւ աշխարհախորհ ձուլիք հաւանութեամբ ի միասին արձա֊կեցան եւ զնացին։

> ԶՀայր մեծ իշխան մարդպետութեանն,
>
> եւ զԲագարատ մեծ իշխանն ասպարապետութեանն,
>
> եւ զԴանիէլ մեծ իշխանն Ծոփաց,
>
> եւ զՄեհանդակ Ռշտունի,
>
> եւ զԱնդովկ իշխանն Սիւնեաց,
>
> եւ զԱրշաւիր իշխանն Շիրակայ եւ Արշարունեաց,
>
> եւ զՆոյն իշխանն միւսոյ Ծոփաց,
>
> եւ զՊարգեւ իշխանն տանն Ամատունեաց։

Զնոսա զամենեսին կազմեցին եւ արձակեցին բազում ընծայիւք եւ մեծամեծ պատարագաւք եւ հաւատարիմ հրո֊վարտակաւք առ կաթողիկոսաց կաթողիկոսն Եւսեբիոս յեր֊կիրն Գամրաց, եւ ի մայր քաղաքացն նոցա ի Կեսարիա, զի ձեռնադրեսցեն անդ զսուրբն Ներսէս ի կաթողիկոսութիւն Հայոց մեծաց:

IV

HOW NERSES WAS TAKEN AND BROUGHT TO CAESAREA, AND ABOUT GOD'S MIRACLES.

Then the grandee princes assembled to take the coveted Nerses to the place where they were accustomed to anoint the patriarchs. The multitude of Armenian bishops assembled near the king to think about this matter. All of them elected him unanimously and it pleased them all to seat him on the throne of leadership. With the unanimous consent of the bishops, the king and the participants, [the following delegates] were dispatched:

> Hayr, the great prince of the mardpetut'iwn,
> Bagarat, the great prince of the aspetut'iwn,
> Daniel, the great prince of Cop'k',
> Mehandak Rheshtuni,
> Andovk, prince of Siwnik',
> Arshawir, prince of Shirak and Arsharunik',
> Noy, prince of the other Cop'k',
> and Pargew, prince of the Amatunik' tun.

All [of these dignitaries] were organized and dispatched with many presents, very great gifts, and reliable *hrovartak*s to Eusebius, the Catholicos of Catholicoi, to the country of Cappadocia and its capital city of Caesarea, so that they ordain the blessed Nerses into the Catholicosate of Greater Armenia there.

Եւ եկին ածին նոքա ցածութեամբ ուրախութեամբ, եւ տեսին անդ զկաթուղիկոսն կաթողիկոսացն զուրբ զնեծանունն զերանելին զհոյակապան զքանչելին Եւսեբիոս: Եւ տային զհրովարտակն արքային Արշակայ նմա, եւ ունէին առաջի նորա զպատարագս բերեալս: Եւ նորա սիրով ըն֊կալեալ զնոսա եւ բազում մեծարանաւք, եւ ըստ կանոնաց աւրինակի ժողովէր առ ինքն մեծ եպիսկոպոսապետն Եւ֊սեբիոս զբազմութիւն եպիսկոպոսացն սրբոցն ըստ առա֊քելական աւրինացն, զի ձեռնադրեսցեն զուրբն Ներսէս լինել եպիսկոպոսապետ Հայոց մեծաց: Եւ եղեն մեծ սքան֊չելիք. զի մինչ դեռ այն ինչ մտեալ էին յեկեղեցին, էջ ա֊պառնի սպիտակ ի վերայ սեղանոյն յանդիման քահանա֊յութեանն եւ յանդիման ամենայն ժողովրդեանն: Եւ իբրեւ եմուտ Եւսեբիոս արքեպիսկոպոսապետն եւ երիցունքն ընդ նմա, եւ երիցապետ մի սուրբ որում անուն Բարսիղիոս կոչէր, թռեալ աղաւնին ի սեղանոյն եւ հանգեաւ ի վերայ նորա, եւ յամեաց բազում ժամս: Իսկ իբրեւ եհաս ժամ յորժամ կամեցան զՆերսէս ձեռնադրել, վերացաւ աղաւնին ի սրբոյն Բարսեղէ, եւ նստաւ ի վերայ գլխոյն Ներսէսի:

Իբրեւ այս սքանչելիք եւ նշանք յԱստուծոյ լինէին ի վերայ առնս այսորիկ, կային առ հասարակ ամենայն ժո֊ղովուրդն զամացեալք եւ մեծ արքեպիսկոպոսն Եւսեբի: Առ հասարակ աղաղակէին ի վերայ նորա, թէ Հաճոյ եղեր դու Աստուծոյ, եւ հոգի Աստուծոյ հանգեաւ ի վերայ քո. զի նմանութիւն եղեւ ամենասուրբ Հոգւոյն, որ ի վերայ Տէ֊առնն երեւեցաւ: Ապա ձեռնադրեցին զնա, եւ հանին նս֊տուցին յաթոռ եպիսկոպոսութեանն, եւ պատուէին զնա. եւ բազումք աւէին նմա էնկոմիա. (որ ասի թէ Հոգի սուրբ հանկեաւ ի սա): Բայց նա եւս քան զեւս զանձն իւր անար֊ժան համարէր իրացն եղելոց: Եւ մեծասքանչելաշուք յու֊դարկեցին զնա. նոյնպէս եւ զմեծամեծ նախարարսն սատ֊րապան Հայոց:

Cheerfully rejoicing they arrived and saw there the Catholicos of Catholicoi, the blessed, renowned, venerable, and marvelous Eusebius. They presented king Arshak's hrovartak to him and brought the gifts before him. He received them with affection and great exaltation, and in accordance with canonical custom, the great archbishop Eusebius assembled the multitude of blessed bishops, in accordance with Apostolic custom to ordain the blessed Nerses to be archbishop of Greater Armenia. Great miracles took place. For as he entered the church, a white dove descended over the altar, facing the priesthood and all the people. And when Eusebius the chief archbishop and the priests with him entered, including a chief presbyter named Barsighios, the dove flew from the altar and perched on him, remaining there for many hours. When the hour approached that they wished to ordain Nerses, the dove flew from the blessed Basil and perched on the head of Nerses.

When these miracles and signs from God occurred over this man, all of the people and the great archbishop Eusebius were astonished. They all cried out: "You have pleased God, and the Spirit of God alighted upon you, for this resembled the time when the most Holy Spirit appeared over the Lord." Then they ordained and seated him upon the throne of the episcopate, revering him. And many said encomia to him (which means that the Holy Spirit rested on him). But [Nerses] more than ever, regarded himself as unworthy of this. With very great pomp they put [Nerses] and the grandee *naxarars*, the satraps of Armenia, on their way.

Եւ եկին հասին նոքա մեծապարծ երեւելի հոգեւոր ազգ-
եաց փառաւք ի Հայաստան երկիրն. եւ արքայն Արշակ ընդ
առաջ երթայր նոցա մինչեւ ի լեառն, որ անուանեալ կոչի
Առեւծ: Եւ անդ պատահեալ միմեանց մեծաւ լրջմտութեամբ,
լցեալք աւրհնութեամբ ողջունին, անդուստ յաշխարհն
դարձան: Եւ նստաւ սուրբն Ներսէս յաթոռ հայրապետու-
թեան. ի հովուութեանն նորա բազում խաղաղութիւն լինէր
աշխարհին: Զի ի վարս կարգաց զնացից իւրոց նմանեաց
իւրոյ հաւրն մեծին Գրիգորի, արդարեւ հայրաբարոյ զտա-
նէր ամենաբարի. զնոյն հարցն նորոգեաց զառաքելաշնորh-
հս, նոյն գործ երեւեալ անվնաս պահելոյ յաներեւոյթ թշ-
նամեացն եւ յայտնեացն:

Սա եւ առաւել եւս առաջին ծառոցն նմանեալ, որ զնոյն
ազգեաց զնոյնահաս պտուղս վարդապետութեան բերեալ
սկսեալ վերակացութեանն հովուութեանն, անկարաւտ մա-
տակարարէր զաւգտակարն, զհոգեւոր արաւտսն ջամբե-
լով: Զի շնորհքն այնպէս հանգեան ի նմա, զի մեծամեծ նր-
շանս եւ բժշկութիւնս առնէր հիւանդաց, ուր դէպ լինէր.
զմոլորութիւնս դարձուցանէր: Առնէր եւ զայսպիսի սքանչե-
լիս. զորս կարի յամառեալ տեսանէր, աh արկանելով հա-
ւանեցուցանէր. իսկ հլուացն, որոց ականջք սրտիցն բացեալ
էին, զնոսա բանիւք քարոզութեանն ածէր ի հաւանութիւն:

With remarkable spiritual glory they reached the country of Armenia. King Arshak went out to meet them, as far as the mountain called Arhewc. There they met with great happiness and filled with the blessing of greeting, they, returned to the land. The blessed Nerses sat upon the patriarchal throne; during his shepherdhood there was much peace in the land. For in his conduct and course he resembled his father, the great Gregory, possessing the goodliest paternal behavior. He restored the father's Apostolic graces, and similarly showed the same concern to preserve [his flock] unharmed from visible and invisible enemies.

He especially resembled the first trees and during the course of his teaching he brought forth the same and similar ripe fruits for all, offering them generously, nourishing them with the spiritual field. He was so filled with graces that he worked very great miracles, cured the sick wherever it was necessary, and putting those in error upon the [correct] path. He accomplished these great miracles: when he saw someone extremely stubborn, he convinced that person by inspiring him with awe; as for the obedient (the ears of whose souls were open), he convinced them with preaching.

Շինէր եւ զաւերեալ եկեղեցիս, եւ կանկնէր զեղանս կործանեալս. եւ հաստատէր ի կատարումն ապաշխարութեան զթերահաւատս, զի հաւատացեալք յԱստուած ապրել կարասցեն։ Մխիթարէր զհաւատացեալս յաւիտենական յուսով բարութեամբն մշտունջենաւոր պարգեւացն։ զԹադջական ապորն միւսանգամ ելից, եւ իւրոց հարցն նրմանեալ որդի եղեւ։ Եւ չարախաւսացն ընդդիմացեալ ընբերանէր. խափանէր եւ զանաւրէնութիւնս եւ զխաւս եւ զգործս զայսպիսեացն միանգամայն։ Եւ վասն ճշմարտութեանն մինչեւ ի մահ մարտնչէր. եւ զաջողակ արդարութեանն քաջալերեալ խնդացուցանէր. եւ իւրով վարդապետութեանն անճռեւան պարարէր սնուցանել զշայեկան արդարութիւնան աւրհնութիւն ընզալու։ Եւ ընդ ամենայն տեղիս սահմանացն Հայոց մեծաց, ընդ որ էր յառաջագոյն նորուն հարցն սերմանեալ զբարոզութիւն բանին կենաց, զնոյն եւ սա ոռոգեաց անճռեւունն. զբոյսս աճեցոյց մշակն հնձող, եղեալ գործակից սերմանողաց. եւ բազմացոյց զյորդաբուխ արդիւնան ի շտե-մարանս արքայութեանն, կարգացն առաջին հարցն մշակացն փոխանորդ եղեալ գործակից լինելով։

Նա եւ բազում զաւրութիւնս անպատումս յանձին իւրում բարձեալ բերէր. նա եւ կարի իսկ զողորմածութեան կարգացն փոյթ արարեալ ցուցանելոյ, նախ ինքն առնելով առ իւր անձն բարի, եւ ապա այլոց աւրինակ բարեաց դնելով, առ հասարակ վարդապետական բանին զամենեցուն զփակեալ դրունս մտաց ի բարին յորդորելով բանայր։

He rebuilt the ruined churches and erected the destroyed altars. Those of little faith he confirmed in full atonement so that, believing in God, they would be able to live. He consoled the believers with the hope of eternal good gifts. He again made the throne of Thaddeus flourish, and was a son like his fathers. Reprimanding the slanderers, he stopped their mouths, he obstructed impiety as well as the words and deeds of such people. And he battled even to the death for Truth. He encouraged and defended the side of justice, and with the rain of his doctrine he nourished and made luxuriant the profitable and just deeds, with blessing. [This was done] throughout all the boundaries of Greater Armenia; where his fathers before had sown the preaching of the Word of Life, he irrigated it with his rain. The reaping plowman, he caused the plant to grow, becoming a co-worker of the seeders, and he stored the abundant results in the granaries of the kingdom. He was a substitute and co-worker of his preceding mshak fathers.

He held within himself unrelatable powers, and was extremely concerned with the orders of clemency, First, he himself did good deeds; then, he gave others the example of benevolence, with doctrinal words exhorting everyone, and opening the closed doors of their minds toward good.

Զամենաբարի ուսուցանէր զպէր զյոյս զհաւատս զար-
բութիւն զքաղցրութիւն զհեզութիւն զանխակալութիւն,
զինաամ ունելով դարմանյ աղքատացն տանելոյ, եւ յոյս
հատուցման ի խոստացեալ աւետին Քրիստոսի. եւ ի դա-
տաստանացն ամենեին անշէք հրոյն յիշատակաւք յաւի-
տենականն ջարջարանաւք սպառնալով անաչառական զա-
լստեամբն Որդւոյն Աստուծոյ Յիսուսի Քրիստոսի: Եւ այ-
նու երկեցուցեալ, մինչեւ ամենեցուն որք ի սահմանս Հա-
յոց էին բնակեալ ամենէքեան հաւատացեալք ընդ աղ-
քատս իւրեանց զիւրեանց ինչս մատակարարեալ հաւա-
նութեամբ հաւասարութեամբ, եւ ինքեանք լրջմտութեամբ
զուարթութեամբ գործին: Եւ ինքն երթեալ հասանէր ի
կողմանս Տարաւն գաւառին, եւ ժողովէր առ ինքն զամէ-
նային եպիսկոպոսունս Հայոց աշխարհին: Ժողովեցան ի
գեւղն Աշտիշատ, ուր զառաջինն զեկեղեցին էր շինեալ. զի
նա էր մայր եկեղեցեացն, եւ տեղի լեալ նախնեացն ժողո-
վոց սիւնհոդոսին: Ի ժողով հաւանութիւնս եկեալ ամենե-
ցուն, եւ խորհուրդ բարեաց ի մէջ արկանէին, կատարել
անդ զաշխարհական կարգս եկեղեցւոյն եւ ժողովն հաւա-
տոցն հաւասարութեան: Յայնմ ժամանակի կարգեցին
կազմեցին կանոնեցին յաւրինեցին, եւ արարին զամէնայն
ժողովուրդս երկրին Հայոց իբրեւ կարգ միաբանութեան
վանականաց համաշխարհի, բայց միայն յամունանութեան
աւրինացն: Բայց միայն զառաքելակարգ կանոնսն ի վերայ
ամենեցուն կացուցանէր սուրբ եպիսկորսապետն Ներսէս.
ամենեցուն խրատտու եւ առաջնորդ յորդորիչ եւ նախան-
ձաւոր լինէր գործող բարեաց: Նախ ինքն առնէր, եւ ամենե-
ցուն զնոյն ուսուցանէր. առ հասարակ զնոյն աւրինակ առնել
հրամայէր յամէնայն աշխարհիս եւ ի գաւառս եւ ի կողմանս
կողմանս, ի կոյս կոյս, ի խորշս խորշս սահմանացն Հայոց.
յայտ արարեալ զպատեհ պատեհ տեղիսն զատուցանել,
շինել աղքատանոցս, եւ ի ժողովել զախտաժէսս եւ զաւր-
կունս եւ զմարմնահարս եւ զամէնային ցաւուտս. եւ նոցուն
կարգեցին աւրկանցս եւ դարմանց եւ ոռճիկս եւ պատանս
աղքատաց:

He taught the most goodly love, hope, faith, purity, sweetness, meekness and freedom from revenge, [He exhorted] having care for providing for the poor, and gave hope that [the merciful] would be recompensed at the time of Christ's promised [second] coming, when judgment would be forged by inextinguishable fire. He threatened eternal evils, also recalling the coming of Jesus Christ, the Son of God. He inspired such fear that all the believers dwelling in the boundaries of Armenia willingly offered up and shared their belongings with their poor, doing this happily and joyfully. [Nerses] went to the district of Taron and assembled all the bishops of the land of Armenia. They gathered in the village of Ashtishat, where the first church had been built, for that was the mother of the churches, and the site of synodal assemblies of [their] ancestors. All of them came to this consensual assembly, and held a beneficial consultation to implement the lay orders of the Church and [arrange] the general [canons] of the faith. Then they arranged, organized, made canons and devised [others] and all the people of the country of Armenia [became] like a general community of monastics, except for the laws of marriage. The blessed archbishop Nerses extended over all the canons stipulated by the Apostles. He advised all, exhorting, and guiding toward benevolence. First he did it, then he taught all of them the same thing. He ordered that the same be implemented in all the lands, districts, areas, regions and corners in the boundaries of Armenia. [He] declared that they should designate appropriate places and build poor-houses, that the diseased, lepers, crippled and all the afflicted be gathered. They set up for them leprosaria and hospitals, and stipends and provisions for the poor.

Զի այսպէս ետ հրաման մեծ եպիսկոպոսապետն Ներսէս, եւ սոյն կամ եղեւ ամենայն սուրբ ժողովոյն, զի այնպիսիքն միայն նստեալ լիցին յիւրաքանչիւր կայեանս, եւ մի ելանել ի մուրոյն տառապանս, եւ մի բնաւ ելանել ըստ իւրաքանչիւր դուրս, այլ զի ամենայն ոք պարտական է նոցա։ Հարկ իսկ է զի մի կարգ աշխարհի, ասէ, եղծցի․ այլ արժան է զի ամենեքեան առ հասարակ ողորմածութեամբ եւ երկիւղիւ տարեալ նոցա զղարմանն, եւ զպիտոյս նոցա վճարեսցեն։

Շինեաց սոյնպէս, կարգեաց կազմեաց եւ հաստատեաց, բազում եւ այլ ողորմութիւնս ուսուցանէր աշխարհի․ բազում կարգս կանոնաց հայրենիս կարգէր։ Եւ առ յոյսն յարութեան ցուցանէր ունել ակնկալութիւն․ եւ զի մի զմահ մարդկանն առանց դարձի միւսանգամ կենդանանալոյ համարիցին, եւ անյուսութեամբ ի վերայ գնացելոցն աճիրս գործիցեն լալեացն կոծոյն, զանառակութիւնս աշխարհն դնելոյ․ այլ յուսով տեառն զալստեանն ակն ունել եւ յարութեանն նորոգութեան, եւ իւրաքանչիւր գործոցն զյափտենական զհատուցումն առնուլ իւրաքանչիւր յոյս ունելով աւուր զալստեանն տեառն սպասել։ Եւ զի լինիցին յամուսնութեան աւրինաւորք, մի ստել եւ մի դաւ բերել իւրեանց ամուսնութիւն ընգալ կողմանց․ եւ փախչել աւելի ի մերձաւոր եւ յազգին տոհմակից խառնակութեան ամուսնութենէն, եւ մանաւանդ ի մերձաւորական ի նուոց, եւ որ զամ մի այսմ նման լեալ էր ինչ։ Եւ կանոն հրաժարել ամենեւին ի մեռելոտոյ եւ յարենէ ուտելոյ, եւ դաշտանիկն մերձենալոյ․ զայդ ամենայն պիղծ համարէր առաջի տեառն։

For the great archbishop Nerses so ordered and everyone at the blessed assembly was in agreement, so that such people would remain in their own stations and not go forth in their tribulations to beg, and never go out of their own doors, but rather that everyone would be responsible for [caring for] them. He said it was necessary that the order of the land not be corrupted, but rather that it was fitting that everyone generally with mercy and piety take them provisions and that their needs be taken care of.

He built such [institutions] and arranged, organized and established many other charities, instructing the land. He established many other orders of patrimonial canons. He advised that [people] should always consider the hope of resurrection and not think that human death was final, without the hope of returning to life. Consequently they should not, in despair, carry out the crime of excessive mourning and unlimited lamentation for the departed. Rather, with the hope of the Lord's coming, they should expect the renewal of resurrection and await the Lord's coming when everyone would receive eternal recompense in accordance with their deeds. [He also advised] that they be canonical in marriage, not to deceive or be treasonous toward their spouses, and especially to avoid marriage with relatives or admixture between tohm-members of the [same] azg, relations with sisters-in-law/daughters-in-law or anything resembling it. [He advised adherence to] the canon totally rejecting the eating of carrion and blood, or approaching menstruating [women]. Before the Lord, all of that is regarded as impure.

Եւ զևևզգութիւնն եւ զքսութիւնն եւ զազահութիւն եւ զչարակնութիւս, զցանկութիւս եւ զգրկութիւս, զար֊ ուազիստութիւս եւ զհգութիւս եւ զքամբասութիւս, եւ զա֊ նառակ արբեցութիւս եւ զորկրստութիւս եւ զյափշտա֊ կութիւս եւ զպոռնկութիւս եւ զվրէժս ի թշնամեաց եւ զստութիւս եւ զթշնամութիւս եւ զանողորմածութիւս եւ զուստ երդմնութիւս, եւ զարիւնհեղութեան սպանութիւս եւ զանասնագիստութեանս պղծութիւս, որ ոչ ակն ունէին յարութեան եւ որ անյուսութեամբն լաս զմեռեալս, ընդ մի արինակ զամենեսեան ի միում խորխորատ կորստեանն համարէր: Եւ ամենայս աշխարհին պատուիրէր, եւ զլխովին թագաւորին, առ հասարակ ամենայս մեծամեծացն, եւ ա֊ մենեցուն որ ոք ի վերայ ընկերին ունիցին իշխանութիւն, զուղ ունելով ընդ իւրեանց ծառայս եւ ընդ կրսերս եւ ընդ աշակերտս, եւ սիրել իբրեւ զրնտանիս, եւ մի անարժանս եւ աւելի տարապայմանս հարկաւք եղել քան զչափն. յուշ առնելով, զի եւ ևոցա տէր զոյ յերկինս: Սոյնպէս եւ ծառա֊ յից պատուիրէր կալ յարդարնինագանդութեան իւրեանց տերանց, զի ի տեառնէ լինիցի ևոցա վարձք:

Եւ եղեւ խաղաղութիւն եւ նորոգութիւն յաւուրս նորա ամենայս եկեղեցեաց, եւ յամախէր շուք պատուի ամենայս եպիսկոպոսացն ընդ ամենայս տեղիս Հայոց մեծաց: Եւ լու֊ սաւորութիւն կարգի եկեղեցւոյ ամենապայծառ ծաղկեաց ամենամեծ լիութեամբ. կարգեցան կարգք կաթողիկէ եկե֊ ղեցեաց ամենայս վայելչութեամբ, եւ բազմական կարգք սր֊ բութեան պաշտամանգն, եւ պաշտաունէիցն յամախութիւն: Եւ բազմացոյց զկարգս եկեղեցեաց ի շէնս եւ յանշէնս. սոյն արինակ բազմութիւնք կրաննատորաց:

[He condemned] treachery, secret accusation, greed, the evil-eye, lust, dispossession, homosexuality, effeminacy, slander, immoderate drinking, gluttony, ravishment, prostitution, vengeance against enemies, falseness, hostility, cruelty, the swearing of false oaths, killing with bloodshed, the obscenity of bestiality, not having faith in the [second] coming and resurrection, hopelessly weeping for the dead—he regarded all of these as the same abyss of ruination. He commanded the entire land, especially the king, all the grandees, and everyone who held authority over his fellow, to have mercy toward their servants, their juniors, and students, to love them like family and not to harass them with unworthy and especially exorbitant taxes, more than the measure. They should remember that the Lord of heaven is for them too. Similarly he commanded the servants, to be faithful and obedient to their lords, for their reward will come from the Lord.

In his day there was peace and renovation in all of the churches; the prestigious honor of all the bishops throughout all the places of Greater Armenia grew; the church orders blossomed and completely glistened, the orders of the cathedral churches were established in all comeliness, the orders of holy worship grew, and the number of clerics increased. The orders of the Church increased in both the cultivated and uncultivated places, as did the number of clerics.

Կարգէր եւ ի տեղիս տեղիս դպրոցս յունարէն եւ ասորերէն յամենայն գաւառս Հայոց. եւ բազում նեղելոց եւ տառապելոց զերեւաց փրկութիւն եւ զերեզարձ առնէր, զորս անհիւ քարոզութեան փառացն Քրիստոսի զկէս, եւ զայլս զնովբ փրկանաւք ազատէր, եւ յիւրաքանչիւր տեղիս դարձուցանէր։ Այրեաց եւ որբոց եւ չքաւորաց հանգիստ եւ դարման առնէր, եւ աղքատք զաւրհանապազ ընդ նմա ուրախ լինէին. եւ տաճար իւր եւ սեղան զաւրհանապազ աղքատաց եւ աւտարաց էր եւ հիւրոց։ Եւ այսպէս առ յոյժ աղքատասիրութեանն, զի թէպէտ եւ շինեաց զամենայն աղքատանոցս ընդ ամենայն գաւառս, եւ կարգեաց նոցա անդէն դարմանս, այսպէս զի ըստ իւրեանց անկողինս մահճացն մի ուրեք աշխատ լիցին ելանել, սակայն եւ զիւր տաճարն առանց նոցա ոչ առնէր, այլ կաղք եւ կոյրք եւ մարմնահարք, խուլք եւ հաշմեալք եւ ցանկանեալք եւ կարաւտեալք ընդ նմա եւ ի նորա ակրմբի դարմանէին բազմեալք։ Եւ ինքն իւրովք ձեռաւքն լուանայր զամենեսեան, աւձանէր պատէր, եւ ինքնին իսկ զամբէր նոցա զիւրաքանչիւր կերակուրս, եւ զամենայն ինչ ի պէտս նոցա ծախէր. եւ ամենայն աւտարբ ընդ նմա, հովանեաւ նորա հանգուցեալբ, դադարէին։

Եւ ամէնեցուն զոր ինքն առնէր զայն ուսուցանէր. եւ ինքն սուրբ եւ զգաստ եւ արթուն, եւ զամենայն մարդ պատրաստական առ բանն Աստուծոյ առնէր։ Եւ ինքն ամէնեցուն ըստ մարգարէիցն եւ կամ ըստ առաքելոցն նմանութեան զողորմածութիւնս ուսուցանէր. եւ եթէ զմեղս ձեր ողորմութեամբ պարտ է քաւել ձեզ, եւ զանաւրէնութիւնս ձեր գթութեամբ եւ տրաւք աղքատաց։ Եւ սոյնպէս տարաւելոյց զառաքեալն յոյզ առնելով, որ ի պաշտաւն աղքատաց զմեծն եւ զնախախկայն զյառաջչարկաւագն Ստեփաննու եւ զրնգերս նորա զորս ընտրեցին, որ զերկինս եբաց, եւ զՈրդին ընդ աջմէ Հաւր Աստուծոյ այս գործով արժանի եղեւ տեսանել։

In various places in all the districts of Armenia, [Nerses] set up Greek and Syrian schools. He effected the salvation and return from captivity of many oppressed and tormented captives; he freed half by preaching of the awe of Christ's glory, while the others he freed by paying ransom. And thus he returned each to his place. He gave rest and provisions to widows, orphans, and the indigent, while the poor were always with him, joyfully. His temple and table was always frequented by the poor, foreigners, and guests. He was so fond of the poor that although he had built all the poor-houses throughout all the districts, stipulating provisions for them (so that they would not have to labor beyond arising from their beds), nonetheless, he did not hold tachar without them. The lame, the blind, the crippled, the deaf, the disabled, the wanting and needy sat with him at table and were fed. With his own hands he washed them all, anointing, bandaging [the wounds], with his hands he divided the food, and spent all [his] belongings for their needs. All the foreigners remained and rested under his shade.

Whatever he did, he taught others to do. Pure, sentient and alert, he made everyone ready for the Word of God. Like the prophets and Apostles, he taught mercy, saying: "You must atone your sins with mercy, and your impieties with kindness and offerings to the poor." He recalled the Apostles, who, to care for the poor, elected the great proto-martyr and proto-deacon Stephen with his comrades, for whom the heavens opened and for this work was made worthy of seeing the Son at the right side of God the Father.

Սոյնպէս եւ զԱյծեմնիկն իւր ողորմածութիւնքն եւ խանդակաթ այրեացն ողբումն, ի ձեռն մեծին Պետրոսի, եւ գիրաժարեալն զգնացեալն զմեռեալն միւսանգամ այսրէն դարձուցանէր ի կենդանութիւն: Սոյնպէս եւ մեծն Պաւղոս, ասէր, պատմէ թէ իբրեւ տեսին զշնորհսն, որ տուեալ էին ինձ Յակոբոս եւ Կեփաս եւ Յովհաննէս որ բուն սիւնքն էին, իբրեւ տեսին թէ հաւատարիմ եմ ես յաւետարանն անթլփատութեան, որպէս նոքա ի թլփատութեանն, եւս քաջ համարձակեցին, ձեռն եսուն հաւանութեան ինձ եւ Բառնաբայ, զի մեք ի հեթանոսս եւ նոքա ի թլփատութիւնն: Բայց միայն պատուիրեցին ինձ, ասէ, զի աղքատաց խնամ կալցուք. զոր ես ինքնին իսկ, ասէ, փութայի զանալ կատարել:

Սոյնպէս եւս առաւելագոյն զտերունականն դնէր առաջի, որ մեծատունն էր որ զամենայն պատուիրանն կատարեալ էր, ապա լուաւ ի տեառնէ եթէ վաճառեա զինչս քո եւ տուր աղքատաց, եւ գտցես քեզ գանձս յերկինս. եւ որ զկնի սորին եթէ դիւրին է մալխոյ մտանել ընդ ծակ ասղան, քան մեծատան ազատի յարքայութիւն Աստուծոյ: Եւ դարձեալ եթէ արարէք ձեզ բարեկամս ի մամոնայէ անտի անիրաւութեան, որ ընկալցին զձեզ ի յարկս իւրեանց յաւիտենից: Կամ որպէս նոյն իսկ Պաւղոս բարեաց գործոց նախանձաւոր լինէր, ստիպէ ամենեցուն ասելովն եթէ զհետ երթայք սիրոյ, եւ նախանձաւոր լերուք հոգեւորացն: Որոյ գլաւժարութիւն աբայեցյոցն վասն պաշտման սրբոցն ի Մակեդոնիա պատմեալ նախանձեցուցեալ յորդորեաց. այլ եւ համարձակութիւն իսկ տայ անխափան ի բարեացն առաքինութիւնս, թէ լաւ է յամենայն ժամ նախանձել ի բարիս:

[He recalled] Aycemik,[12] her mercy, the lament of the widows and how Peter the great [Apostle] brought back to life [this woman] who had departed this life and died. He said: "[The Apostle] Paul told how when Jacob, Kephas and John, the true pillars saw how I was given the great grace, and that I was finding success in preaching the Gospel among the uncircumcised (as they were among the circumcised), they gave me yet more liberty, and agreed that I and Barnabas [should preach] among the pagans, as they did among the circumcised. But they commanded me to have concern for the poor, just as I have been laboring to do."

Similarly, and more so, [did Nerses recall] the Lord's words regarding the wealthy man, who had fulfilled all the commandments, but then heard from the Lord that [he must] sell his goods and give to the poor, and find his treasure in heaven. And then, that it is easier for a thick rope to pass through the eye of a needle than for a rich greedy man to enter the Kingdom of God. And: "You made your friends through unjust simony," which receive you under their eternal taxes. Or as Paul himself, so zealous to do good, urged all of the people, saying: "Follow affection, and pursue the spiritual." Or, with what enthusiasm the Achaeans served the saints in Macedonia, he inspired the listeners and encouraged them to do good virtuous deeds without hindrance, saying: "It is good to be zealous for good."

---

12 *Aycemik:* "little gazelle".

Դարձեալ փութայ ամենեքումբք հանդերձ ըստ Քրիս-
տոսի հետոցն վարել: Հայեցարուք, ասէ, ի զարագլուխն
հաւատոց եւ ի կատարիչն Յիսուս. դարձեալ թէ յիշեցէք
զառաջնորդս ձեր եւ զվերակացու ձեր ի տէր, որք խաւսե-
ցան ձեզ զբանն կենաց. հայեցարուք յելս գնացից նոցա,
եւ նմանողք լերուք հաւատոց նոցա: Եւ միանգամայն թէ
զայս խորհեցի իրաքանչիւր ոք ի ձէնջ, որ ի Քրիստոս
Յիսուս. եւ դարձեալ թէ սկաւ Յիսուս առնել եւ ուսուցա-
նել: Իսկ ցանկալի եղբայր տեառն Յակոբոս զհամարձէն
իսկ զգունդս սրբոցն հանդերձ սրբասէր տերամբն յարի-
նակ առեալ ի թղթին իւրում, ասելովն եթէ ալրինակ ա-
ռէք, եղբարք, զչարչարանաց երկայնմտութեանն զմար-
գարէսն որք խաւսեցան յանունն տեառն. զհամբերութիւնն
Յոբայ լուարուք, եւ զկատարումն տեառն տեսէք:

Զայս եւ այսպիսի ինչ, եւ որ ինչ եւ այսմիկ նման էին
բանք, խաւսէր հանապազ. զտիւ եւ զգիշեր ոչ դադարէր ի
խրատելոյ եւ ի բողոքելոյ: Եւ իմաստութեամբ Հոգւոյն սր-
բոյ, որ բնակեալ էր ի նմա, ըստ ամենայն աւուրց իւրոց
ժամանակացն ամաց կենաց իւրոց երանելի եպիսկոպո-
սապետն Հայոց Ներսէս այսպէս առ ամենեսեան զխրատ
վարդապետութեանն առ հասարակ իբրեւ զհայր բազմա-
զուզ իբրեւ զմայր գթած ցուցանէր. զհոգեւոր սիրոյն ե-
րանդն աձէր առ ամենեսին, առ մեծամեծս եւ առ ման-
կունս, առ պատուականս եւ առ անարգս, առ հարուստս
եւ առ աղքատս, առ ազատս եւ առ շինականս: Եւ զվերա-
կացութիւնս աշխարհի ամենայն հոգաբարձութեամբ, ա-
ռանց ամենայն ծուլութեան եւ ամենայն յապաղութեան,
տանէր մինչեւ ի վախճան իւր, եւ ոչ երբէք ուրեք եղեւ նր-
ման նմա այլ ոք ի Հայաստան երկրին:

And again he strove that all should follow Christ. "Look," he said, "to Christ the commander of the faith and the implementer." "Remember your leaders and overseers for the Lord, who preached the word of Life for you; see their course and resemble them in the faith." And at the same time he said: "Let every one of you who believes in Jesus Christ think this way," and that "Jesus started to work and to teach." Then recalling the Lord's goodly brother Jacob in his letter: "Brothers, take example from the prophets who suffered long torments for the name of the Lord. Hear the story of Job's patience, look to the Lord's death."

[Nerses] preached these and similar things, at all times. Day and night, he did not cease preaching and protesting. With the Holy Spirit which dwelled within him, wisely, throughout the course of his entire life Nerses, Armenia's venerable archbishop, everyday was teaching and schooling everyone, like a very kind father, like a loving mother, inspiring everyone with spiritual love; the grandees, the clergy, the honorable and the dishonored; the rich and the poor; the nobles and the peasants. And [Nerses] fulfilled the superintendency of the land with all trusteeship without any laziness or any delay, to the end of his life. And he had no equal ever in the country of Armenia.

Յաղագս Ներսիսի Հայոց կաթողիկոսին, թէ զիարդ յԱրշակայ արքայէ առաքեցաւ առ Վաղէս կայսրն հանդերձ նախարարաւքն. թէ վասն որդոյն կայսերն զինչ խաւսեցաւ շատ բանս հաւատոյ, եւ կամ զիարդ կապեցաւ եւ աքսորեցաւ, եւ զայլ նախարարսն արձակեաց հանդերձ պատարագաւք:

Ապա վասն խաղաղութեան ուխտին միաբանութեան դաշինն, որ էր աշխարհին Հայոց ընդ կայսերն Յունաց, դեղ եղեւ առաքեր անդր կազմութեամբ մեծաւ արքային Հայոց. զի ինքնին մեծ կաթողիկոսն Հայոց Ներսէս, եւ ի մեծամեծացն Հայոց սատրապս տանն ընդ նմա առնել, զի երթիցէ, ի մէջ կայսերն եւ ի մէջ իւրեանց զուխտն հաւանութեան եւ խաղաղութեան նորոգեսցեն: Ապա չոգան զնացին հասին ի կայսերական պաղատն թագաւորացն Յունաց:

Զայնու ժամանակաւ թագաւորն մեծ Յունաց Վաղէս ի խոտորութեան հերետիկոսութեան աղանդութեանն արիանոսաց էր ի հաւատս: Արդ իբրեւ եւտես զնոսա թագաւորն, զառաջինն մեծապայծառ փառաւք մեծաւ շքով մեծարեաց զնոսա: Ապա դեղ եղեւ զի որդի միամաւր կայսերն, այն իսկ զտանէր նորա զաւակ, անզեալ դնէր յախտս սաստիկ հիւանդութեան. ապա թագաւորն վասն աղաւթս առնելոյ ի վերայ մանկանն ստիպէր զուրբ կաթողիկոսն Հայոց զՆերսէս:

V

CONCERNING NERSES, CATHOLICOS OF ARMENIA, HOW HE WAS SENT BY KING ARSHAK WITH LORDS TO VALENS, EMPEROR OF THE BYZANTINES; HOW HE WAS EXILED; BUT HOW OTHER LORDS WERE RETURNED TO THE COUNTRY OF ARMENIA WITH GIFTS.

It became necessary to send [to the Byzantine empire a delegation] regarding the treaty of peace and unity between the land of Armenia and the emperor of Byzantium, organized greatly by the king of Armenia. The great Catholicos of Armenia, Nerses, and ten satraps of the grandees of Armenia went with him to renew the oath of agreement and peace between the emperor and themselves. They went and reached the imperial palace of the emperor of Byzantium.

In that period, the great emperor of Byzantium, Vaghes, was in the error of the Arian heresy.[13] At first, when the king saw them, he elaborately exalted them with very splendid glory. Now it happened that the emperor had an only child who had become severely ill, and the emperor pressured Armenia's blessed Catholicos Nerses to pray over the child.[14]

---

13 The Byzantine emperors during the reign of Arshak (350-367) were: Constantius (337-361), Julian the Apostate (361-363), Jovian (363-364), and P'awstos' favorite, Valens (364-378).

14 Nerses' lengthy denunciation of Arianism is omitted here.

Զայս ամենայն բանս, եւ որ ինչ այսմ եւ սմին ինչ նըր-
ման էին բանք, խաւսեցաւ սուրբն Ներսէս ընդ կայսերն, եւ
զայն յաւել եթէ յարէ յայսմանէ մինչ յաւուրս ինչգետասան
վասն ողորմածութեան բարերարութեանն վասն ներելոյն
անսացեալ քեզ, կէտ ժամանակաց այնչափ աւուրց ան-
սացեալ քեզ, եթէ ոչ ուղիդ եկեացես ի հաւատսն, նշան քեզ
այս լիցի. որ մինչեւ յայն աւր ի հաւատսն ոչ հաստատես-
ցիս, յետ լՈլոյ եղեալ կիտին մեռցի մանուկն. զի զիտասցես
եթէ հաւատարիմ է այս ամենայն, զոր խաւսեցայ առաջի քո:

Եւ իբրեւ լուաւ թագաւորն զայս ամենայն, զի մինչ
դեռ խաւսէրն առաջի նորա նա լուտ եւեթ կայր, ուտն զո-
տամբ արկեալ, արմունկն ի ծունգ եւ ձեռն ի ծնաւտի նս-
տաւ այնպէս, մինչեւ կատարեաց խաւսեցաւ զամենայն
զբանս իւր: Եւ գրէին զայս սեմիարք նոտարացի արքա-
յին, որք կայինն առաջի թագաւորին: Ապա մեծապէս ի
ցասումն բրդեալ լինէր թագաւորն, եւ տայր հրաման եր-
կաթի կապանաւք մեծապէս կապել զսուրբ եպիսկոպոսա-
պետն Հայոց զՆերսէս, եւ արկանել ի փիւղակէ. զի մինչեւ
տեսեալ ուշ ունիցի մանգանն, եթէ կեցցէ եթէ ոչ. ապա յետ
այնորիկ տեսցէ զինչ արժան իցէ առնել:

Իսկ զայն յիշխանաց որ ընդ սրբոյն Ներսէսի երթեալ
էին յերկրէն Հայոց, զնոսա բազում զանձիւք լցեալ արձակ
էր, կաշառակուրձ կաշառաւեկս առնէր առ հասարակ որ
միայն անդ էին. եւ բազում զանձս ուկլոյ եւ արձաթոյ, եւ
ականց պատուականաց ի ձեռն նոցա արքային առաքէր,
իբրեւ այնու կամէր հաճել զմիտս թագաւորին: Զի ոչ գոյր
չափ եւ ոչ թիւ, զի անհամար զանձս առաքէր արքային Հա-
յոց. գրէր առ նա զիր ամբաստանութեան զարբոյն Ներսի-
սէ, իբրեւ թէ սպան զորդի նորա: Եւ արձակեաց եւս
զպատնդանդսն զԱրշակունեհն թագաւորին Հայոց, որ կա-
յին եւս ի կայսերական պաղատանն. զի են նորա եղբաւ-
րորդիք արքային Արշակայ, զի միումն անունն ճանաչէր
Գնել, եւ միւսումն անունն Տիրիթ, եւս ի ձեռս սատրապացն
Հայոց, եւ զնոսա զայս աւրինակ անդուստ յուղարկէր:

Blessed Nerses said all this and then added: "[The Lord] because of His mercy and benevolence will hear you [atone] for the next fifteen days. He will allow you that much time and be patient so that you will become correct in the faith. Let this be a sign for you: if by that time you are not confirmed in the faith, the child will die so that you believe that what is being spoken is the truth."

While he was speaking, the king was entirely silent sitting with legs crossed, chin in hand, hand on knee. When [Nerses] was speaking, the royal stenographers who were in the emperor's presence were writing [down his words]. The emperor became infuriated and commanded that the blessed archbishop of Armenia, be firmly bound with iron shackles, thrown in prison and kept there while they noted whether the child would live or not, after which [the emperor] would decide what to do.[15] [The emperor decides to exile Nerses].

As for those princes who had accompanied the blessed Nerses from the country of Armenia, [the emperor] dispatched them loading them with much treasure. He blinded them all with bribes and sent them with much treasure of gold and silver and precious gems to king [Arshak], hoping thereby to please the king. For there was no limit to the treasure he sent to the king of Armenia. He also wrote a letter of accusation to him about the blessed Nerses saying that he had killed his son. He also dispatched the Arshakuni hostages of the king of Armenia who had been kept at the imperial palace. They were the nephews (brother's sons) of king Arshak, one named Gnel, the other, Tirit'. They were entrusted to the satraps of Armenia, and thus were they sent on their way.[16]

---

15 The child dies. We omit the translation of this section.
16 Chapters 6-10, which concern miracles and doctrinal matters, are omitted.

Յաղագս դարձի իշխանացն անդրէն յերկիրն
Հայոց, որք երթեալք էին առ կայսրն Վաղէս,
զի եկին դարձան առ տէրն իւրեանց Արշակ. եւ
կամ որպէս տրտմեալ թագաւորին Արշակայ
ընդ կայսրն, որչափ ինչ վնասեաց ապատական
կողմանց իշխանութեան թագաւորութեան
Յունաց:

Այսոքիկ են իշխանքն, որք չոգան ի թագաւորէն մեծէ Արշա-
կայ ի Հայոց աշխարհէն առ կայսրն Յունաց առ Վաղէս:
Ինքնին մեծ եպիսկոպոսապետն Հայոց Ներսէս.
Եւ մեծ նահապետն մամիկոնեան տոհմին, որում ա-
նուն Վարդան կոչիւր. եղբայր սա մեծի ստրատելատին Հա-
յոց որում Վասակն կոչէր, որ դայեակք եւ սնուցիչք էին թա-
գաւորին Արշակայ:

Եւ ընդ նմա Մեհեն նահապետն Ռշտունեաց,
եւ Մեհառ նահապետն Անձեւացեաց,
եւ Գարջոյլ Մաղխաց նահապետն Խորխոռունեաց,
եւ Մուշկ նահապետն Սահառունեաց,
եւ Դեմետ նահապետն Գնթունեաց,
եւ Կիշկէն նահապետն Բագէնից,
եւ Սուրիկ նահապետն Հրսիձորոյ,
եւ Վրկէն նահապետն Հաբուժենից.

Սոքա չոգան դեսպանութեամբ ի սէր միաբանութեան
առ կայսրն Վաղէս: Իսկ թագաւորն Վաղէս արգել աքսոր-
եաց զմեծ քահանայապետն Ներսէս, եւ փոխանակ սորա
արձակեաց զերբարորդիս զթագաւորին Արշակայ զԳնէլ եւ
զՏիրիք. եւ զաննա բազումս եւ անթիւ վասն զիստս հաճել
թագաւորին Արշակայ, ի ձեռս Վարդանայ եւ որք ընդ նմա
էին, առաքէր:

XI

THE PRINCES RETURN TO THE COUNTRY OF ARMENIA AND TO KING ARSHAK FROM THE BYZANTINE EMPEROR VAGHES. [THEY] HAD BEEN SENT PREVIOUSLY ALONG WITH THE PATRIARCH NERSES. AND HOW THE INDIGNANT KING ARSHAK OF ARMENIA CONDUCTED PUNISHING RAIDS INTO BYZANTINE TERRITORY.

[The following] are the princes who had gone to Vaghes, the emperor of Byzantium from the great king Arshak, from the land of Armenia:

The great archbishop of Armenia, Nerses himself,

the great nahapet of the Mamikonean tohm, named Vardan, the brother of the great stratelate of Armenia, named Vasak (they were the dayeaks and nourishers of king Arshak),

Mehen, the nahapet of Rhshtunik',
Meharh, the nahapet of Anjewac'ik',
Garjoyl Maghaz, the nahapet of Xorhxorunik',
Mushk, the nahapet of Saharhunik',
Demet, the nahapet of Gnt'unik',
Gishken, the nahapet of Bagenk',
Surik, the nahapet of Hesijor,
Vrken, the nahapet of Habuzhenk'.

These [individuals] went to the emperor Vaghes in an embassy [to confirm] affection and unity. But emperor Vaghes detained and exiled the great chief-priest Nerses, releasing in his place king Arshak's nephews (brother's sons), Gnel and Tirit'. [Vaghes] also sent much, inestimable treasure to placate the mind of king Arshak, entrusting this to Vardan and those with him.

Եկին հասին դեսպանքն երթեալք ի կայսերէն առ թագաւորն Հայոց մեծաց Արշակ, եւ մատուցանէին նմա գիրովարտակն կայսերն. եւ ընդ նմին գիր տրտնջելոյ եւ ամբաստանութեան։ Զի գրեալ էր կայսրն զրբոյն Ներսիսէ առ թագաւորն Հայոց Արշակ, թէ նա սպան զորդին իւր զմիամաւր, վասն այսորիկ արգելաւ աստէն. զի մի մեղադիր ինչ լինիցիս, ընկալ եւ զպատանեակուղ առաջի զարձակեալուղ զերկուսեան զեղբաւրորդիսղ Արշակայ, զԳնէլն եւ զՏիրիթն։ Ունէին եւ զանթիւ կարասի զանձուցն առաջի թագաւորին։

Իսկ թագաւորն Արշակ իբրեւ լուաւ եւ եւտես զայս ամենայն, անչնորհ առնէր զտալիսն եւ զբերելիսն կարասոյն։ Ի ցասումն մեծապէս բարկութեամբ ընդ կայսերն նիւթեաց, եթէ զիարդ իշխեաց, արգելոյլ զայնպիսի այր զմեծ եւ զպատուական, զգլուխս եւ զվարդապետ զառաջնորդ աշխարհի եւ զթագաւորութեան միոչ։ Քարինք բազումք, ասէ, ի վերայ կայսերն, եւ ձեր ի բերելդ. քարինք եւ մեր շատ կան ի թափել զատամունս նորա ի տալն. եւ ձեր ի բերելդ. զմեր վատթարութիւնս լո տարայց. արդ այդմ երախտեացդ ես դարձուցանեմ։ Տայր հրաման Վասակայ իւրում զաւրավարին զաւր ժողովել, զգունդս բովանդակել, եւ լանել հարկանել եւ աւար առնուլ զկողմանս Գամրաց։ Իսկ զաւրավարն սպարապետն Վասակ, վաղվաղակի զտունեալ հրամանս նորա կատարէր. զգաւրս բազումս իբրեւ զերկերպոյր եւ զվաթսուն հագարագ ի մի վայր կուտէր. հարկանէր աւար առնոյր զկողմանս Գամրաց մինչեւ ի քաղաքն յանկուրացինց. զվէց ամ զմիմեանց զհետ աւերէր զաշխարհի սահմանացն Յունաց։ Լցան աւարաւ բազմաւ եւ պէսպէս մեծութեամբ, բռնութեամբ սաստիւ մեծաւ թշնամութեամբ ընդ կողմանս ընդ այնոսիկ։

The emissaries who had left the emperor came to king Arshak of Greater Armenia presenting him with the emperor's hrovartak and with it a document of displeasure and accusation. For the emperor had written to Arshak, the king of Armenia, about the blessed Nerses, saying that he had killed his only son, and therefore had been arrested. "And so that you will not in any way blame us, accept the two freed hostages, the brother's sons of Arshak, Gnel and Tirit'." [The emissaries] also laid before the king countless treasures of wealth.

Now when king Arshak heard and saw all of this, he was ungrateful to the giver and to the bearers of the wealth. He was moved to intense anger against the emperor, [wondering] how he dared to detain a man [such as Nerses], great and honorable, the head, vardapet, and leader of the land and realm. He said: "[May] many rocks [fall] upon the emperor and upon you, the bearers. We too have many rocks with which to knock out your teeth and his. How can I stand this wickedness done to us? Now I will repay him for this favor." He commanded Vasak, his general, to assemble a force, to organize brigades, and to go and loot the Cappadocian areas. The general and sparapet Vasak immediately implemented the orders given him; he assembled in one place some 260,000 troops, and looted the Cappadocian areas as far as the city of Ankura. For six years, one after the other, he destroyed the land on the borders of Byzantium. They filled up with much loot and diverse sorts of greatness, visiting upon those areas violence with great, intense enmity.

ԺԲ

Յաղագս Խադայ եպիսկոպոսի
բագրաւանդացւոց, զոր էր ձեռնադրեալ եւ
թողեալ էր Ներսեսի եպեղապան յիւր տեղի.
եւ թէ որպիսի այր էր, եւ կամ որչափ նշանք
կամ զաւրութիւնք որ ի նմանէն լինէին, կամ
թէ որպէս կայր ի ճշմարտութեանն, եւ ոչ
առնոյր ակն թագաւորին մեծի Արշակայ,
եւ ընդդիմանայր եւս ընդդէմ նորա վասն
անաւրէնութեան գործոց ինչ. կամ որպէս խնամ
տանէր աղքատաց իբրեւ զեպիսկոպոսապետն
Ներսէս:

Այրս այս Խադ բուն էր սա ի Կարին գաւառէ, ի գեղջէ Մա-
րագայ. ձեռնասուն էր սա եպիսկոպոսապետին Ներսեսի,
զառաջեաւ իւրով զսա էր ս‍նուցեալ։ Այլ իբրեւ ի մտոս աջո-
րակս եբեր, եւ յառաջադէմ եղեւ ի հաւատս, եւ հաւատա-
րիմ յամենայն գործս զտաւ, իսկ իբրեւ յայնմ եւս առաւել
ի պաշտաւնն զոր ունէր զէրն ընդ եկեղեցին Աստուծոյ, ա-
պա աղքատաց եւս տեսչութիւն ի սրբոյն Ներսէսէ սմա հա-
ւատացաւ. իսկ յայնմ եւս առաւել զբարեխնամութիւն ցու-
ցանէր:

Ապա եպիսկոպոսապետն Ներսէս յորժամ երթայր յու-
դեղնացութիւնն յերկիրն Յունաց, ձեռնադրեաց զայս Խադ
յեպիսկոպոսութիւն Բագրաւանդայ եւ Արշարունեաց, եթող
զսա իւր փոխանակ եպեղապահ, եւ գնաց։ Իսկ աշխարհի ա-
մենայն Հայոց լեզուին, ի գաւառաց գաւառաց, կողմանց
կողմանց, տեղեաց տեղեաց մեծամեծք աշխարհակալք գա-
ւառատեարք նահապետք մեծազգեացք եւ ամենայն ուխտ
քահանայութեան, ժողովք միաբանական ժողովրդոցն, ի
սուգ տխրութեան ընկղմեալ էին վասն իւրեանց հաւտա-
պետ գլխաւորին, զի հեռացաւ ի նոցանէ:

184

XII

ABOUT THE BISHOP OF BAGRAWAND, XAD, WHOM THE PATRIARCH NERSES HAD LEFT IN HIS PLACE; WHAT SORT OF MAN HE WAS, THE SIGNS AND MIRACLES HE WROUGHT, HOW HE STOOD UP FOR TRUTH, AND IGNORED THE GREAT KING ARSHAK OF ARMENIA AND HOW HE REPROVED HIM FOR HIS IMPIOUS DEEDS; HOW HE LOVED THE POOR JUST AS DID THE PATRIARCH NERSES.

This man, Xad, was a native of the Karin district, from the village of Marag. He had been raised by the archbishop Nerses and nourished before him. He displayed mental quickness, prominence in the faith, in his position he was trustworthy in all things, especially displaying love for the Church of God. Then the blessed Nerses also entrusted him with superintendency of the poor. In this too he revealed his special consideration.

Now before the archbishop Nerses left on his journey to the country of Byzantium, he ordained this Xad into the episcopate of Bagrawand and Arsharunik'. He left him as his locum tenens and departed. Meanwhile the entire land of Armenian language was plunged into mourning over the loss of their shepherd and leader, who had left them: in the different districts and regions and areas, the grandees, holders of lands, lords of districts, nahapets, chiefs of the azgs, the entire covenant of the priesthood, and the united assembly of the people.

Իսկ սուրբն Խադ եպիսկոպոսն առ հասարակ աշ-
խարհի տայր հրաման ի պահս եւ յաղաւթս մտանել եւ ի
խնդրուածս, զի դարձ լիցի սրբոյն Ներսէսի։ Եւ զամենայն
ժամանակս, որչափ եւ արգելաւ նա անդ, համակ խնդրէին
պահաւք ժողովուրդքն. եւ ամենայնի իսկ Խադն առաջնոր-
դէր նոցա, ոչ ինչ պակաս քան զհրեանց բուն զհովուա-
պետն Ներսէս, մինչեւ ի զալուստն նորա. մինչեւ կատար-
եաց տէր զաշխարհի խնդրուածս, եւ դարձաւ սուրբն Ներ-
սէս ի տեղի իւր։

Զայնու ժամանակաւ Արշակ արքայ Հայոց ոչ ինչ կա-
րի ի ճանապարհ Աստուծոյ զնացեալ լինէր. զի որչափ ի
մատաղութեանն հասակին ըստ աստուածային իմաստու-
թեանն զնացեալ լինէր, նոյնչափ յաւազութեանն ի լկնու-
թեան ի շաղաշատութեան հատաւ. զոր զուրբ հովիւն Խադ
բազում անգամ յանդիմանեալ կշտամբէր, որում ոչ ինչ ան-
սացեալ լինէր։ Զայնու ժամանակաւ շինեաց իւր արքայն
դաստակերտ մի ի հովիտն անուանեալ ի Կոզ զաւառի։ Եւ
ետ հրաման ընդ ամենայն զաւառս իշխանութեան իւրոյ,
եւ հրամայեաց կարգել քարոզ ընդ ամենայն տեղիս աշ-
խարհիացն հրապարակին իւրոյ. եւ ամենայն կողմանս զա-
ւառաց իւրոց լի առնէր հրամանաւն արքունի, զի եթէ ոք
ումէք ինչ պարտիցի, եթէ ոք ուրուք ուստէք ինչ վնասեալ
իցէ, կամ ոք ումէք ինչ դատ պարտիցի, ամենեքեան եկես-
ցեն ի դաստակերտն շինեցցեն։ Եթէ արիւնահան ոք իցէ,
կամ վնաս ուրուք արարեալ իցէ, կամ զկին ուրուք տար-
եալ իցէ, կամ պարտապան իցէ, կամ ոք զուրուք կարասի
ունիցի, կամ ոք յումեքէ երկիւղած ինչ իցէ, եւ եկեսցէ յայն
տեղի, դատ եւ իրաւունք մի լիցին։ Իսկ եթէ ոք ումէք ինչ
պարտիցի, եւ որում պարտիցին եկեալ յայն տեղին, ա-
ռանց դատի եւ իրաւանց կալցին եւ ի դուրս տարցեն։

The blessed bishop Xad commanded the entire land to pray and supplicate [God] that the holy Nerses be returned to them. And the entire period that he was in detention, the people prayed for him with fasting. Xad led them in everything in no way inferior than their natural shepherd, Nerses, until his return, until the Lord fulfilled the requests of the land and returned the blessed Nerses to his place.

In that period Arshak, the king of Armenia, did not traverse the path of God, to any great extent. Just as in his childhood he had acted in accordance with divine wisdom, so to the same extent as an adult he was mired in debauched lewdness. Although the blessed shepherd Xad reprimanded and reproached [him] many times, he was ignored. In that period the king built himself a *dastakert*[17] in the so-called valley of the district of Kog. He issued an order throughout all the districts of his authority and had it preached in every public place in his lands (such that every place in his districts was full of the royal command), that if someone, anywhere, was guilty, or was liable to prosecution they might come to the dastakert and flourish. If they had shed blood, had committed a crime, had abducted a woman, or were guilty, had taken another's wealth, or were afraid of anyone, and if they came to that place there would be no lawsuit or adjudication. And if someone was in debt to someone else and the creditor came to that place, without trial or adjudication [the creditor] would be seized and expelled.

---

17 *dastakert:* estate.

Իբրեւ եւ հրաման յարքայէն, ժողովեցան այնուհետեւ յայն տեղի ամենայն գողք եւ աւազակք, արիւնահանք, սպանողք, սուտք եւ մարդելոյզք վնասակարք, զանձահատք, գրկողք, ստաղատք, գրախաւսք, զերփողք, յափշտակողք, ժլատք։ Բազում վնասս վնասս առնէին, եւ անդր անկանէին. բազում կանայք զարս թողուին, եւ անդր անկանէին. բազում արք զիրեանց կանայս թողուին, եւ զայլոյ կանայս առեալ անդ անկանէին. բազում ծառայք զիրեանց տերանց զգանձս ընբռնեալ, փախուցեալք անդր անկանէին. բազում աւանդառուք զաւանդս լի զպահեստս բարձեալ, անդ անկանէին. զերփէին աւերէին զերկիրն ամենայն։ Զի թէպէտ եւ կարի յոյժ բազմացաւ աղաղակն, դատ չկայր, եւ իրաւունք ումեք յարքունուստ ոչ ելանէին։ Վասն այսորիկ ամենայն մարդ հառաչելով վայէին, եւ ասէին ի հաւանել բանիցն իրեանց. այս բանք ըստ այսմ աւրինակի պաշտէին, առ հասարակ ամենեցուն ասելով թէ իրաւունք մեռան, եւ վասն այսորիկ ոչ գտանէին. այլ թէ էր, եւ կորուսեալ էին, ուր եւ էր զանայաք խնդրէաք գտանէաք։

Իսկ տեղին աւանանայր, քաղաքանայր. մեծացաւ բազմացաւ եւ ելից զհովիտն ամենայն։ Ասպա տայր հրաման արքայն Արշակ դնել անուն դաստակերտին յիւրակից անունն Արշակաւան. եւ շինեցին եւս անդ ապարանս արքունի։ Եւ յայսմ հետէ ոչ ինչ երկնչէին ի տեառնէ ամենեւին. եւ ամենայն մարդ գրկեալ էր իրաւքն այնոքիւք, եւ բազմաց կառաչ աղաղակի տրտնջելոյն յաճախեալ բազմանայր։ Վասն որոյ բազում անգամ ընդդիմանայր նմա եւ յանդիմանէր սուրբն Խադ եպիսկոպոսն. մանաւանդ յորժամ ստիպէին զնա, թէ եկ ուղղեա սեղան յեկեղեցւոջն յաւանն յԱրշակաւանն։ Իսկ նա բազում անգամ կշտամբէր եւ յանդիմանէր զթագաւորն Արշակ եւ զամենայն մեծամեծս եւ ցիշխանս։ Բայց եւս, ասէ, եւտեղապահ եմ. եւ ոչ ինչ առանց այնորիկ, որ թողն զիս հայրն, ունիմ իշխանութիւն գործել ինչ։

When the royal command had gone forth, there assembled at that place all the thieves and brigands, shedders of blood, killers, liars and harmful seducers, stealers of treasures, dispossessors, false-testifiers, [false] accusers, plunderers, ravishers and covetous people. They had worked many different crimes, and then fled there. Many women left their men and fled there; many men abandoned their women and fled there; they took other women and fled there; many servants seized the treasuries of their lords and fled there; many depositories took reserves filled with deposits and fled there; they plundered and ruined the entire country. Although the outcry was very great [against it], there was no [law]suit, and the court did not defend anyone's right. Consequently everyone was sighing and lamenting, saying: "Rights have died, and as a result cannot be found. If they had existed and were lost, we would search for them wherever possible and seek to find them."

Now that place became an awan and a city and became so large that it filled the entire valley. Then king Arshak ordered that the dastakert should be named after himself, Arshakawan. They also built a royal mansion there. After this, no one feared his lord at all. Everyone felt dispossession, and cries of sadness increased. As a result of this, the blessed bishop Xad often reproached and reprimanded him, especially when [Arshak] pressured him to "Come, erect an altar in the church at the awan of Arshakawan." But [Xad] frequently chided and reprimanded king Arshak and all the grandees and princes. He said: "I am a locum tenens, and have no authority to do anything without [my] father [Nerses] who left me here."

Ապա կամեցեալ Արշակ թագաւորն պատուաւ եւ ազահութեամբ կարասյն մեքենայիւ խաբել զսուրբ եպիսկոպոսն Խադ, բազում ոսկի եւ բազում զանձս արծաթոյ, եւ բազում նժոյգս զարքունական ձիոյ արքունի աւճառովք, ոսկիվարաւանդ ապրումվն, տայր նմա. պատրել հաճել գմիստ նորա, յինքն յանգուցանել։ Իսկ նա զկարասին, զոր առնոյր յարքայէն, յանդիման նորա աղքատաց բաշխէր. եւ զյանդիմանութիւնն ոչ ինչ թուլացուցանէր, մինչեւ հրամանն տայր հալածել զեպիսկոպոսն Խադ ի բանակէ անտի։

Իսկ նա առ շրջել ընդ աշխարհն, կարգել եւ խրատել, ուսուցանել եւ դարմանել զաղքատսն, որպէս էր նմա յանձն արարեալ սրբոյն Ներսիսի, եւ իր գնացեալ։ Բազում նրշանք եւ արուեստք եւ զաւրութիւնք բժշկութիւնք հիւանդաց լինէին ի ձեռս նորա. բազում յոյժ առնէր սքանչելիս մեծամեծս։ Բայց իբրեւ պաշտէր զաղքատսն, եւ սպառէր թափէր զամէնային յուրանս եւ զնորամանս եւ զմառանս գինւոյն, եւ զկարասս ամէնայն մառանացն տայր բաշխել աղքատացն, երթայր յայլում աւուր տեսանէր լցեալ ինքնին իբրեւ ի հրամանէ Աստուծոյ. եւ դարձեալ աւր ըստ աւրէ մատակարարէր աղքատացն, եւ այնմ ստէպ ստէպ լցեալ լինէր։

Այսպիսի սքանչելիք մեծամեծք լինէին ի ձեռն առնս այտորիկ. էր սա զամանալի անուանի եւ հոյակապ ի մէջ ամենայն Հայոց. շրջէր խրատէր եւ ուսուցանէր զեկեղեցիս Հայոց ընդ ամէնայն տեղիս իբրեւ զիւր վարդապետն զՆերսէս։ Բայց ի ժամանակեան միոջ եկին գողք, եւ գողացան զեզինս եկեղեցւոյն սրբոյ զխադայ եպիսկոպոսին, առին եւ գնացին։ Իսկ ի միում աւուր աչք կուրացեալ եղեն գողոցն, եւ ինքեանք յանիմաստս առ խարխափիս եկին ածին ի դուրս սրբոյն Խադայ զամէնային եզինսն։

But king Arshak wanted to capriciously deceive the blessed bishop Xad with honor(s) and through greed for wealth. He gave him much gold, many treasures of silver, many steeds from the royal horses, with royal ornaments and silk worked with gold, to deceptively placate him and win him over. But the wealth which [Xad] took from the king, in his presence, he distributed to the poor. Nor did he lessen the reprimands until [the king] ordered that the bishop Xad be expelled from the *banak*.

Now [Xad] circulated throughout the land, arranging, advising, teaching and providing for the poor as the blessed Nerses had told him to. Many signs of powerful healing of the sick were done by his hands, and he accomplished very many very great miracles. But as he aided the poor and emptied and spilled all the new vessels and store-rooms of wine belonging to the apostates, dividing up all the vessels of the store-rooms among the poor, he would go the next day and see them all filled, as if by God's command. Again, each day he would serve the poor, and [the vessels] were always refilled.

Thus were the very great miracles accomplished by this man. He was wonderfully renowned and magnificent throughout all of Armenia. He circulated about advising and teaching the churches of Armenia, everywhere just like his *vardapet* Nerses. However, once thieves came and stole oxen [belonging] to the church of the blessed bishop Xad. Now the next day the thieves' eyes were blinded and they, without knowing it, gropingly came and brought all the oxen to the blessed Xad's door.

Իսկ ինքն սուրբն Խադ ելեալ տեսանէր զնոսա, եւ գոհանայր զտեառնէ որ այնչափ վերակացու եւ այցելու ե֊ դեւ հաւատացելոց իւրոց։ Կայր յաղաւթս եպիսկոպոսն Խադ, եւ բժշկէր զաչս գողոցն. եւ հրաման տայր լուանալ զանձն նոցա, եւ դնէր ճաշ առաջի նոցա, եւ քաշ ուրախ առնէր զնոսա մեծապէս։ Ապա աւրհնէր զնոսա, եւ տայր նոցա զեզիննան զոր իւրեանգն էր գողացեալ, եւ արձակէր զնոսա զիւրեանց ճանապարհն, եւ զնացին։ Այսպէս բա֊ գում համբերութիւնս յամենայն գործս իւր ցուցանէր, եւ բագում առնէր նշանս եւ զքանչելիս։ Եւ էին նորա երկու դատերք. եւ ետ զմինն Ասրկոյ ումեմն կին. զկնի անէրոյն իւր նա կալաւ զաթոռն Խադայ։

Then the blessed Xad himself went outside and saw them, thanking the Lord Who had been so watchful as to visit His believers. Bishop Xad prayed and healed the thieves' eyes. He ordered that they wash and he placed a meal before them, and greatly gladdened them. He then blessed them, gave them the oxen they had stolen, and released them. Thus did he display great patience in all his affairs, working many signs and miracles. [Xad] had two daughters. He gave one of them in marriage to a certain Asurk who, after [the death of] his father-in-law, held the throne of Xad.

ԺԳ

Յաղագս որ ինչ իբրեւ դարձաւ սուրբ
կաթուղիկոսն Ներսէս յերկրէն Յունաց, թէ
որպէս կշտամբէր զարքային. կամ որպէս
լինէին նշանք անագինք ի վերայ աւանին
Արշակաւանի, եւ սատակեցան առ հասարակ
յանկարծաւրէն ամենայն բազմութիւն մարդկան
որք յայնմ տեղւոջ էին:

Այլ իբրեւ սատակեցաւ կայսրն, դարձան ամենայն հովիւքն
եպիսկոպոսքն որք ապստեալք էին, եւ կեցեալք էին յիւրա-
քանչիւր քաղաքս: Յայնժամ դարձաւ եւ սուրբ կաթողիկոսն
Ներսէս յանապատ ի կղզւոյ անդի, ուր էր զնոսա արգելեալ.
եւ համաշխարհի էին խնդրուածք. միւսանգամ աշխարհի
շնորհեցաւ: Իբրեւ եկն յաշխարհն Հայոց, ընդ առաջ երթա-
յին նմա ի գաւառաց գաւառաց եպիսկոպոսք հանդերձ
իւրաքանչիւր ժողովրդովք, եւ նախարարք ամենայն եւ ա-
մենայն գաւառակալք: Եւ բերէին առաջի նորա զիւրաքան-
չիւր հիւանդս, եւ բժշկէր զնոսա. ուր եւ բազում իսկ եւ կարի
յաճախէր զողութիւն ի փառս Աստուծոյ. եւ ամենայն մար-
դիկն առ բազում զուգ հովուապետին համարէին զանձինս
իւրեանց թէ ինքեանք իբրեւ զնոսա ի գերութենէ դարձեալ
իցեն:

XIII

THE RETURN OF THE BLESSED
CATHOLICOS OF THE ARMENIANS, NERSES,
FROM BYZANTIUM; HOW HE REPRIMANDED
ARSHAK, THE GREAT KING OF THE
ARMENIANS; THE BLOW THAT GOD
DELIVERED TO THE AWAN CALLED
ARSHAKAWAN, AND HOW THE ENTIRE
MULTITUDE OF PEOPLE GATHERED IN
THAT PLACE PERISHED SUDDENLY.

When the emperor perished, all the shepherding bishops who had been exiled returned and dwelled in their own cities. At that time the blessed Catholicos Nerses returned from the desert island where he had been detained. The entire land which had been requesting [his return] was favored with him again. When he returned to the land of Armenia there went before him the bishops of all the districts with their people, all the naxarars, and all the holders of districts. They brought before him all of their sick and he healed them, for which they gave thanks and glory to God. All the people so loved this shepherd that they felt as though they themselves had been returned from captivity with him.

Եւ առնէին ուրախութիւն բազում հոգեւորս մեծաւ գն-
ծութեամբ: Համաշխարհի ամենայն ոք իրաքանչիր տեառն
Աստուծոյ զեղեալ ուխտս կատարէին, որ ի վերայ հոգեւոր
զանձին հայրապետին որ առաւ նոցա. եւ կատարեաց նոցա
զխնդրուածս նոցա, եւ զորբութիւն սրտառութեան անձան-
ցն սրտկեղ ցաւոցն սրտաբեկութեանն, միասանգամ սիրով
զթով վարդապետութեամբ հոգեւոր հարբն մխիթարեաց
զամենեսեան: Ամենեքեան ի դմէ տրտմութենէն զուար-
թացեալք, յուրախութիւն դառնային: Ինքն իսկ թագաւորն
Արշակ երթայր ընդ առաջ նորա, մինչեւ ի կողմանս Բաքա-
սերոյն, եւ անդի մեծաւ զուարթութեամբ դարձան: Եւ սկր-
սան նորոգել եւ պայծառանալ վարք աշխարհի եւ կարգացն
եւ աւրինացն եկեղեցեացն:

Այլ իբրեւ եկն հայրապետն Ներսէս ի Հայս, ի վերայ
հասանէր իրրում եւտեղապահին սրբոյն Խադայ, զի էր
կացեալ ի ճշմարտութեան եւ յուղղութեան, եւ զնացեալ էր
զճանապարհս տեառն Աստուծոյ, եւ ոչ էր թիւրեալ յաջ
կամ յահեակ, բազում զոհութիւնս մատուցանէր Աստուծոյ,
զի զխազդ զհոգեւոր որդեակն իւր եզիտ ըստ կամացն որ-
պէս ինքն կամէր. զնա անձկով տեսանէր: Այլ յորժամ լսէր
ի Խադայ զամենայն զանաւրէնութիւնն չարութեանն ծուռ
զնացիցն թագաւորին, տրտմէր լայր ողբայր եւ կոծէր մե-
ծամեծ հեծեծանաւք. մանաւանդ վասն քաղաքին Արշակա-
ւանին, զի անաւրէնութեամբ եւ չարութեամբ եւ յափշտա-
կութեամբ շինեցաւ բազում մեղաւք:

There was much animated rejoicing. Everyone in the land fulfilled their oaths made to the Lord God so that the spiritual treasure and patriarch who had been established for them, would return. And [God] fulfilled their requests, their painful orphanhood he dispelled, and again consoled them through their kindhearted father's doctrine. All became joyful and their dismal sorrow was replaced with happiness. Even king Arshak went out to meet him, as far as the Bak'aser areas, and thence with great gladness they returned. And the morals of the land, the orders and precepts of the churches began to be renewed and to shine.

Now when the patriarch Nerses came to Armenia, he evaluated his locum tenens the blessed Xad, [and observed] that he had stood for truth and propriety and traveled the path of the Lord God, straying neither to the right nor to the left. [Nerses] offered many thanks to God that he found his spiritual son Xad [had acted] as he had wanted, in accordance with his wishes. He found him as he wished. But when Xad told him about all the impieties and the crooked path of wickedness that the king had traveled, he was saddened and mourned and wept, lamenting with excess and with very deep sighs. [He was concerned] especially about the city of Arshakawan, since it had been built with impiety, wickedness, ravishment, and many sins.

Ապա սուրբ հայրապետն Ներսէս մտանէր առ թագաւորն, խաւսէր ընչ նմա եւ ասէր եթէ Ընդէր մոռացար գ-տէր, եւ թողէր զպատուիրանս նորա. զրարիչն որ զա-մենայն յոչնչէ արար, որ հայրն է որբոց եւ դատաւոր այր-եաց, որ վասն մեր էջ յաղքատութիւնս, որ ոչ թողու զաղ-քատս ի ձեռանէ, այլ իւրով մարդասիրութեամբն բուծանէ զնոսա. այլ Աստուած դատաւոր արդար եւ հզաւր եւ երկայ-նամիտ որ ամենայն տառապելոց ունկնդիր է, եւ զարհա-մարհանս ուրուք ի յանձն ոչ առնու։ Եւ զիարդ կամ եւ դու ընբռնեցար արհամարհել զնորա զպատուիրանսն. ոչ հայ-րն քո վասն այսր ամբարշտութեան ի կորուստ մատնեցաւ։ Արդ դու տակաւին չլիշեցեր զնա, որ ոչն յիշեաց զմեղս հայրն քո, եւ եւս քեզ զտեղի ունել, այս ինքն զաթոռ եւ զթագ հայրն քո. եւ սկսար անարհինել առաջի տեառնն Աստուծոյ քո, եւ զամբարշտութիւնս եւ զանաւրէնութիւնս եւ զնա իրա-ւութիւնս կարի ի նմանութիւն սողոմացւոցն պարծանաւք յայտնապէս պատմել։ Եւ երկիր առ հասարակ լան եւ վա-յեն զրկութեանցն զյափշտակութեանցն, որովք դու կամեցար մեծանալ. եւ ոչ յացեցոյց զքեզ մեծ եւ բազում թագաւորու-թեանցն յոփութիւնքն, զոր եւն քեզ տէր ամենայնի Քրիս-տոս:

«Արդ լուր ինձ զոր ասեմս քեզ, եւ արա զնա զի մար-թասցես շահել զանձն քո, եւ ապրեցուցանել զքեզ ի բար-կութենէ անտի Աստուծոյ. եւ մի թշուառական աշխարհս Հա-յոց Յաղագս քո կորիցէ։ Այլ եւս տեսի տեսիլ, զի կորուստ եւ քանդումն յուզեալ խաղացեալ գայ ի վերայ կորստա-կան աշխարհիս Հայոց այսորիկ։ Արդ հրաման տուր ի բաց քակել զտեղին զայն, եւ ցրուեա զմարդիկն զոր ժողովեցեր, զի երթիցեն ցրուեսցին սփռեսցին յիւրաքանչիւր տեղիս, եւ երթիցեն տացեն իրաւունս ում զինչ եւ պարտիցին. զի մի դու ի խորս չարեաց բարկութեանն անգանիցիս կորիցես:

So the blessed patriarch Nerses went to the king and spoke with him, saying: "Why have you forgotten the Lord and abandoned His commandments, the Creator Who created everything out of nothing, the Father of orphans and the judge for widows, Who for our sake descended into poverty, Who does not abandon the poor but in His humanity has nourished them? God is the righteous judge, the mighty, the broad-minded Who heeds all the downtrodden and accepts no contempt. How and why did you dare to scorn His commandments? Was your father not betrayed into ruination for such impudence? But you still have not remembered Him Who did not recall the sins of your father, but placed you in his position, that is [granting] you your father's throne and crown. But you have begun to be impious before the Lord your God and dare to openly boast as you relate your impudence, impiety and injustice so like that of the Sodomites. The entire country is weeping and lamenting for those dispossessions and ravishments by which you wanted to grow great. You were not satiated by the great and extensive abundance of the realms given to you by Christ, the Lord of all.

"Now heed what I tell you and do it to try to preserve yourself and spare yourself from the wrath of God. Let not the wretched land of Armenia be lost because of you. For I have seen in a vision that destruction and demolition is about to come over the ruined land of Armenia. Now command that place [Arshakawan], be completely demolished, and that the people whom you assembled be dispersed to their own places, and that each return what he owes, so that you will not be plunged into the depths of wicked anger and be destroyed.

«Եւ վասն մեղացն զոր գործեցեր, հրաման տացուք ամենայն աշխարհի ընդ քո ի պահս եւ ի խնդրուածս լինել, եւ մեք հանդերձ քեզ յապաշխարութիւն մտցուք. ո գիտէ, թողու տէր զքո զայդ զանհնարին զմեղսդ գործեալ: Եթէ տեղւոյն ինչ կարի այդչափի ցանկացեալ ես, ես ինքն ինձէն զնա արդարութեամբ շինեցից, եւ չեն կալայց առաջի քո:»

«Իսկ թագաւորն ծաղր առնէր զբանսն կաթողիկոսին, եւ մկթայր զնորա զասացելովքն: Իսկ նա միւսանգամ բարկացեալ, կրկնեալ ասէ. Գիտես, ով թագաւոր. վասն այսր ամենայնի ասացեալ է կանխասացութեանն ամենայն բերանովք մարգարէից, եթէ «Վայ որ շինէ զտուն իւր եւ ոչ արդարութեամբ, եւ զվերնայարկս իւր եւ ոչ իրաւամբք». եթէ «Յառակ աղցին ողբքն, եւ ասասցեն եթէ վայ որ ազահեցէ զազահութիւն անձին իւրում, որ ոչ է իւր. զի եթէ տունք զեղեցիկք իցեն եւ մեծամեծք իցեն, սակայն յաւեր դարձին. զի մի ոք բնակիցէ ի նոսա մարդ, այլ ճարակ հաւտից լիցի, եւ դաղարք զազանագ եւ որջք զազանագ եւ որջք բորենից եւ ճազարաց եւ աղուեսուց, բոյն խորդող եւ ազրաւուց, եւ անդք սահմանակցաց. վասն այդորիկ աւերեսցին գործք ձեռաց քոց եւ մի շինեսցին, եւ միանգամայն սատակեսցին ամենայն անաւրէնքն բնակեալքն ի նմա. եւ եղիցին դաղարք եզանց եւ ճարակք ցոյց, եւ աղուէսք մուտ եւ ելս խաղասցեն յարկս նոցին. եւ մի շինեսցին, եւ մի եւս բնակեսցեն, մինչեւ գյաւիտեան»:

Եւ զայս ամենայն խաւեցաւ հայրապետն Ներսէս, եւ զնացեալ ի թագաւորէն ելեալ շրջէր ընդ զաւառս զաւառս աշակերտութեան ուղղել կարգել եւ հաստատել զեկեղեցիսն յամենայն զաւառս Հայոց: Եւ յետ երից աւուրց անգանելոյ բանիցն ասացելոց ի վերայ, որ խաւեցեալ եղեն ի բերանոյն երանելոյն Ներսէսի, մատնեաց տէր զգեւդաբաղաքն զԱրշակաւանն ի ձեռս հարուածոցն: Եւ սկսաւ հարկանել զոր չարակէղն իմն կոչեն, իսկ կէսքն ժանդ անուանեն. ելաներ ի վերայ մարդկանն եւ անասնոցն:

"As for the sins which you have committed, we will command all the land to fast and supplicate for you and we shall enter into atonement with you. Who knows, maybe the Lord will forgive the unbelievable sins which you have committed. If you are so desirous of having that place [Arshakawan], I myself will [re]build it with justice, and keep it flourishing before you.

"Now the king ridiculed and scoffed at the Catholicos' words. But [Nerses] becoming even angrier, repeated: "Know, oh king, that all this was prophesied by the prophets of God, saying: "Woe is him who builds his house, not with justice, and constructs the upper story not with right," and "They will lament, saying, woe to him who greedily seizes what is not his, for if they be beautiful and very great houses, they will turn to ruin, and no human will dwell in them. Rather, they will be pasture for flocks, resting places for beasts, dens for wild animals, lairs for hyenas, rabbits, and foxes, nests for cranes and ravens, and fields for sowing. Thus will the works of your hand be ruined, and not be [re]built, and all the impious inhabitants will perish in them. They will become resting places for oxen, pasture for onagers, and foxes will enter and exit their floors. They will not be [re]built nor inhabited for eternity."

So spoke the patriarch Nerses. He left the king and went and circulated throughout the districts teaching, arranging, correcting and confirming the churches in all the districts of Armenia. Three days after the venerable Nerses had spoken these words the Lord subjected the town of Arshakawan to misfortunes. Ulcers, or what others call pestilence, started to afflict [the inhabitants] appearing on people and animals.

Ոչ աւելի եղեւ հարուածոցն ի վերայ նոցա քան զերիս աւուրս յերկարեցաւ, զի անմարդեցաւ. քան զքսան հազարք սատակեցան երրք մարդկան, ոչ մնաց ի նոցանէ եւ ոչ մի. զի առ հասարակ սատակեցան կոտորեցան յանկարծաւրէն քանդեցան. զի միահաղոյն եկն սատակումն ի վերայ նոցա:

Եւ յետ այսորիկ ինքնին թագաւորն ելանէր ի խնդիր հայրապետին Ներսէսի. եւ գտեալ խնդրէր ի նմանէ, զի մատուցէ աղաւթս վասն նորա, զի մի զուգէ եւ նա սատակեսցի, քանզի կարի զարհուրեալ էր: Ապա խաւսել սկսանէր եպիսկոպոսապետն Ներսէս ընդ թագաւորին, եւ ասէր. Զի այժմ յաշխարհիս յայսմիկ, վասն զի արդարք եւ մեղաւորք զոյգ հասարակ խառն են, վասն արդարոցն խնային մեղաւորք առ ժամանակ մի եւ ապրին, եւ յերկարին յաշխարհիս վասն նոցա կենացն եւ նոքա ի պատճառս նոցա: Զի որոմն սերմանեալ թշնամւոյն ի վերայ սուրբ բուսոյն սերմանն ցորենոյն, ընդ նմին զոյգ հասարակ բուսեալ են. խնային վասն ցորենոյն սրբութեան եւ բոյս աղտեղութեանն որոմնն. զի մի զուգէ մինչ զցորումնն քաղհան արարեալ խլիցեն, խլիցի ընդ նմա եւ ցորեանն: Վասն այնորիկ առ ժամանակս վայելեն ի դարմանոյ ցորենոյն եւ որոմն ընդ նմին ի ցաւղս եւ յանձրեւս եւ յոռոգմունս, եւ ի ջերմութիւնս խառակեալ եւ ի հեշտ արեւս արեգականն: Այսպէս այս լինի մինչեւ ի ժամանակս հնձոց, մինչեւ եկեսցէ ժամանակն յորժամ հնձեսցի ցորեան արմտեացն. զայն ի շտեմարանս արքայութեանն ժողովեսցեն, եւ զորոմն յայրումն յափիտենական հրոյն. որ է ինքն հունձք կատարած ժամանակաց, յորժամ Որդին Աստուծոյ եկեալ հասանիցէ, եւ տացէ հրամման երկնաւոր մշակացն ընդ նմա իջելոց ի վերուստ ի զերեզմանացն հնձել զամենայն անջեզեալսն յարուցեալս: Արդ այնուհետեւ ընդրութիւն առնիցէ. զարդարսն նման ցորենոյ ընդ ինքեան յարքայութիւնն իւր ընդունիցի, եւ զմեղաւորսն որոման նմանեալս յանշէջ ի յափիտենական ի հուրն հրամայիցէ արկանել:

These tribulations were visited upon them no more than three days, until [the city] was devoid of people. Of 20,000 households not a single person remained alive. For they all perished and were destroyed suddenly, and death was general.

After this the king himself sought out the patriarch Nerses. Finding him, [Arshak] requested that he offer prayers for him lest he too perish (for he was quite terrified). Then the archbishop Nerses began to speak with the king, saying: "Because the righteous and the sinners are mixed together in this land, the sinners are temporarily spared because of the righteous. It is because of the righteous that the lives of the sinners are prolonged in this land. Just as the weed, sown by the enemy in the midst of clean grain, grows together with it and is spared (so that in plucking out the weed the grain is not also pulled out), so the weed, as the grain is temporarily nourished by the dew, the rain, irrigation, warmth, and the bright light of the sun. So it will continue until harvest time when the harvest of grain is reaped and gathered into the granaries of the Kingdom, while the weed is thrown into eternal fire and burned. This reaping takes place at the end of time when the Son of God will come and will order the heavenly *mshak*s [cultivators] who descend Him, to harvest all those who have reposed in the grave and [at that time] come forth. Then will He choose. The righteous, like the grain, He will take with Him to the Kingdom while the sinners, like the weed, He will order cast into the eternal inextinguishable fires.

Արդ այժմ ժամանակն հնձոց չեւ եւս էր, դու կանուխ քաղահան որմանն ի ցորենոյն արարեր, եւ կանուխ զորմանն ի մի վայր առանց ցորենոյն ժողովեցեր. վասն այդորիկ յայնժամ կանխեաց հուրն, անխնայ յարձակեցաւ այրել, զամենայն որմանն ի մի վայր ժողովեալս ի միում վայրի գտեալս միահաղոյն վառճանեաց։ Այլ այր դու, տես զանձն քո, զի մի եւ դու կորիցես, եւ աշխարհս վասն քո։ Իսկ թագաւորն ի գուճս հարեալ, մեծաւ աղաչանաւք եւ բազում աղաւթկերաւք աղաչէր թագաւորն հաշտել ընդ նմա. եւ եղ ուխտ, զի այլ ոչ եւս երբէք անցցէ զբանիւք նորա։

"Now you, even before the harvest has begun, weeded the tares from the grain, and prematurely gathered them without the grain. And so prematurely the fire came and destroyed the weeds which were gathered together. But beware lest you and this land be destroyed on your account." The king, on bended knees, beseechingly requested that [Nerses] be reconciled with him, and he made a vow that he would never again deviate from [Nerses'] word.

ԺԴ

Յաղագս Հայր մարդպետին, յորժամ եկն
էջ ի գաւառն Տարաւնոյ եթէ զիարդ եկն եւ
ի տեղի աղաւթիցն Աշտիշատ, կամ զիարդ
դատապարտեալ զնաց անտի յիւրոյ բերանոյն ի
խաւսիցն. կամ զիարդ անկեալ, մահուն պարտ
եղեալ, սատակեցաւ ի Շաւասպայ Արծրունւոյ:

Եւ էր մարդպետն Հայր այր չար եւ ժանտ բարոյիւք, անաւ-
րէն եւ անիրաւ քան զառաջին Հայր անուն մարդպետսն:
Սա կուտորեաց զամենայն ազգս նախարարացն ի ժամա-
նակս թագաւորութեանն Տիրանայ արքայի. եւ սոյնպէս առ
թագաւորութեամբն Արշակայ եւս չար քան զառաջինն գոր-
ծել չար առ ամենայն մարդ: Արդ եղանէր սա շրջէր ընդ
մարդպետութիւնն իւր. ապա եկն էջ Հայր մարդպետ ի գա-
ւառն Տարաւնոյ ընդ իւր զեւղսն տեսանել:

Զայնու ժամանակաւ սուրբն Ներսէս շրջէր ընդ իւր
ձեռական իշխանութիւնսն. զի հնգետասան գաւառ զայն ձե-
ռական իշխանութեան ունէին իբրեւ սեպհական ի բնէ, ա-
ռանձին առօշոգի նոցա էր կարգեալ: Եւ յայն գաւառ գլխա-
ւոր գաւառք այս էին.

Այրարատ,
Դարանաղէ,
Եկեղեաց,
Տարաւն,
Բզնունիք,
Ծոփք,

XIV

CONCERNING THE MARDPET HAYR WHO CAME DOWN FROM THE DISTRICT OF TARON, WENT TO THE PLACE OF PRAYERS IN ASHTISHAT, AND DEPARTED THENCE CONDEMNED BY THE WORDS OF HIS OWN MOUTH; HOW SINCE HE DESERVED TO DIE HE WAS DONE AWAY WITH BY SHAWASP ARCRUNI.

Now the mardpet Hayr was a man more wicked and morally foul, more impious and unjust than the previous mardpets, styled Hayr.[18] It was he who destroyed all the azgs of naxarars in the period of the reign of king Tiran; and similarly, during the reign of Arshak, he committed even more evils toward everyone than anyone [had]. Now he went and circulated about his mardpetut'iwn, and Hayr mardpet descended into the district of Taron to see his villages.

At that time the blessed Nerses was circulating about his own [area] of authority. For they held those fifteen districts under their rule as their own, as was natural; they had been stipulated as theirs privately. And the principal of those districts were as follows:

Ayrarat,
Daranaghe,
Ekegheac',
Taron,
Bznunik',
Cop'k',

---

18 *Hayr:* "Father".

եւ որ ընդ մէջ նոցա եւ որ շուրջ զնոքաւք։ Եկն էջ եւ Հայրն մարդպետ զիւրով իշխանութեամբն շրջել. ապա եկն եւ սուրբ կաթողիկոսն Ներսէս յառաջին տեղին, ուր նախ էր զեկեղեցին շինեալ ի Գրիգորէ, եւ զվկայարանն սրբոցն զվկայիցն. եւ անդ գլիշատակս սրբոցն կատարէր։ Ապա դէպ եղեւ անցանել Հայր մարդպետին առ տեղաւքն, ցանկացաւ ելանել ի սուրբ տեղին Աշտիշատու կալ յաղաւթս, եւ առնուլ ողջոյն ի սրբոյ եպիսկոպոսապետէն Ներսեէ։ Ապա իբրեւ կային յաղաւթս, եւտուն ողջոյն. հրաման տայր սուրբ հայրապետն Ներսէս, եկելոցն ճաշ պատրաստել։ Եւ մինչ դեռ նոքա պատրաստէին ինչ ըստ նմա արժանի ա֊ լագաւրէն սպաս, նա ելանէր յեպիսկոպոսական կայեանն յապարանիցն մինչեւ ի վկայարանս սրբոցն. ի մեծ եւ ի գե֊ ղեցիկ հրապարակին զերթեւեկս առեալ շրջէր զճեմս առ֊ եալ։ Ապա տեսանէր զգեղեցկութիւն վայրացն, զնիստ շր֊ ջեղութեան ի բարձրաւանդակ տեղեացն եւ զնայեացն ի խոնարհի, զի կարի վայելուչ էր տեղին. եւ ցարակնեաց։

Ապա եմուտ բազմեցաւ յուտել եւ ըմպել։ Իսկ յորժամ արբեցաւ սխաղակեցաւկ, սկսաւ ներքինին խաւսել բանս հպարտս եւ ամբարտաւանս յարբելեաց. դնէր թշնամանս Տրդատայ արքայի, ի մեռալս եւ կանդանեացն ի կեանս, ազգի եւ տակի եւ տոհմի արշակունեաց թագաւորացն Հայոց։ Զիարդ, ասէ, զայսպիսի տեղիս կանանցահանդերձ մարդկան տուեալ է, եւ ոչ առանց։ Եւ զսուրբ տեղեաւքն քամահեալ արհամարհէր, եւ ասէր եթէ զայս տեղիս ի բաց քակեմք, զի աստ պարտ է շինել զապարանս արքունի։ Եւ թէ ես Հայր մարդպետ կենդանի իցեմ եւ առ թագաւ֊ րաւն հասից, ասէ, որ ինչ աստ իցէ, զայն ի բաց փոխե֊ ցից. եւ որ աստ իցեն, զնոսա հանից, եւ զտեղիս արքունի սենեակ կացմեցից։

and what was within and around them. Now when Hayr mardpet went to circulate about his principality, the blessed Catholicos Nerses had also gone to that foremost place where Gregory had built the first church and the tombs of the martyrs to perform the memorial [services] for the saints. It happened that Hayr mardpet was crossing those places and wanted to go to the blessed places of Ashtishat to pray and to receive a greeting from the holy archbishop Nerses. They prayed and greeted each other. Then the blessed patriarch Nerses ordered that a meal be prepared for those who had arrived. While they were preparing something befitting his senior status, [Hayr] went for a walk from the episcopal residence to the chapels of the saints, strolling in the large and beautiful place. When he saw the beauty of those places, its lofty elevation and the view which stretched out below (which was very captivating), he placed [his] evil eye on it.

Then the eunuch [returned], entered [the dining room], sat down and began eating and drinking. When he was good and drunk he started speaking arrogantly and presumptuously. He insulted king Trdat, and the dead and living Armenian kings of the Arsacid azg, race, and tohm. He said: "Why were such places as these given not to men, but to people wearing women's dress?" Scorning and deriding the holy places, he continued: "We shall demolish these places, for a royal mansion should be built here. And if I, Hayr mardpet, return alive to the king, I will replace what is here, remove the people here, and construct a royal chamber."

Իսկ սուրբ եպիսկոպոսապետն յորժամ լսէր, եւ ասէ եթէ տէր մեր Յիսուս Քրիստոս, որ ընտրեաց նախ զայս տեղի դնել զանուն իւր աստ, որոյ անունն առ հասարակ ընդ ամենայն տեղիս փառաւորեալ է Հարբն եւ սուրբ Հոգ֊ւովն հանդերձ, որ պատուիրեաց մի ամենելին յայլոյ ինչ ակն դնել կամ ցանցալ. իսկ որբ ժլատեալք ի նորա նուէ֊րան բերեն աչս, եւ այնմ ցանկան, վասն այսորիկ նա մի հասցէ առ այն որով սպառնացան, այլ խափան լիցի իւր յառաջեւ նմա բազում մակարդ մեղացն իւրոց գործելոց: Ապա զնայր մարդպետն Հայր ի սուրբ տեղեացն, եւ էջ յափն գետոյն հոսանացն Եփրատու, ի հովիտսն թանձրա֊խուռն անտառին, ի գետախառնունան երկուց գետոցն, ի թաւուտ խարձիցն մամխեացն, որ ի տեղւոջն ի հնցն իմն շինած քաղաք զոր շինեալ Սանատրուկ արքայի, որում ա֊նուն տեղւոյն Մծուրբ կոչի:

Արդ իբրեւ եկն եհաս յայն տեղի, ապա յուզեցաւ դա֊տաստան բարկութեան ի տեառնէ ի վերայ անաւրէնն Հայրի, եւ իւրոց գործոցն եւ բանիցն խաւսելոյ: Ապա մատնեցաւ նա ի ձեռս առն միոյ, որոյ անուն Շաւասպ կոչէր, մնացորդ ազգին Արծրունեաց: Մինչդեռ նստէր նա ի կառս, եւ երթայր զճանապարհն, եկն Շաւասպն, սկսեալ պատմել մարդպետին սուտ ի քմաց իւրոց, եւ ասէ. Արջ մի տեսի սպիտակ իբրեւ զձիւն: Եւ հրապուրեաց զմարդպետն իջանել ի կառաց անտի, եւ հեծանել ի ձիուգի.եւ մտեալ պառակէին մայրեացն: Իսկ իբրեւ ընդ թաւուտն անկանէ֊ին, զկնի եղեալ սակաւ մի Շաւասպն յետսագոյն մնացեալ, յետոյ յառաջ նետիւ հարկանէր զմէջ ներբինւոյն Հայրի. ան֊դէն թափ հանեալ զնետն, եւ անդ յերկիր անգեալ սատա֊կեցաւ: Եւ առն Աստուծոյ ասացեալքն հուպ ընդ հուպ վաղվաղակի կատարեցաւ զի ամենելին բան ի գետին ոչ անկանէր առն Աստուծոյ:

When the blessed archbishop heard this, he said: "Our Lord Jesus Christ first chose this place to bear His name, by which name every place is glorified together with His Father and the Holy Spirit. He commanded [us] not to covet or desire the belongings of another. Now whoever greedily desires and covets what has been dedicated to Him, that person will not achieve what he has threatened; rather, his many sins will hinder the intention." After this Hayr mardpet left the holy places, and descended to the banks of the Euphrates river, in a valley dense with forests of wild-plum trees, near the confluence of two rivers where in ancient times Sanatruk the king had built the city named Mcurn.

Now when he reached this place the judgment of the Lord's anger was visited upon the impious Hayr for his deeds and words. He was betrayed into the hands of a man named Shawasp, a remnant of the Arcrunik' azg. While [Hayr] was seated in a wagon and was traveling on the road, Shawasp approached and began to tell the mardpet a fictitious story, saying: "I saw a bear as white as the snow." And he charmed the mardpet into getting out of the wagon, and mounting a steed. Then they entered the forest and lay in wait. When they were in the bushes, Shawasp remained somewhat behind. He hit the eunuch Hayr with an arrow from behind that went right through him. [Hayr] fell to the ground and perished. Thus the words of the man of God had been fulfilled immediately. For no word of [a] man of God falls [unheeded] to the ground.

ՁԷ

Յաղագս անաւրէնութեան թագաւորին
Արշակայ, թէ որպէս եսպան զորդի եղբաւր
իւրոյ, որում անուն Գնէլ, ի քսութենէ
չարութենէն Տիրիթայ. կամ որպէս յանդիմանեալ
եղեւ յառնէն Աստուծոյ ի Ներսիսէ, կամ որպէս
զմեւս եւս եղբաւրորդին Տիրիթ. կամ որպէս
զկինն Գնէլոյ առար իւր կին. կամ որպէս էած
իւր կին ի Յունաց զՈղիմպին. կամ որպէս երէցն
Մրջիւնիկն մահուան դեղովն զնա ընդ աւրէնսն
սպանանէր խորիրդով Փառանձեմայ:

Ձայնու ժամանակաւ էր դուստր մի գեղեցիկ Անդովկայ ու-
րումն, մի ի նախարարացն նահապետին Սիւնեաց, որում
անուն Փառանձեմ կոչէր. զորմէ կարի անուանեալ էր գե-
ղեցկութեամբ եւ պարկեշտութեամբ: Ասպա Գնէլ պատան-
եակն եղբաւրորդին արքային էառ զնա ի կնութիւն իւր: Եւ
համբաւ գեղեցկութեան աղջկանն ընդ վայրսն տարածե-
ցաւ, եւ համբաւ զեղոյ նորա յամախեալ բազմանայր եւ
հռչէր: Ասպա առ համբաւ ցանկութեան անուանն տրփեալ
լինէր մին եւս հաւրեղբաւր որդին Գնէլոյ, որում անուն
Տիրիթ կոչէր: Վասն որոյ անգանէր ի գաղտագողեանս, մինչ
զի զնուն իւր տեսանել կարասցէ: Եւ յորժամ կարացն տե-
սեանն որում ցանգայր, այնուհետեւ հնարս խնդրէր առն
կնոջն կորստեան, ո զիտէ զկնի նորա նմա հնար լիցի
յափշտակել:

212

XV

CONCERNING KING ARSHAK, HOW HE KILLED HIS BROTHER'S SON GNEL BECAUSE OF THE SLANDER OF TIRIT'; HOW HE WAS REBUKED AND UPBRAIDED BY THE MAN OF GOD NERSES; HOW HE KILLED THAT SAME TIRIT'; HOW KING ARSHAK TOOK THE WIFE OF GNEL AFTER KILLING HIM; HOW HE LATER BROUGHT A WIFE NAMED OGHIMB, FROM BYZANTIUM AND HOW THE COURT PRIEST MRJIWNIK KILLED HER WITH A FATAL POISON IN THE EUCHARIST, AT THE INSTIGATION OF P'ARHANJEM.

In those times there was a beautiful [woman] named P'arhanjem who was the daughter of a certain Andovk, one of the naxarars of the nahapet of Siwnik'. She was extremely well known for her beauty and modesty. The lad Gnel, the king's nephew (brother's son) married her. The girl's renown for beauty spread about, and her reputation as a beauty grew and increased. Now another of Gnel's cousins (father's brother's son) named Tirit' became passionately inflamed [for her] and so concealed [his desire] until he was able to make her his. After [Tirit'] had attained his wish and had seen [P'aranjem], he sought means by which he might destroy her husband so that afterwards he might be able to ravish her.

Ապա Տիրիթն ի ճնարս նենգութեան մտանէր, եւ բազում վարձէր իւր աղնականս եւ սատարս, որով զիւր չարախաւսութիւնն յառաջ վարել կարասցէ: Եւ քսիս ստութեան զԳնելոյն նենգութեամբ առ թագաւորն Արշակ մատուցանէր թէ Գնէլ թագաւորել կամի, եւ զքեզ սպանանել. եւ ամենայն մեծամեծք եւ նախարարք եւ ազատք սիրեն զԳնէլ, եւ ամենայն աշխարհիս նախարարք կամին զտէրութիւն նորա ի վերայ իւրեանց առաւել քան զքո: Արդ, ասեն, զիտեա եւ տես, արքայ, զինչ գործեսցես. որպէս եւ կամիս, զիարդ մարթասցիս ապրել: Եւ այսպիսի բանիւք զրգռէին զթագաւորն Արշակ, մինչեւ հաստատէին ի միտս թագաւորին զիւրեանց ասացեալսն:

Ապա ոխացեալ թագաւորն ընդ պատանեկին Գնելոյ, եւ բազում անգամ հալածական առնէր զնա, եւ նիւթեալ լինէր նենգութիւն բազում ժամանակս: Ապա զնաւասարդաց ժամանակացն առնէր խորհուրդ թագաւորն Արշակ կոչել առ ինքն զպատանեակն Գնէլ եւ սպանանել: Ապա առաքէր զՎարդան զեղբայր սպարապետին զնախապետ ազգին Մամիկոնեան տոհմին, զի մեծաւ երդմամբ եւ նենգութեամբ կոչեր կարասցէ, զի մի խորհուրդն յայտնեսցի. զուցէ փախիցէ եւ ապրիցի. այլ զի պատրանաւք եւ հրապուրանաւք ածիցէ մինչեւ ի տեղին մահուն: Եւ էր բանակ թագաւորին ի Շահապիվանի ի բուն բանակի տեղսն Արշակունեացն ի ներքոյ Սիւնեացն եւ ի վերայ ասպարիսացն: Եւ առաքեալ զՎարդանն, զմեծ նահապետն յարքայէն Արշակայ, եկն եզիտզպատանեակն Գնէլ ի մատատուր տեղւոջն, այս ինքն ի զեղն Առաւիւտոց անուանեալ:

Tirit' began to think up treacherous stratagems, and he hired many assistants and supporters to carry forward his slander. He treacherously spoke false slander about Gnel to king Arshak, saying: "Gnel wants to rule, and to kill you. All the grandees, the naxarars and the azats like Gnel and all the naxarars of the land prefer his lordship over them than yours. Now they say, 'look and see what you do, king, so that you can save yourself'". Thus did they agitate king Arshak with such words until they had confirmed their statements in the king's mind.

The king thus had a grudge against the lad Gnel, frequently persecuted him, and was plotting treachery [against him] for a long time. Around the Nawasard [festival] time[19] king Arshak planned to summon the lad Gnel and to kill him. So he sent Vardan, brother of the sparapet, nahapet of the azg of the Mamikonean tohm to try to summon [Gnel] with a great oath, treacherously, so that the plot would not be revealed and that [Gnel] would not flee and survive. Rather [Arshak hoped] that [Gnel] would be led to the place of [his] death deceived and charmed. The king's banak was at Shahapivan in the native camping place of the Arsacids, below the walled hunting preserve and above the arena. King Arshak sent Vardan the great nahapet who came and found the lad Gnel in a nearby place, that is, in the village called Arhawiwtk'.

---

19 *Nawasard:* the first month of the ancient Armenian calendar (August).

Մեծաւ ուխտիւ եւ բազում պատրանաւք զպատրանեակն Գնէլ հանդերձ իւրով կնաւն եւ դրամբն հաւանեցուցանէր երթալ հասանել ի բանակն արքունի. իբրեւ այն թէ ի մեծարանս ինչ զնա կոչիցէ թագաւորն, բազում խնդանաւք տարեալ հասուցանէր եթէ թագաւորն Արշակ ոչ կամեցեալ զտաւնս նաւասարդաց առանց քո անցուցանել, զի հաճեալ եւ քաղցրացեալ է ընդ քեզ, վասն զի ըստ բանից չարախաւսացն ոչ ինչ զտաւ ի քեզ չարութիւն եւ եհաս ինքն ի վերայ, զի զուր այժմ ատեր զքեզ որ ի նմանէն մեծ սիրոյ արժանի ես։

Ապա չուեաց ամենայն կազմութեամբն իւրով Գնէլ, երթեալ հասանէր ի բանակն արքունի զգիշերն ամենայն բազում փութով տագնապաւ։ Վասն զի վաղիւն հասելոյ առաւաւտուն աւրն լուսանայր կիւրակէն։ Եւ յայնմ աւուր տաւն դիպեցաւ յիշատակի մեծին Յովհաննու որ ի Գրիգորէ եւ ի Տրդատայ յաւանին Բագաւանին կարգեալ էր։ Ապա յայնմ յիշատակ աշխարհաբնակք մարդկան որ ժողովեալն էին, եւ բազում եպիսկոպոսք որ յայլոց զաւառաց. եւ ապա մեծ եպիսկոպոսապետն Ներսէս փոխանակ իւր յղեաց զիւր աթոռակիցն զԽադ, եւ զիւր արքիդիակոնն եպիսկոպոսին որում անուն Մուրիկ կոչէր, զի երթիցեն նոքա, պէտք զինչ եւ իցեն ժողովւոյն ընդ նորա վճարեսցեն։ Եւ ինքն անդէն մնաց յարքունական բանակին, զի զնոյն հաղորդութեանն եւ անդ կատարեսցեն։ Եւ յայնմ գիշերի ցայգապաշտաւն մեծ եղեւ ի բանակին առ կաթողիկոսին։

With a great vow and much deception [Vardan] convinced the lad Gnel, his wife and court to go to the royal banak, saying that the king was summoning him for some great exaltation: "King Arshak does not want to pass the feast of Nawasard without you. He is well-disposed and kindly toward you, for despite the words of the slanderers, he had found no evil in you. He has become convinced that it was wrong for him to hate you; rather, that you are deserving of affection from him."

Gnel traveled with great speed throughout the entire night with all of his organization, to reach the royal banak. For at daybreak of the next morning, Sunday, began the feast day in honor of the great John [the Baptist] which had been designated by Gregory and Trdat in the awan of Bagawan. To that commemoration [came] lay people who had assembled, many bishops from different districts, and the great archbishop sent his co-adjutor Xad in his place, as well as his episcopal archdeacon named Murik, to go and do what had to be done there. He himself remained in the royal banak to perform the communion there. That evening the great night service was conducted there in the banak in the presence of the Catholicos.

Իսկ իբրեւ առաւաւտն ծագեաց, հասանէր վաշտն Գնելոյ ի բանակն արքունի. եւ մինչ Գնէլն արքունական բանակին լինէր միջամուխ, ազդ լինէր թագաւորին եկն նորա:
Ապա ելանէր հրաման յարքունուստ արտաքս ունել եւ տանել սպանանել: Եւ մինչ դեռ զայր նա ընդ բանակամէջն, եւ
էր հեծեալ յերիվարին իւրում, իբրեւ մերձ եղեւ ի հրապարակն արքունի, եւ անդ ի յարքունուստ հասանէին բազում
սպասաւորք վառեալք սուսերաւորք նիզակաւորք վառրաւորք սակրաւորք սուսաւորք եւ սպարակիրք հետեւակք,
որք մատուցեալք բուռն հարեալք ընկեսուին յերիվարէ
անտի զպատանեակն Գնէլ, եւ ձեռն յետս կապէին զնա, եւ
առեալ զնային ի տեղի կառափելոյն: Եւ քանզի կին նորա
եկեալ էր ընդ նմա ժանուաւ, ի նմին ի նորին վաշտու էր
ընդ առն իւրում: Իսկ իբրեւ տեսանէր թէ կալան զայր իր
եւ կապեցին, վաղվաղակի ընթացաւ յեկեղեցապխորանն
ժողովուրդն, ուր պաշտաւն մարդկան բանակին առ Աստուած կատարէր, մինչ դեռ առաւաւտին աղաւթքն մատչին.
եւ անդ Ներսէս մեծ եպիսկոպոսապետն: Իսկ կինն հասեալ
առ արքեպիսկոպոսապետն, գոյժ արկանէր նմա զիւրոյ
առնն տարապարտ կորուստն, ճչեալ մեծաձայն. Վաղ հասիր, ասէ, դեռ զամուսինն իմ զուր առանց վնասու եւ յանցանաց խողխողեն: Իսկ նորա խափանեալ զպաշտաւնն,
ընթանայր ի խորանն արքունի. հասեալ ի դրացն ի ներքս
առ թագաւորն անգանէր: Իսկ թագաւորն իբրեւ տեսանէր
զմեծ քահանայապետն, գիտացեալ զբարեխաւսութիւն համոզելոյն վասն առնն մահուանն զի մի մեռցի, յայնժամ թագաւորն զիւր սամոյրան զգլխովն ածեալ, ի փոյթ կնճանն
մտեալ, զիւր դէմս երեսացն ծածկէր. քանյ պատճառ եղեալ
զի զնորա բանսն մի լուիցէ:

Now at daybreak Gnel's battalion reached the royal banak, and when he entered, the king was informed of his arrival. An order was issued from the court that he be held outside, taken and killed. While [Gnel], mounted on his horse, was coming into the banak, as he approached the royal concourse, many attendants came forth from the court—armed swordsmen, spearsmen, sabre-bearers, axe men, armed with bayonets, and infantrymen bearing shields. They approached the lad Gnel, seized him and threw him from his horse, tied back his arms, and took him to the place of execution. Now his wife had come in her husband's battalion in a palanquin. When she saw that they had seized and bound him, she quickly rushed to the people in the camp chapel when morning prayers were being offered to God by the people of the banak and where the great archbishop Nerses was. The woman reached the archbishop and screamed loudly the bad news to him about the unjust loss of her husband. She cried: "Hurry and come, they are still murdering my husband without him committing any crime or misdeed." Now [Nerses] interrupted the service and rushed to the royal tent and passed through the door to the king. When the king saw the great chief priest, knowing that he had come to intercede for [Gnel's] life, he pulled his sable over his head and proceeded to grunt with his face covered, as though asleep, so that he would not have to hear [Nerses'] words.

Իսկ սուրբ Ներսէս մատուցեալ բուռն հարկանէր զթագաւորէն. խաւսէր ընդ նմա, եւ ասէր. Թագաւոր, յու՛շ լիցի քեզ քո տէրն որ վասն մերոյ սիրոյ խոնարհեցաւ յիւրմէ ի բնական բարձրութենէն, եւ եղեւ եղբայր ծառայութեան մերոյ անարժանութեանս. ոչ վասն այլ իրիք, այլ զի լիցի վարդապետ սիրոյ. զի մեք խնայելով ի միմեանս, նայեցեալ յաստուածեղէն վարդապետն, զմիմեանս սիրեսցուք երկեդիւ. զի մի միմեանց վնասել իշխեսցուք։ Իսկ եթէ դու ի քո եղբայր եւ ի ծառայակիցն եւ յընկերակիցն եւ ի հարազատն ոչ խնայեցես, որ կամաւքն եղբայրացեալ է մեզ տէրն ի քեզ ոչ խնայեցէ։ Զի նա մեզ այսպէս ասաց. «Որ ձեզ լսէ, ինձ լսէ. եւ որ զձեզ ընդունի, զիս ընդունի. եւ որ զձեզ անարգէ, զիս անարգէ»։ Եւ որ այժմ դեռ մեք ընդ քեզ խաւսիմք, լուր Քրիստոսի, զի մի կորիցես դու. զուգէ անկեալ ի թագաւորութենէդ քումմէ, կենդանւոյն միայն շրջիցիս, եւ ոչ ոք քեզ աւգնիցէ։ Այլ այժմ լուր Քրիստոսի, եւ խնայեա յանձն քո, մի հեղուլ զարիւն եղբաւր քո հարազատի սպանանել զարդարն ի տարապարտուց յանխնայ։

Իսկ թագաւորն սալացեալ, ոչ ինչ լսէր. զերեսսն վտառատաւքն ծածկեալ ոչ բանայր, եւ ոչ կամէր առնել բանիցն պատասխանի. այլ ընկողմնեալ պատեալ ծածկեալ կայր ի գահոյսն, զի եւ շարժել անգամ ոչ տողէր։ Իսկ մինչ դեռ նա զայս եւ այսպիսի բանս ողոքոյ ընդ թագաւորին խաւսէր, զայր արտաքուստ դահճապետն Երազմակ, մտանէր ի խորանն արքունի, սկսանէր պատմել զի ի գլուխ հանի կատարեցի, ասէ, զամենայն զհրամանս արքունի. արդի զնացի զԳնէլ, տարայ մինչեւ յորմ Սիւսին սպանի, եւ անդէն թաղեցի։

The blessed Nerses shook the king and spoke, saying: "King, remember your Lord Who out of love for us descended from His natural heights and became a brother to us, His unworthy servants. This was done for no other reason than to be the vardapet of love, so that we spare each other, looking to the divine vardapet and love each other in piety, and so that we dare not harm each other. Now if you do not spare your brother, co-servant, comrade and kindred, the Lord Who willingly became our brother, will not spare you. For He said this to us: 'He who hears you, hears me; he who accepts you, accepts me; but he who dishonors you, dishonors me.' Heed Christ Who now is speaking with you through us, so that you not be ruined, fall from your kingdom, and wander about merely alive, but without anyone to help you. Now heed Christ and save yourself. Do not shed the blood of your blood brother and kill a righteous [man] in merciless injustice."

But the king, having become fossilized, did not listen. He did not uncover his face of the shirts and did not want to respond. Rather, he remained covered and wrapped up in one side of his chair, and did not even want to move. While [Nerses] was saying these words of entreaty to the king, the chief executioner, Erazmak, entered the royal tent and began to relate: "I have fulfilled all the royal commands. I took Gnel as far as the wall of the [horse] arena, killed him, and buried him there."

Ապա խաւսել սկսանէր սուրբն Ներսէս, եւ ասէր. Արդարեւ իսկ իբրեւ աւձի քարբի, զի խնու զականջս իւր զի մի
լուիցէ նա զձայն թովչի ճարտարի, եւ մի առցէ զղեղ ի դեղատուէ իմաստնոյ, սոյն աղրինակ եւ դու խցեր զականջս,
եւ կափուցեր զլսելիս, զի մի լուիցես զաղգտակարս բարբառոց զաստուածեղէն բանիցն խրատուն. այլ զգազանաց առեալ զբարուցս, սկսար լինել մարդախանձ: Վասն այնորիկ
որ ի վերայ նոցա ասացաւ, լիցի այն ի վերայ քո, որպէս ասէն. «Աստուած փշրեսցէ զատամունս նոցա ի բերանս նոցա, եւ զժանիս առիւծոց խորտակեաց տէր»: Վասն զի ընդդէմ դարձար հրամանին Քրիստոսի տեառն քո, վասն այնորիկ անարգ լիցիր դու իբրեւ զշուր հեղեալ. եւ ի լարել
աղեղան սորա տկարասցիր: Եւ կոծանումն որ բերանով
մարգարէին աձի ի վերայ ձեր, ընպել ազգիդ Արշակունեաց
զլետին բաժակն, արբջիք արբեսջիք եւ կործանեսջիք, եւ
այլ մի եւս կանգնեսջիք: Եւ անսպառ ժամանակին հրոյն
սպառնալիք հասանիցեն ձեզ ի տեառնն զալստեանն. եւ
անկջիք ի խաւարն, եւ մի եւս տեսջիք զարեւ փառաց Որդւոյն Աստուծոյ: Այլ դու, Արշակ, փոխանակ զի զգործս Կայէնի գործեցեր, զանեձան Կայէնի զգեցջիր. անկջիր կենդանւոյն ի թագաւորութենէդ քումէ, եւ չարչարեսցիս առաւել
քան զՏիրան զհայրն քո, եւ դառն մահուամբ զկեանս քո
լերկրէս մեծ նեղութեամբ վճարեսջիր:

Եւ զայս ամենայն խաւսեցեալ ընդ թագաւորին քահանայապետին մեծին Ներսէսի, զնաց ի թագաւորէն, եւ այլ
ոչ դարձաւ անդրէն յայն բանակ: Իսկ զպատանեակն Գնել
առնուին զնային մատ ի Սիւան արքունի, եւ անդէն կառափէին ի սարակ լերինն, որում տեղւոյն Լսին անուանեալ է,
մատ յորմածս արգելոցացն որսոյն էրիցն, ընդդէմ մուրտասատանին աղբերացն բազմոցացն արքունի, յանդիման
բանակետեղ բնին:

Then the blessed Nerses began to speak: "Just as the basilisk-snake shut its ears so as not to hear the voice of the skilled sorcerer, and not to take the medicine from the wise dispenser of medicine, so you have shut your ears and blocked your hearing so as not to hear the beneficial words of divine wisdom; rather, with the behavior of a beast, you have begun to devour human flesh. So what was said about the beasts will be visited upon you: 'God will crush their teeth in their mouths and smash the lions' claws.' Because you went against the command of Christ your Lord, you will become as dishonored as spilled water, and will weaken when He strings the bow. And the destruction which the prophet spoke of will be visited upon you. The azg of the Arsacids will drink the last cup; will drink, become drunk, be destroyed, and never be restored again. When the Lord comes, the threat of eternal fire will be visited upon you, you will fall into the darkness and never again see the sun of the glory of the Son of God. You, Arshak, because you committed the act of Cain, will receive the curse of Cain. Alive, you will fall from your kingdom, will be tormented more than your father Tiran was, and will end your life with a bitter death, in great suffering."

When the great chief-priest Nerses had said all this to the king, he left him and did not return to that banak. They had taken the lad Gnel close to the royal arena and executed him on the hill of the mountain named Lsin, close to the wall of the enclosed hunting ground, opposite the bun camping ground across from the myrtle-grove [where] the fountains [and] the royal benches were.

Ապա հրաման եղեւ յարքայէն. Ամենայն մարդիկն որ իցեն ի բանակին, մեծ եւ փոքր առ հասարակ, մի ոք իշխեսցէ չերթալ. այլ ամենայն ոք առ հասարակ երթիցեն դիցեն աշխար կոծող, եւ լացցեն զԳնել մեծ սեպուհն արշակունի զսպանեալն։ Իսկ ինքն թագաւորն գնացեալ ի լալիսն, նստեալ լայր զեղբաւրորդին իւր, զոր ինքն եսպան։ Երթեալ նստէր մաւտ առ դին, լայր ինքն, եւ տայր հրաման կոծ մեծ եւ աշխար դնել շուրջ զսպանելով դիակամբն։ Իսկ կինն սպանելոյն Փառանձեմն զիանդերձն պատառեալ, զգէսս արձակեալ, մերկատիտ ի մէջ աշխարանին կոծէր։ Ձայն արկանելով ճչէր, յոյբս արտասուաց յաղխողորմ գուժի առ հասարակ զամենեսեան լացուցանէր։ Իսկ թագաւորն Արշակ ի լալիսն տեսանէր զկինն սպանելոյն, տռփէր եւ ակն դնէր առնուլ զնա իւր կնութեան։

Իսկ այն որ զնենգութիւն քունթեանց նիւթեաց, եւ դալով ի վերայ իւրոյ հարազատին սպանութիւնս կատարեաց, վասն նորին կնոջն արար զայն, զի մեծապէս սիրով հարեալ էր ի նմա, զՏիրիթն ասեմ, որ յառաջագոյն հարեալ ի կնոջն յայնմիկ, վասն որոյ զնենգութիւնս սպանութեանցն թագաւորան գործեաց։ Իսկ մինչ դեռ ի նմին կոծն սաստկացեալ էր, Տիրիթն սկսանէր ժոյժ չունելոյ տռփանացն։ Պատգամ յղէր առ կին մեռելոյն, ասէ զի Մի կարի զանձն քո աշխատ առնէր այդչափ, զի այր բարի ես եմ քան զնա. ես սիրեցի զքեզ, վասն այդորիկ մատնեցի զնա ի մահ, զի զքեզ առից ինձ կնութեան։ Արդ մինչ դեռ կոծ մոլութեան զդիակամբն չայլէին, զայսպիսի պատգամս առաքէր Տիրիթն։ Բողոք բառնայր թէ լուարուք ամենեքեան, զի մահ առն իմոյ վասն իմ եղեւ. զի որ ինձ ակն եդ վասն իմ, զայրն իմ եւտ սպանանէլ։ Զհերսն փետէր, ճչէր ընդ կոծելն։

Then the king issued an order for everyone in the banak great and small, that all of them without exception should go and mournfully lament the killing of Gnel the great Arsacid *sepuh*. The king himself went to weep and sat there crying for the nephew whom he himself had killed. He went and sat near the corpse weeping and commanded that a great mourning be held near the body. P'aranjem, the wife of the slain man, tore her clothes and with her hair disheveled and her breasts bared, sobbed in the lamentation, screaming, piteously crying and making everyone weep. Now king Arshak, weeping, saw the wife of the slain, lusted for her, and kept his eye on her, to make her his wife.

Now Tirit' who had plotted that vengeful treachery against his kin had done this because of [Gnel's] wife with whom he was greatly in love. He got the king to accomplish the treacherous murder. Now when the mourning had become more intense, Tirit' was unable to control his lust. He sent a messenger to the wife of the dead man, saying: "Do not mourn so much, for I am a better man than he was. I loved you and therefore betrayed him to death, so that I could take you in marriage." Tirit' sent such a message while the mourners were fanatically weeping around the corpse. [P'aranjem] raised a protest, pulling out her hair and screaming as she mourned: "Listen everyone, the death of my husband occurred because of me. For the one who had an eye on me had my husband killed."

Ապա իբրեւ մեծ իրքն համարձակ յայտնեցան ի լսելիս ամենեցուն, եւ ի ձայնարկունքն ամենայն եղեւ նա մայր ողբոցն, եւ ձայնարկունքն ամենայն ի ձայն ողբոցն սկսան նուագել զիրսն տրփանացն Տիրիթայ, զակն դնելն, զբսութիւնն, զճնարս մահու նիւթել, զապանումն, ձայնիւքն մրմնջոցն ի վերայ սպանելոյն ի մէջ կոծոյն բարբառին գեղգեղեալ խանդաղատութեամբ։ Ի նուագել իւրեանց ձայնիցն իրքն յայտնեալ հոչակ հարկանէր։ Զոր իբրեւ լուաւ թագաւորն Արշակ, եւ եհաս ի վերայ իրացն, զարմացեալ լինէր արմանայր ընդարմանայր, ստրջացեալ ի միտ առնոյր զիրսն։ Ապա խաւսել սկսանէր թագաւորն, ծափս զծափի հարեալ մեծաւ զղջմամբ ընդ իրսն զոր գործեաց, ասէ. Վասն զի կրնօցն Գնելոյ զանարժան սիրով հարաւ Տիրիթն, առ այնմ զչարիսն նիւթեաց, զբսութիւն, զմահուն զոռութիւն զուր եւ տարապարտ. եւ զմեզ եւս արդար արեանն շաղախեաց վասն իւրոյ պոծութեանն. զեղբայրն իւր եւ կորուսանել, եւ զանհնարին չարիսն եւ զանէծս որ ոչ անցանեն եւս մեզ ժառանգել։

Ապա իբրեւ հասանէր թագաւորն յիրացն հաստատութեան ի վերայ, եւ ճշգրտէր զիրսն, խլխլեալ անսայր բանին առ ժամանակ մի։ Իսկ իբրեւ զմեռեալն ծածկեցին անդէն ի տեղւոջն յորում սպանաւն, եւ աւուրք հարուստ անցին ի վերայ իրացն գործելոց, պատգամ յղէր Տիրիթն առ թագաւորն։ Կամ լիցի, ասէ, քեզ արքայի, զի հրաման տացես զՓառանձեմ կին Գնելոյ թող առից ինձ կնութեան։ Զոր իբրեւ լուեալ արքային, ասէ. Արդ հաստատ գիտեմ զոր լրւայն թէ ստոյգ է. վասն կնոջն իւրոյ եղեւ մահն Գնելոյ։ Եւ անդէն արքային մահ խորհէր, սպանանել զՏիրիթ եւս փոխանակ ընդ մահուն Գնելոյ։ Զոր իբրեւ լուաւ Տիրիթ, զահի հարեալ յարքայէն զիշերի փախստական լինէր։

When this important circumstance had been openly revealed to everyone, [P'aranjem] became the head of the professional mourners, and all the professional mourners began to sing the circumstance: Tirit's lust, how he placed his eye on her, the vengeance, the plot of murder, the killing. They moaned and quavered tenderly over the slain man. As they were singing the circumstances were exposed. When king Arshak heard this, he realized what had happened, investigated, and was stunned, finally grasping the situation. Then he began to speak, striking his hands together and greatly regretting what he had done, saying: "Because Tirit' was seized with undeserving love for Gnel's wife, he plotted this evil, a grudge, and this senseless and unjust death. And he involved us in the shedding of innocent blood through his abomination. He had his brother destroyed, and made us inherit unbelievable evils and curses which will not go away".

When the king had definitely confirmed and authenticated the circumstances of the case, for a while he was quiet and pretended to do nothing about it. But after the slain man had been buried in the place where he was killed, and after a goodly number of days had passed since the deed was committed, Tirit' sent a message to the king. He said: "King, I want you to order that I be allowed to marry Gnel's wife, P'aranjem." As soon as the king heard this, he said: "Now I know for sure that what I have heard is accurate. Gnel's death occurred for his wife."

Ապա ազդ լինէր թագաւորին Արշակայ փախուստն Տիրիթայ, տայր հրաման թագաւորն Արշակ ազատագունդ բանակին գնեստ լինել Տիրիթային. զի իբրեւ հասցեն նմա, անդէն ի տեղւոջն սպանցեն: Բազումք եւ քաջք գնեստ լինէին փախուցելոյն Տիրիթայ. ապա երթեալ հասանէին ի զաւարին Բասենոյ ի մէջ մայրեացն. ի տեղւոջն յորում հասանէին, անդէն զՏիրիթ սպանանէին:

Եւ յետ այսորիկ էառ իւր Արշակ զկինն սպանելոյն զՓառանձեմն: Եւ որչափ սիրէր արքայն Արշակ զկինն, նոյնչափ ատեաց կինն զարքայն Արշակ, ասելով թէ թաւ է մարմնով, եւ թուխս է գունով: Ապա իբրեւ կինն ի նա ոչ յանգոյց զմիտս իւր, առաքեաց արքայն Արշակ յերկիրն Յունաց, եւ խնդրեաց էած անտի կին ի կայսերական տոհմէն ազգաւ, զի անուն էր նորա Ողմպի: Եւ ուժգին սիրով սիրեաց զնա, եւ նախանձուկս արկանէր նովաւ առաջին կնոջն. եւ կինն Փառանձեմ դիացաւ ընդ Ողմպին, եւ խնդրէր սպանանել զնա: Բայց ձնաւ ապա Փառանձեմ թագաւորին ուստր մի, եւ կոչեցին զանուն նորա Պապ, եւ սնուցին զնա եւ ի չափ հասուցին: Եւ իբրեւ զրթափեաց եւ եղեւ հուժկու, եստուն զնա պաղանդ ի դուռն կայսերն յերկիրն Յունաց:

Իսկ Փառանձեմն ի մեծ նախանձու եւ ղխութեամբ գրնայր ընդ Ողմպիանջն, եւ խնդրէր սպանանել զնա ղեղովք: Իբրեւ ոչ ինչ հնարս մեքենայից չկարէր գտանել, վասն զի անձինն իրրում կարի զգոյշ կայր, մանաւանդ ի կերակրող եւ յրմպելեաց, բայց զիւրոց նամչտացն կերակուրս արարեալ եւ կամ զննցին պարզեալ զգինի ճաշակէր.

Then the king plotted to kill Tirit' also, in return for Gnel's murder. When Tirit' learned about this, he was seized with fear of the king, and fled at night. King Arshak was informed of Tirit''s flight and ordered the azatagund of the banak to pursue, catch up with, and kill him on the spot. Many braves went after the fugitive Tirit', caught up with him in the forests of the district of Basen, and killed him there.

After this Arshak himself married P'aranjem, the wife of the slain [Gnel]. But to the degree that king Arshak loved the woman, the woman loathed king Arshak, saying: "Physically, he is hairy, and his color is dark". When king Arshak saw that the woman was not reconciled with him, he sent to the country of Byzantium requesting that a woman by azg of the imperial tohm be sent him as a wife. Her name was Oghompi.[20] He loved her madly and this stirred the envy of his first wife. P'aranjem therefore had a grudge against Olympias and sought to kill her. But then P'aranjem bore the king a son whom they named Pap. They nourished him and he grew up. When he reached puberty and became robust, they gave him as a hostage to the emperor's court in the country of Byzantium.

However P'aranjem continued in her great envy and grudge toward Olympias and sought to kill her with drugs. But she was unable to effect anything (since [Olympias] was extremely careful, especially in matters of food and drink, eating only the food offered by her own maids, and drinking only the wine they provided).

---

20 Oghompi: Olympias.

Եւ եթէ ոչ ինչ գտանէին հնարք դեղել զնա մահուան դեղաւքն, ապա դրան երեց ոմն արքունի որ էր ի ժամանակին յայն, որում անուն Միջիւնիկ, յԱրշամունեաց տեղեացն ի նահանգէն Տարաւն գաւառէն, զնա ի բանս արկանէր Փառանձեմն անաւրէնն։ Զանարժանս զանկատար զանչնչելի գչարեացն մեղացն չմոռացական տանջանացն կատարեաց զգործան զանարժանս զանտես զանլուր, այս ինքն ընդ կենաց դեղն դղեղ մահուն խառնելով. որ ուրեք երբէք այսպիսի գործք յումեքէ ի վերայ երկրի ոչ գործեցան։ Ընդ տերունական ընդ սուրբ ընդ աստուածական մարմինն ընդ հացն աւրհնաց խառնէին դղեղն սատակման, երէցն Մրջիւնիկ անուն, տալով յեկեղեցւոջն Ողոմպիայ տիկնոջն ընձեռել զմահուն գործ, եւ սպանանէր։ Ըստ չարեացն կատարելոց զՓառանձեմայն ամենայն չարեաւք լցեալ զկամս կատարէր. եւ յանաւրէնն Փառանձեմայն պարգեւ առեալ չերիցուն զգեւղն ուստի իսկ ինքն էր ի նահանգէն Տարաւն գաւառէն, որում անուն Գոմկունք կոչին։

Այլ սուրբ կաթողիկոսն Ներսէս այլ ոչ եւս յաւել տեսանել զերեսս թագաւորին Արշակայ մինչեւ յայրն նորին կորստեան. այլ փոխանակ Ներսիսի զՉունակ ումն անուն, եւ կացուցին փոխանակ նորա զլուխ քրիստոնէութեանն. եւ էր ստրուկ ի ստրկաց արքունի։ Ապա հրամա տայր թագաւորն կոչել զամենայն եպիսկոպոս Հայոց աշխարհին, զի եկեսցեն ձեռնադրեսցեն զՉունակն ի կաթողիկոսութեան Հայոց։ Եւ ոչ մի ոք ոչ հաւանեաց գալ. բայց միայն Աղձնեաց եւ Կորդուաց եպիսկոպոսք եկին, եւ զՉունակն ձեռնադրեցին ի կաթուղիկոսութիւն ըստ հրամանի թագաւորին։ Եւ էր Չունակն այր զգաւն, եւ ոչ ինչ ունէր լեզու յանդիմանութեան կամ խրատու, այլ հաւանեալ էր թագաւորին զինչ եւ նա գործիցէ։

When [P'aranjem] could find no way of giving her poison, she approached a certain presbyter of the royal court who happened to be there at the time. The impious P'aranjem involved this man, whose name was Mrjiwnik, from the Arshamunik' areas from the province of the district of Taron. He committed an unworthy deed, never done before, an indelible, unforgettable evil, deserving of eternal torments, a deed unexampled, unheard of—mixing poison with the potion of Life. They mixed poison with the Lord's holy and divine body, the bread of communion. And the presbyter named Mrjiwnik administered this to queen Olympias in the church, and killed her. For implementing the evilest wishes of the impious P'aranjem, this non-presbyter was granted the village whence he came, a village named Gomkunk' in the *nahang* of the district of Taron.

Now the blessed Catholicos Nerses did not see king Arshak again until the day of his ruination. In place of Nerses they established a certain Ch'unak as the head of the Christians who was one of the slaves from the court's slaves. Then the king ordered that all the bishops of the land of Armenia be summoned to ordain Ch'unak into the Catholicosate of Armenia. But no one consented to come. Only the bishops of Aghjnik' and Korduk' came and ordained Ch'unak as Catholicos according to the king's order. Ch'unak was a discreet man, never advising or reproaching, but agreeing with whatever the king did.

Յաղագս թէ որպէս կամ զիարդ կոչեցեալ
եղեւ Արշակ արքայ Հայոց ի Շապհոյ արքայէ
Պարսից, կամ զիարդ մեծարեցաւ ի նմանէն
մեծապէս. կամ զիարդ Վասակ մամիկոնեան
սպարապետն Հայոց սպանանէր զսորակալ
ասպատանին արքային Պարսից. կամ թէ
զիարդ Արշակ արքայ աւետարանաւն երդուեալ
արքային Պարսից, ուխտէր նմա, կամ թէ զիարդ
ստեաց յետոյ եւ փախեաւ. կամ թէ զիարդ
արք եւթանասուն զԱստուծոյ պաշտաւնեայսն
կոտորէր արքայն Պարսից վասն նորա:

Յայնմ ժամանակի կոչէր առ ինքն Շապուհ արքայն Պար-
սից զթագաւորին Հայոց զԱրշակ, եւ մեծարեցաւ ի նմանէ
բազում պատուով եւ մեծաւ փառաւք, բազում զանձու սկ-
լով եւ արծաթով, ամենայն մեծութեամբ թագաւրութեանն:
Եւ իբրեւզեռբայր որպէս զորդի զրգեալ եղեւ ի նմանէ, եւ
երկրորդական զմեծ տունն նմա յատրպատական աշխար-
հին. եւ ի միասին ի միում տախտի զանուն ի ժամ ուրախու-
թեանն բազմէին, զմիազոյն զմիանշան զհամահանդերձ
զարդու: Եւ զմիաւրինակ զթագն աւր ըստ աւրէ ինքեան եւ
նմա թագաւորն Պարսից զարդ պատրաստէր. զոյզ երկո-
քին ի միասին որպէս զեղբարս հարազատս անբաժինս
յոփիացեալք էին ի միում ուրախութեան, եւ յանպատում ու-
րախութեան ուրախ լինէին:

XVI

HOW ARSHAK, KING OF ARMENIA, WAS SUMMONED BY SHAPUH, KING OF PERSIA, AND HOW HE WAS HONORED BY HIM; HOW THE SPARAPET OF THE ARMENIANS, VASAK MAMIKONEAN, KILLED THE PERSIAN KING'S STABLE-MASTER; HOW KING ARSHAK SWORE AN OATH ON THE GOSPELS TO THE KING OF PERSIA; HOW HE LATER BROKE HIS OATH AND FLED; AND HOW SHAPUH SLAUGHTERED SEVENTY OF GOD'S SERVITORS.

In that period, the king of Iran, Shapuh,[21] summoned Arshak,[22] king of Armenia, and exalted him with much honor, great glory, many treasures of gold and silver, and all the grandeur of the kingdom. [Arshak] was treated well by him, as a brother or a son, and [Shapuh] gave him the second great *tun* in the land of Atrpatakan. During the period of merry-making, they sat together on one and the same throne, wearing clothing of the same color with identical ornaments. Each day the Iranian king prepared identically adorned crowns for both of them. The two of them, like inseparable blood brothers, gorged themselves during the merry-making and were indescribably happy together.

---

21 Shapur II [310-379].
22 Arshak [350-367].

Ապա եղեւ դեպ այր մի յաւուրց, եկն եմուտ թագաւորն Հայոց Արշակ շրջել զասպատանաւ միով զարքային Պարսից. իսկ ախոռապետն արքային Պարսից ուստէր ի ներքս ի տան ասպաստանին: Իբրեւ տեսանէր զթագաւորն, ոչ ինչ առ լաւս կալեալ մեծարեաց զնա, եւ ոչ ինչ շուրջս դներ նմա. այլ եւ անարգանս եւս դներ թշնամանաց, ասելով ի պարսկերէն լեզու թէ այծից Հայոց արքայ, եկ նիստ ի խրձան խոտոյ ի վերայ: Զոր բանս իբրեւ լսէր սպարապետն զաւրավարն Հայոց մեծաց, որում Վասակն կոչէր, ի մամիկոնեան տոհմէն, մեծաւ բարկութեամբ եւ բազում սրտմտութեամբ բարկանայր. ի վեր առեալ զուսերն զոր ընդ մէջն ունէր, հարեալ անդէն ի տեղւոջն զախոռապետն արքային Պարսից գլխատէր ի ներքս յասպանի անդ: Զի ոչ կարաց լսել եւ ժոյժ ունել զիւրոյ թագաւորին զանարգանս. զիւր մահն առաջի եդեալ լաւ հաշուէր բազում անգամ, քան զտեառն իւրոյ լսել զկատթարութեան թշնամանս: Իբրեւ ի Պարսից աշխարհի էին, յայլոց ի տեղի եւ ի նոցուն հրապարակի անԵրկիւղ եւ անկասկած յանկարծաւրէն զայսպիսի զգործ կարաց գործել: Իսկ թագաւորն Պարսից յորժամ զայս լսէր, բազում շնորհ ունէր զզաւրավարին Վասակայ, ընդ քաջասրտութեանն զարմացեալ եւ ընդ բազում աներկիւղութիւնն: Եւ բազում պարգեւաց եւ պատուոյ արժանի առնէր, զքաջութիւն եւ զտիրասիրութիւնն գովեալ: Վասն այնր իրաց մեծաւ սիրով սիրէր զնա, եւ ըստ արժանի իւրում պատուէր զնա. մեծարէր զամենայն աւուրս հաշտութեան եւ խաղաղութեանն որ ի մէջ նոցա էր:

Now it happened one day that Arshak, king of Armenia, went walking in one of the Iranian king's stables. The Iranian king's stable-master was seated inside the stable. When he saw the king, in no way did he exalt him properly or show him honor, but rather, he dishonored him with insults, saying in the Iranian language: "King of the Armenian goats, come and sit on this bale of hay." When these words were heard by the sparapet general of Greater Armenia whose name was Vasak of the Mamikonean tohm, he became greatly irritated and angered. He drew the sword which he had at his waist and beheaded the Iranian king's stable-master right there in the stable. For he was unable to hear or bear the insults to his king, many times regarding it better to die than to hear evil insults hurled at his lord. He did such a deed suddenly and fearlessly [even though] they were in the land of Iran, in another's place, in another's concourse. Now when the king of Iran heard about this, he expressed great thanks to general Vasak, marveling at his brave-heartedness and great courageousness. And he greatly rewarded him, making him worthy of much honor, as he praised his bravery and love for his master. As a result of that deed [Shapuh] felt great affection for [Vasak], honored him in accordance with his worth, and exalted him every day so that there was reconciliation and peace between them.

Ապա միայց դեռ անդէն եւս էր արքայն Հայոց առ արքային Պարսից, եւ մեծ սէր էր ի մէջ նոցա եւ մեծ խաղաղութիւն, երկնչելով երկեալ թագաւորն Պարսից Շապուհ, եթէ
գուցէ ստեացէ սիրոյն նորա Արշակ արքայ Հայոց, եւ լիցի
միաբան ընդ կայսերն Յունաց, եւ կամ կողաքակ ինչ լիցի
ի նմանէ: Եւ ոչ հաւատայր նմա թէ պահեացէ առ նա զմրտերմութիւն սիրոյն, եւ կացցէ յուխտին միաբանութեան
ընդ նմա: Վասն այսորիկ երդումն պահանջէր ի նմանէն,
մինչեւ կարի ստիպեալ բռնադատեաց զնա. Հաւանեաց,
ասէ, եւ երդուիր ինձ յայրէնս քո, զի մի ստեցես ինձ: Իսկ
իբրեւ կարի բռնադատեցաւ եւ ի նեղ անգաւ եւ շտապեալ
տագնապեցաւ, եւ տուն հրաման ածել զերիցունս եկեղեցլույն Տիսպոնի քաղաքի, որում անուն գլխաւորին Մարի.
եւ բերին զաւետարանն սուրբ, եւ տայր երդումն արքայն
Պարսից Շապուհ արքային Հայոց Արշակայ երդնուլ
յաստուածեան աւետարանն, զի այլ մի եւս ստեացէ նմա.
այլ կացցէ յուխտի նորա, եւ պահեացէ զղաշինս նորա: Եւ
վասն զի պատգամաւոր իրացս այսցիկ էր տանուտէրն
նահապետն Մամիկոնեան տոհմին երէց եղբայր Վասակայ սպարապետին, որում անուն Վարդան կոչէր, մեծապէս արքայ Շապուհ յակն առեալ սիրէր զնա: Իսկ իր եղբայրն Վասակ զաւրավարն Հայոց նախանձ բերէր ընդ երիցու երբարն իւրում ընդ Վարդանայ: Կամեցաւ խանգար
առնել ի մէջ Արշակայ թագաւորին Հայոց, <...> եւ փախչել. այր ասէր Շապուհ. Թէ ձեր սրտի մտաւք է տուեալ
զերդումն, զիարդ կարէր ըստ հաւանութեան ելանել երդմանցն եւ կամ փախչել: Այլ, ասէ, գիտեմ զի կախարդութեամբ խաբեցէք զիս. եւ որ ունի զաւրէնսն ձեր, զնա սիրեցէք, եւ նենգութեամբ նմա խորհրդակից եղեալ լինէն փախուցէք եւ կամիք դուք զտէրութիւն Արշակունեաց ի վերայ
ձեր, եւ զնոյն խնդրէք:

Now while the king of Armenia was with the king of Iran and there was great affection and peace between them, Shapuh, the king of Iran, nonetheless feared that perhaps Arshak, king of Armenia, would violate that affection, might unite with the Byzantine emperor, or somehow be pried away from him. He did not believe that [Arshak] would preserve the intimate affection he had for him or remain true to the oath of alliance with him. Therefore he requested a vow from him and intensely pressured him, saying: "Consent and vow to me according to your faith that you will not be false to me." Under severe pressure and insistent force [Arshak] became harassed. They commanded that priests from the church of the city of Ctesiphon (the leader of whom was Mari) be summoned. They brought the blessed Gospel and Shapuh, the king of Iran, had Arshak, king of Armenia, swear on the divine Gospel that he would never again break his vow to him, but keep his oath and preserve his treaty. Since the intermediary in these matters was Vardan, the tanuter nahapet of the Mamikonean tohm and the senior brother of Vasak the sparapet, king Shapuh felt great affection for him. But his brother Vasak the general of Armenia was envious of his senior brother Vardan. He wanted to create a disturbance between Arshak king of Armenia [and the king of Iran] [...][23] and flee. But Shapuh said: "If you made the vow sincerely, how could he oppose it or flee. Rather, I know that you deceived me through witchcraft. You liked the one who holds your faith, you treacherously plotted with him, making him flee. You too want the Arsacid lordship over you, and sought for this."

---

23 Apparently a page is missing which described Vasak's actions. The text resumes with the king speaking with Mari and the priests.

Եւ երդնու Շապուհ արքայ յարեգակն եւ ի ջուր եւ ի կրակ, եթէ ոչ միում մարդոյ որ յայդմ աւրէնս քրիստոնէութեան է ոչ տամ առնել. եւ հրաման տայր զամենեսեան տանել սպանանել։ Եւ տանէին զգլխաւորն նոցա զՄարի երէց, եւ զայլ երիցունսն եւ զարկաւագունսն, աւելի քան զեւթանասուն այր, ի մի գուբ զամենեսեան զնոսա փողոտէին։ Եւ զաւետարանն սուրբ յոր երդուաւ թագաւորն Արշակ կապէր պատէր երկաթի սարեաւք, եւ իւրով մատանեաւ կնքեալ, ի գանձտան հրամայէր, եւ տայր հրաման պահել զգուշութեամբ։

And king Shapuh vowed by the sun, water, and fire, that he would not permit a single Christian man to live. He ordered that they all be taken and killed. They took their leader, the presbyter Mari, and other priests and deacons (more than seventy men) and killed them all together in one ditch. And [Shapuh] ordered that the blessed Gospel on which king Arshak had vowed should be bound with an iron chain, sealed with his ring, and kept carefully.

ԺԷ

Յաղագս թէ զիարդ յուզեաց Շապուհ արքայ
Պարսից ի վերայ քրիստոնէութեան:

Այլ ի ժամուն յայնմիկ, յորում սպանաւ երէցն Մարին հան-
դերձ եւթանասնաւքն, յարոյց հալածանս մեծ Շապուհ ար-
քայն քրիստոնէութեանն հաւատող. հարկաւք եւ պէսպէս
վշտաւք նեղէր զնոսա եւ հարուածովք բազում: Եւ յետ այ-
սորիկ հրաման տայր ընդ ամենայն տեղիս իշխանութեան
իւրոյ, թէ որ միանգամ զանուն քրիստոնէութեան ունիցի յի-
շխանութեան իմում, զամենայն մարդ միանգամայն հան-
ցեն ընդ սուր սատակեսցեն. զի մի գտցի յիշխանութեան
իմում, որ քրիստոնեայ անուն անուանեսցէ զանձն իւր:
Ապա բերս բիւրոց կոտորէին, եւ հազարս հազարաց. զի
այնպէս տուաւ հրաման ի թագաւորէն, զի ամենեին քրիս-
տոնեայ անուն ի սահմանս նորա մի գտցի:

XVII

HOW SHAPUH, KING OF IRAN, INITIATED A PERSECUTION AGAINST THOSE OF THE CHRISTIAN FAITH.

When the presbyter Mari and the seventy others were killed, king Shapuh began a great persecution of members of the Christian faith. He oppressed them with taxes, diverse sorrows and blows. Then he issued an order throughout all the places under his sway: "Whoever under my authority even bears the name of a Christian shall be removed and put to the sword, so that there will be no one under my authority who calls himself a Christian." So they destroyed myriads upon myriads and thousands upon thousands, for such was the king's order, that no Christian reside within his borders.

ԺԸ

Յաղագս Վարդանայ մահուն ի թագաւորէն
Արշակայ, նենգութեամբ իւրոյ եղբաւրն
Վասակայ սպարապետին:

Իսկ Վարդանն, մամիկոնեան տոհմին տանուտէրն, զայր հասանէր հրեշտակութեամբ յարքայէն Պարսից առ արքայն Հայոց Արշակ, եւ մատուցանէր զնիրովարտակն առաջի նորա: Եւ պատմէր նմա ի նմանէ բանս խաղաղութեան եւ զխաշտութեան, եւ զերդմանցն հաստատութիւն: Եւ տայր պատգամ, թէ որ ինչ եղեւն այն աha թողեալ լիցի վնասն. բայց դու յայսմ hետէ կաց յուխտին բանի, եւ մի անցաներ ըստ բան երդմանցն քում աւրինաց յոր երդուար: Ապա թէ ոչ դու զիստես, եւ քո աւրէնքն որում ստեսն: Իսկ Արշակ թագաւորն սիրով ունէր եւ սիրով լսէր պատգամին, եւ հաւանէր զասացելոցն: Եւ խաղաղութեամբ արձակէր զմեծ նաhապետն ի տուն իւր, զի երթիցէ hանգիցէ յաշխատութենէն յերկայն ճանապարhէն. եւ գնաց:

Եւ յորժամ եկն նաhապետն Վարդան առ Արշակ, ոչ դիպեցաւ անդ կրսեր եղբայր նորին Վասակ առ արքայի: Ապա յետ այսորիկ եկն Վասակն, եւ գրգռէր զթագաւորն ընդ իւրում եղբաւրն երիցու, ասելով թէ Վարդան է որ մատնէ զքեզ թագաւորին Պարսից, եւ կամի կորուսանել զքեզ. եթէ ոչ աճապարեսցես վաղագոյն սպանցես զնա, դու կորնչիս եւ աշխարhս Հայոց:

242

<h1 style="text-align:center">XVIII</h1>

THE DEATH OF VARDAN WHICH WAS CAUSED BY KING ARSHAK, THROUGH THE TREACHERY OF HIS OWN BROTHER VASAK.

Now Vardan, the *tanuter* of the Mamikonean *tohm*, came on a mission from the king of Iran to king Arshak of Armenia, and presented him with the edict. And he told him about [Shapuh's] words of peace and reconciliation and the confirmation by oaths. And he presented the message: "The crime in what has occurred will be overlooked, but after this stand firm in the vow and do not transgress the oath you swore according to your faith. Otherwise know that you have violated your faith." Now king Arshak received and heard the message with affection and believed what had been said. He peacefully released the great nahapet to his tun so that he might go and rest from the fatigue of the long journey. And [Vardan] went.

When the nahapet Vardan had come to Arshak, his younger brother, Vasak, was not with the king. But subsequently Vasak arrived and stirred the king up against his senior brother, saying: "It was Vardan who betrayed you to the Iranian king and wants to destroy you. If you do not hurry and kill him immediately, you and the land of Armenia will be lost."

Ապա եւ կին թագաւորին եւս գրգռէր զթագաւորն սովին բանիւք, եւ զբանս զաւրաւարին Վասակայ հաւատարիմ առնէր նմա: Վասն զի ունէր նա զոխսն զայն ընդ Վարդանայ, զի նենգութեամբ եւ դատով եւ մեծաւ երդմամբ սա այս Վարդան կոչեաց զԳնէլն զայր նորա, յորժամ սպանանէր զնա թագաւորն Արշակ: Իսկ կինն զնոյն ոխութիւնս պահէր նմա, վասն այնորիկ աւելի եւս գրգռէր կինն թագաւորին ի վերայ նորա. մինչ զի եւ զաւր գումարեցին ի վերայ Վարդանայ, զի երթեալք սպանցեն զնա. նա եւ ինքն իսկ իւր եղբայր Վասակ երթայր ի վերայ նորա:

Ապա երթեալ գտանէին զնա յիւրում զաւառին Ի Տայս, յիւր ամուր բերդին որում անուն Երախանի կոչի: Իբրեւ տեսին զգունդն թէ Վասակ է, ոչ ինչ երկեան եւ ոչ զգուշացան կամ կասկածեցին. համարեցան զգաւրն եղբաւրն թէ խաղաղութիւն է եկն նորա, մինչ իջին առ խորանին դուրս, զի էր հարեալ զխորանն ի ձոր յունչ բերդին: Եւ մարդիկ զաւրացն Վասակայ էին ամենեքեան ի ձածուկ վառեալք եւ ի վերայ ազգուցեալք հանդերձ: Եւ մինչ դեռ նա լուանայր զգլուխս իւր մերկանդամ, հասանէին սուսերաւք բազում մարդիկ, եւ խոցոտէին զնա մինչ դեռ նա կայր խոնարհեալ զի արկցեն ջուր ի վերայ նորա: Եւ ոչ ոք տայր ժամանել յառնել, զի անդէն ի կողի սպանանէին զնա:

Եւ կինն նորա յոյ էր, եւ հասեալ էին աւուրք ծննդեան իւրոյ: Մինչ դեռ ի վեր ի բերդին նստէր ի գահոյս իւրում, եղեւ գոյժ սաստիկ. իսկ նա իբրեւ զձայն գուժոյն լսէր, վազէր ի գահոյից անտի, եւ ընդ վազելն ծնանէր զմանուկն: Եւ կոչէին զանուն մանկանն յանուն հաւր իւրոյ Վարդան:

Furthermore, [Arshak's] wife also aroused the king with similar words and made him accept general Vasak's words as reliable. For [P'aranjem] held a grudge against Vardan since it was this Vardan who had treacherously, fraudulently, and with a great oath summoned her husband Gnel for king Arshak to kill. Because the woman had kept her grudge against Vardan she even more provoked the king against him. Indeed, a force was assembled against Vardan to go and kill him, and his own brother Vasak went to effect it.

They went and found him in his district of Tayk', in his secure fortress which was named Eraxani. When [Vardan's people] saw that it was Vasak's brigade, they neither feared, took precautions nor felt any doubt. They reasoned that since it was the force of [Vardan's] brother, he had come in peace. So [Vasak's troops] came and descended to the door of the tent, since [Vardan] had pitched his tent in the valley, at the foot of the fortress. Vasak's troops were all secretly armed, wearing their [regular] clothing on top. While [Vardan], naked, was washing his head, many men with swords reached him, and stabbed him as he was bent over to pour water over himself. He did not even have time to arise, since they struck and killed him from the side.

[Vardan's] wife was pregnant, and the day of delivery had arrived. While she was seated on her chair in the upper part of the fortress, the terrible news came. When she heard the bad news, she jumped from her chair and as she ran, the baby was born. The child was named after its father, Vardan.

ԺԹ

Յաղագս թէ զիարդ անմտութեամբ գնայր ի
սպանութիւնս նախարարացն յանխնայ Արշակ
արքայ Հայոց:

Այլ ահա ի ժամանակին յորժամ մեռժեցաւ յարքունական
բանակէն սուրբ եպիսկոպոսապետն Ներսէս, եւ ոչ ոք զոյր
ընդդիմացեալ թագաւորին որ տայր նմա զյանդիմանու-
թեան զխրատն, այնուհետեւ ըստ կամաց չարութեանն
իւրոյ գնացեալ լինէր նա. եւ զբազումս ի նախարարացն
կոտորեաց, զբազումս ազգատ արարեալ անճիտեաց, եւ
զբազմաց տունս հատանէր յարքունիս: Բայց զտոհմս կամ-
սարականացն որ էին զաւառաց տեարք, Շիրակայ եւ Ար-
շարունեաց, ազգատ առնէր, եւ զգաւառան ունէր յուստան:

Բայց յազգէն յայնմանէ մանկիկ մի փոքրիկ, անուն
Սպանդարատ, թագուցեալ ապրեցուցանէր սպարապետն
զաւրավարն Հայոց Վասակ, որ յետոյ լինէր ժառանգ աշ-
խարհին: Թագաւորն Արշակ հրաման տայր յԱրշարունե-
եաց գաւառին շինել իւր բերդ մի ամուր, Արտագերս անուն:
Եւ զգաւառն յուտեստ ի պատրաստութիւն համբարաց թո-
ղոյր բերդին, վասն զի կարի ամուր էր բերդն այն:

XIX

HOW ARSHAK, KING OF ARMENIA, SENSELESSLY AND INDISCRIMINATELY MOVED TO KILL THE NAXARARS.

Now when the blessed archbishop Nerses had quit the royal banak, there was no one to reproach the king or give him contrary counsel, and so [Arshak] went along according to his evil wishes. He destroyed many of the naxarars, extirpated many azgs, and confiscated many tuns for the court. He extirpated the tohms of the Kamsarakans who were the lords of districts, of Shirak and Arsharunik', and he made [their] districts ostan [royal land].

However, the general of Armenia, the sparapet Vasak concealed and saved a tiny child from that azg, named Spandarat, who subsequently became the inheritor of [their] land. King Arshak ordered that a secure fortress be constructed for him in the district of Arsharunik', a fortress named Artagers. And he laid in store victuals in preparation for the district in the fortress, since that fortress was extremely secure.

Յաղագս թէ զիարդ պատերազմ սաստկացեալ էր
ի մէջ Յունացն եւ Պարսից, եւ թէ զիարդ Արշակ
արքայ Հայոց զաւրավիգն լինէր թագաւորին
Պարսից, եւ հանէր ընդ սուր զգաւրսն Յունաց.
Կամ զիարդ դաւաճանութեամբ սիւնոյն
Անդուկայ փախստական լինէր արքայն Հայոց:

Այլ զառաջինն իբրեւ փախեաւ թագաւորն Արշակ յարքայէն
Շապհոյ, եւ անարգեաց զնա յերդմանցն իւրոց, զառաջինն
Շապուհ արքայն Պարսից ոչ ինչ խստութեամբ ջանացաւ
ընդ նմա. վասն զի մարտ դեռ բազում սաստկացեալ էր ի
մէջ իւր եւ ի մէջ թագաւորին Յունաց: Եւ իբրեւ հաղ քան
զհաղ յաւել լինէլ պատերազմ, իսկ թագաւորն Հայոց Արշակ
զառաջինն ընդ միտս իւր մեծամտեալ էր, եւ նայէր տեսանել
թէ ով ի նոցանէն կոչեսցէ զնա ի թիկունս աղնականու-
թեան Յաղագս գործոյ պատերազմին: Ակն ունէր, երթեալ
կամելով յաւժարութեամբ ի թիկունս կայսերն Յունաց. իսկ
նոքա ոչ կոչեցին զնա, եւ ոչ շուք ինչ եդին նմա եւ ոչ մեծա-
րանս:

Իսկ թագաւորն Պարսից Շապուհ յղէր առ նա հրեշ-
տակս խաղաղութեան. յուշ առնէր նմա զառաջին երդումն,
ասելով եթէ կամ լիցի եղբաւրդ զի եկեսցես աւգնեսցես ի
գործ պատերազմիս, զի ի թիկունս հասցես քո զնդաղ: Ասէ.
Թէ դու ի մեր կոյս լինիս, գիտեմք զի մեր լինելոց է յաղթու-
թիւնն: Ապա յորժամ զայս լսէր Արշակ արքայ Հայոց, մե-
ծաւ ուրախութեամբ կամեցաւ երթալ ի թիկունս աղնակա-
նութեան, զաւրավիգն լինէլ Շապհոյ թագաւորին Պարսից:

XX

HOW THE WAR BETWEEN BYZANTIUM AND IRAN INTENSIFIED; HOW THE KING OF ARMENIA, ARSHAK, ALLIED WITH THE KING OF IRAN AND PUT THE BYZANTINES TO THE SWORD; AND HOW, THROUGH THE TREACHERY OF ANDOVK SIWNI, ARSHAK FLED TO SHAPUH, KING OF IRAN.

Previously when king Arshak had fled from king Shapuh and dishonored him through his vow, Shapuh, the king of Iran, tried no severity [in dealing] with him, for there was still intense warfare between himself and the emperor of Byzantium. As the war dragged on, king Arshak of Armenia conceitedly waited to see which of them would call him to aid them in fighting. He enthusiastically wanted to go to the aid of the emperor of Byzantium, but [the Byzantines] did not call on, magnify or exalt him.

But the Iranian king Shapuh sent messages of peace to him, reminding him of his previous vow, saying: "Your brother wants you to come and help him fight with your brigade. I know that if you are on our side, we shall triumph." Now when Arshak, the king of Armenia, heard this, with great joy he wanted to go to aid and assist Shapuh, king of Iran.

Ապա տայր հրաման թագաւորն Արշակ Վասակայ իւրում սպարապետին գունդ գումարել, զայրս պատրաստել։ Եւ նա վաղվաղակի կատարէր զհրամանս թագաւորին. չորեքհարիւր հազար զայր կուռ վառեալք, որ ընտիրք եւ պատերազմողք էին, լի արութեամբ արուեստաց նահատակութեանն։ Նիզակաւորք, սուսերաւորք, աղեղնաւորք անվրէպք կորովիք, վաղրաւորք, սակրաւորք, որք ոչ գիտէին զերկեղ զանգիտելոյ յարանց յախոյանց. համակ հեծելազաւրք զրահաւոր պատենազէնք, սաղաւարտաւորք, դրաւշաւորք, կազմ նշանաւորք բազմածայն փողարաւքն։

Խաղաց զնաց թագաւորն Արշակ բազմակոյտ նախարարաւքն, չուեաց ընդ Աղձնիս ընդ իւր իշխանութիւնն. չոգաւ թափեցաւ յերկիրն արուագաստանի դէմ յանդիման Մծբնացոց քաղաքին, որ էրն տեղի ճակատուն պատերազմին։ Ապա երթեալ տեսանէին զժամադիր արարեալ միմեանց վասն իրաց պատերազմին կողմանցն երկոցունց։ Իսկ զայրքն Յունաց հասեալք, մածեալք բանակեալք էին իբրեւ զաւազ առ ափն ծովու բազմութեամբք։ Իսկ զայրքն Պարսից չեւ էին հասեալ ի ժամադիր տեղի պատերազմին։ Իսկ զայրքն արքային Հայոց կանուխ քան զՊարսսն ի տեղի ճակատուն հասանէին, եւ զտեղի առեալ կային։ Ապա տապել սկսան զայրքն Հայոց ընդ իւրեանց նիստ խափանածոյն, եւ ոչ առնուին յանձն մնալ կամ անսալ զայրացն Պարսից, այլ կամեցան յարձակել դիմել հասանել ի վերայ թագաւորին Յունաց ինքեանք առանց Պարսից զայրացն, անձամբք վճարել զգործ պատերազմին։

So he ordered his sparapet, Vasak, to assemble a brigade and prepare troops. [Vasak] quickly implemented the king's orders. [He assembled] 400,000 well-armed troops of select warriors full of manly heroism: spearsmen, swordsmen, powerful archers who did not miss their mark, men with sabers and battle-axes who were fearless before champions, the entire cavalry wearing armor, with helmets, banners, with notable multi-sounding trumpets.

King Arshak with a multitude of naxarars went through his principality, through Aghjnik', and came out into the Aruac'astan country, opposite the city of Nisibis, which was to be the battle site. Now when [the Armenians] arrived at the place and time designated for the battle between the two sides, they saw that the Byzantine troops had already arrived and encamped in a multitude as dense as the sand on the seashore, while the Iranian troops had not yet come. The troops of the king of Armenia arrived before the Iranians and waited in place. Now the Armenian troops grew restless with waiting and did not want to wait for or heed the Iranian troops, but rather wanted to attack the Byzantine king themselves and wage war without the Iranians.

Եւ այր ամենայն զաւրացն Հայոց ինքնակամք իւրաքանչիւր արձակ արձակ խաղային. եւս առաւել զաւրավարն նոցին Վասակ քան զամենայն զաւրսն եղեւել աննէր, կապակոտոր լինէր, չմնայր հաւանութեան մինչեւ զաւրքն Պարսից եկեսցեն, այլ զի միայն ինքեամբք վճարեսցեն զգործ պատերազմին:

Ապա միահամուռ զաւրքն Հայոց անկանէին առաջի եւ խնդրէին յիւրեանց թագաւորէն Արշակայ, զի մի պահեսցէ զնոսա մինչեւ եկեսցէ արքայն Պարսից Շապուհ. այլ վասն որոյ իրիք եկեալ իցեն, վաղագոյն նոցա զպատերազմն առ յանդիման արարեալ համարձակեսցէ յարձակել քան զանսալն յաւտար աշխարհին. առաւել մղձէին, զի լաւ հաշուէին զմեռանելն առաւել քան զյամելն յաւտար աշխարհին: Ապա թոյլ տայր նոցա թագաւորն Արշակ, եւ յանդիմանէր նոցա զգործ պատերազմին: Ապա կարգէր կազմէր պատրաստէր զամենայն զզաւրսն Հայոց Վասակ զաւրավարն սպարապետն Հայոց մեծաց: Վառէր զինէր ժամակալ լինէր Վասակ. հանդերձ ամենայն պատերազմող զաւրաքն այրայրատեան զնդան ելանէր անկանէր ի վերայ բանակին: Առ հասարակ ընդ սուր հանեալ կոտորէին, այնպէս զի ոչ ապրեցուցանէին ի նոցանէ եւ ոչ զմի: Եւ առնուին զկապուտ զաւար յումական զաւրուցն, զի ոչ գոյր չափ կամ թիւ որչափ լցան զանձաւք, եւ անհամար կարասեաւ մեծաւ աւարացն յովացան:

Եւ յետ այսորիկ զտեղի ունէր արքայն Հայոց հանդերձ իւրովք զաւրաքն, մինչեւ զայր հասանէր Շապուհ արքայն Պարսից ամենայն անթիւ եւ անչափ զաւրաւքն Պարսից: Իբրեւ եկն եւտես զբաջութիւն գործոյն հայաստան զաւրացն, զի զճակատ մղեալ, զպատերազմ յարդարեալ, զյաղթութիւն կազմեալ եւ զգործ վճարեալ, կայր զարմացեալ մեծապէս. եւ պատուէր զԱրշակ արքայ Հայոց մեծապէս, եւ զամենայն մեծամեծս Հայոց. սոյնպէս եւ զսպարապետն Հայոց զՎասակ:

Every man of the Armenian troops, self-willed and un-bridled, moved forth. This was especially true of their general Vasak, who, more than anyone, was going back and forth un-restrained, unwilling to wait for the Iranians to come. Rather, he wanted them to wage the war themselves.

Then all the Armenian troops moved forward and be-seeched their king Arshak not to restrain them until the Irani-an king Shapuh arrived. Rather, he should let them accomplish that which they had come to do, and let them attack [the Byz-antines]. For they were impatient waiting in a foreign land and considered it better to die than to wait there. So king Arshak allowed it, and went against [the Byzantines] in war. Vasak, the general and sparapet of Greater Armenia, arranged, organized and prepared all the Armenian troops. He armed and at the appointed time went against the army together with all the military forces of the Ayraratean *gund*. They put all of them to the sword, so much so that not a single [Byzantine soldier] survived, Then [the Armenians] took the loot and booty of the Byzantine troops, and there was no estimating how much they loaded up with treasures or countless great articles of loot.

After this the king of Armenia remained there with his troops until Shapuh, king of Iran, arrived with countless, im-measurable Iranian troops. When he observed the bravery of the deed of the Armenian troops, how they fought, won and resolved the battle, he was very surprised. And [Shapuh] greatly honored king Arshak of Armenia and all the Armenian grandees, as well as Vasak, the sparapet of Armenia.

Ապա խաւսել սկսանէր թագաւորն Պարսից Շապուհ ընդ զայրս իւր թէ զինչ պարգեւս բարեաց, կամ զինչ հատուցումն կարեմք մեք հատուցանել արքային Հայոց Արշակայ, զի զայսպիսի գործ գործեաց, կամ զայսպիսի քաջութիւն արարեալ, կամ զայսպիսի թշնամիս եհար եւ զայսպիսի պատերազմ մղեաց, կամ այսպիսի ճակատու յաղթեաց եւ զայսպիսի անուն ստացաւ մեզ։ Զի եթէ մեք լեալ էաք, ամենայն Արեաց զաւրք հանդերձ այսպիսի աջողութեամբ զայր ի ձեռն, բաց թէ զոյգ հասարակ այսպիսի գործ ի միասին կարէաք գործել. արդ Հայոց արքայ իւրով զայրութեամբն ընդ մեր նահատակեալ, զայսցափ քաջութիւնս արար, զոր ոչ ոք կարէ առնել ամենեւին։ Արդ զորպիսի հատուցումն բարեաց կարասցուք մեք առնել նմա։ Եւ այսպիսի անգեալ էր ի խորհուրդս, թէ զինչ այն ինչ իցէ զոր տայցեմ եւ նմա։ Ապա տային պատասխանի նախարարքն իւր Շապհոյ արքային Պարսից, եւ ասեն ցնա թէ զինչ եւ կամիս, ի կամիս կարող ես հասնել զնա. ոսկի քո շատ եւ արծաթ, կերպաս եւ մարգարիտ. զինչ եւ միանգամ դու կամիս շնորհել նմա, տուր նմա։ Ապա տայր պատասխանի Շապուհ թագաւորն Պարսից իւրոց իշխանացն, եւ ասէ. Արդ ոչ եթէ սէր ինչ է, զոր դուք ասացէք. այլ եկայք, անքակ սէր արասցուք մեք ընդ Արշակայ արքային Հայոց, զի մինչեւ յաւիտեան անբաժին լիցի նա ի մէնջ։ Տացեմ զդուստր իմ կնութիւն Արշակայ արքային Հայոց, եւ տաց նմա տուն մեծ. զի յորժամ զնասցէ ի Հայոց զալ առ մեզ, այնպէս տացուք նմա տուն, զի ի Հայոց մինչեւ ի Տիզբոն մինչեւ առ մեզ համակ յիւրում տան ազգի, մինչեւ առ մեզ եկեսցէ։ Թագաւորին զայս արասցուք. իսկ զայրավարին Վասակայ կամ այլոց մեծամեծացն եւ զայրավարացն տացուք ոսկի եւ արծաթ, կերպաս եւ մարգարիտ։ Եւ հաճեցան մեծամեծքն եւ խորհրդակիցք թագաւորին Պարսից ընդ այս խորհուրդ, եւ հաստատէին զասացեալսն թէ արժան է զայդ առնել։

King Shapuh of Iran then began asking his troops regarding what good gifts or what reward he could give Arshak, king of Armenia, for having accomplished such a deed, displaying such bravery, attacking such an enemy, waging such a battle and winning it as well as receiving such a good name. "For," he said, "we, the entire Aryan forces would have been able to do this with their help, but now the king of Armenia instead of us accomplished such bravery that none other could accomplish. Now what fitting reward can we give him?" Thus he pondered what they should give him. The Iranian king Shapuh's naxarars told him: "Give him anything you think will please him, much of your gold, silver, silk, and pearls". The Iranian king Shapuh replied to his princes: "What you suggest does not display [sufficient]affection. Rather, come, let us establish unshakable affection between ourselves and king Arshak of Armenia, such that he will be inseparable from us for eternity. I will give king Arshak of Armenia my daughter in marriage and a great tun, such a tun so that when he comes to us from Armenia as far as Ctesiphon, he will lodge within his own tun. Let us give this to the king. As for general Vasak and the other grandees and generals, let us give them the gold, silver, silk, and pearls." The Iranian king's grandees and counselors approved of this plan and confirmed that it was fitting to do it.

Իսկ թագաւորն Պարսից Շապուհ մեծաւ ստիպով ստիպէր զթագաւորն Հայոց զԱրշակ, զի առցէ զնասցէ զնա ընդ ինքեան յԱսորեստան, զի անդ մեծափառ պատուով եւ փեսայութեամբ մեծարեսցէ զնա։ Իսկ Արշակ եւ ամենայն զաւրք իւր տաղտապէին երթալ զհետի ճանապարհն. զի ամենայն ոք յանձնիւր տուն յիւրաքանչիւր տեղի զաւրէն բարուց հայաստան մարդկան անձկացեալ էին։ Եւ եղեւ իբրեւ ի վերայ հասանէր իրացն Անդովկ նահապետն Սիւնեաց զաւառին, եթէ Շապուհ թագաւորն Պարսից կամի տալ զդուստր իւր կնութեան Արշակայ թագաւորին Հայոց, մեծապէս երկեաւ, եւ բախեցաւ նորա կասկած մտացն իւրոց։ Զի եդ ի մտի իւրում թէ յորժամ առցէ Արշակ կին իւր զդուստր թագաւորին Պարսից, յայտ է այնուհետեւ թէ անարգի դուստր նորա։ Վասն զի Փառանձեմ դուստր Անդովկայ, որ էր կին լեալ Գնելոյ, ի ժամանակի անդ էր կին Արշակայ թագաւորին Հայոց. կասկածէր նա թէ զուցէ յորժամ այլ առցէ, զնորայն անարգեսցէ։

Անկանէր այնուհետեւ Անդովկ ի հնարս հնարել, եւ ի ծուխս խորհրդոց, զտանել պատճառս զի ո զիւոէ կարասցէ ցրուել զպէրն մեծ, որ էր անկեալ ի մէջ թագաւորացն երկոցունց։ Նախ բազում ոսկի զարտավարին Հայոց Վասակայ Անդովկն մատուցանէր, սոյնպէս եւ զամենայն մեծամեծսն կաշառէր, զի հնարեսցի թակել զմեծ սէրն որ իցէն ի մէջ թագաւորացն երկոցունց։ Եւ ամենայն մեծամեծքն ձեռն յանձին հարկանէին. առեալ ոսկւոյն կաշառաւք խաւարեցան։ Ապա զմի ումն յաւազագ թագաւորին Պարսից ի ներքին ի բուն խորհրդականացն ի բանի իւրում առնէր Անդովկն զինարաւորութեամբն, զնենգաւորութեանն դաւաճանութեամբ մեքենայութեամբն, զի բանս արկցէ ընդ թագաւորին Պարսից ընդ Շապուհ եւ ընդ Արշակ։

Then king Shapuh of Iran greatly pressured king Arshak of Armenia to go with him to Asorestan so that he might exalt him there with very glorious honor and by making him his son-in-law. But king Arshak and all of his troops were annoyed [at the prospects] of going on such a long journey, for each of them, after the custom of Arnenians, longed for his own tun and his own customary place. Now when Andovk, the nahapet of the district of Siwnik', learned that king Shapuh of Iran wanted to marry his daughter to king Arshak of Armenia, he was very frightened and his mind was wracked with suspicions that when the Iranian king gave Arshak his daughter, his own daughter [P'arhanjem] would be dishonored afterwards. For at that time Andovk's daughter, P'arhanjem (who had been Gnel's wife), was the wife of king Arshak of Armenia, and [Andovk] suspected that as soon as [Arshak] took another [wife], his [daughter] would be dishonored.

Andovk then fell to thinking to find some ruse by which he could destroy the great affection which had blossomed between the two kings. First, Andovk presented much gold to Vasak, the general of Armenia, and he similarly bribed all the grandees, to devise some way of destroying the great affection between the two kings. All the grandees accepted, blinded by the gold with which they had been bribed. Then Andovk approached a certain one of the seniors of the Iranian king, making him one of his inner and central counselors in this matter so that he would through any means—treachery, deceit, or caprice—create tension between Shapuh, king of Iran, and Arshak.

Եւ տայր նմա Անդոյկ ոսկի բազում եւ անհամար, եւ դրները բանս ի բերան. զի իբրեւ կերպարանս գուշակի արասցէ ասել ցարքայ Արշակ, թէ ապրեցո զանձն քո, զի ճշգրիտ խորհուրդ խորհեալ է թագաւորին Պարսից ունել զքեզ եւ սպանանել։ Եւ յորժամ դու զայս ասասցես, ասէ, եւ զմեզ հրրամայեսջիր կոչել ի խորհուրդն. եւ զքո բանս աւագանին հաստատեն։

Ապա գայր մտանէր խորհրդակից արքային Պարսից առ արքայն Հայոց. խաւսել սկսանէր ընդ նմա զբանս ի բերան եղեալ Անդուկայն չարագործի, եւ ասէր թէ արքայդ Հայոց Արշակ, ապրեցո զանձն քո. զի խորհուրդ խորհեալ է թագաւորին Պարսից Շապհոյ ունել զքեզ եւ սպանանել։ Կայր հիացեալ եւ զարմացեալ արքայն Արշակ ընդ բանսն ընդ այնոսիկ, եւ ասէ. Ի մէջի վաստակոցն իմ ի վերայ այս հատուցումն ի նոցանէն։ Ապա հրաման տայր կոչել զառաջեաւ իւրով արքայ Արշակ զամենայն զմեծամեծս իւր, եւ զամենայն խորհրդակիցս իւր, զՎասակ սպարապետն, եւ զԱնդովկն զանէր իւր, եւ որ միանգամ էին նախարարքն. եւ պատմէր նոցա զոր միանգամ լուաւ ինքն ի պարսկէ անտի։ Ապա եւ նոքա ընդ մի բերան ասէին ընդ նմա, թէ մեք զայդ վադ լուաք, ցքեզ չիշխեցաք ասել. այլ իրքդ այդ հաստատ են։ Բայց արդ, արքայ, զիտեա տես զիարդ ապրեցուցես զանձն քո եւ զմեզ։ Ապա արքայ Արշակ բազում պարգեւս զանձուց ոսկւոյ եւ արծաթոյ տայր պարսկին այնմիկ, որ ասաց նմա զբանս զայսոսիկ։ Եւ ինքեանք կազմեցան պատրաստեցան. խորհուրդ խորհեցաւ Արշակ թագաւորն Հայոց. եւ յառնէին ի գիշերի որ միանգամ մարդ էր ի բանակին Հայոց, հեծան ի ձիս եւ փախեան։ Եւ առ եւտեղ թողին զնորանս եւ զվրանս, զկահ եւ զկարասի եւ զկազմած իւրեանց, եւ զբանակն իւրեանց, եւ զնացին զաղ֊ տուկ. եւ ոչ ոք ի բանակէն Պարսից զիտացին զայն մինչ ցայգ ցառաւաւտն։

Andovk gave him a huge, inestimable amount of gold and told him to say, as an informer to king Arshak: "Look out for your life, for truly the king of Iran has planned to seize and kill you." Andovk continued: "When you have said this, get [Arshak] to summon us to a council, and the nobility will confirm your words."

The counselor of the Iranian king then went to the king of Armenia and began to speak the words which the malefactor Andovk had put in his mouth, saying: "Arshak, king of Armenia, look out for your life, for Shapuh, the king of Iran plans to seize and kill you." King Arshak was stunned by these words and said: "Is that the reward I am to receive from him for my great labors?" Then king Arshak ordered all of his grandees summoned into his presence and all of his counselors, and the sparapet Vasak and his father-in-law Andovk and, generally, all of the naxarars. Then he told them what he had just heard from that Iranian. They all replied together: "We heard that long ago, but did not dare to tell you. However those words are correct. Now, king, see what you can do to save yourself and us." King Arshak then gave the Iranian who had told him many gifts of gold and silver treasures. [The Armenians] organized and prepared themselves, and king Arshak of Armenia thought. Everyone in the Armenian banak then arose at night, mounted, and fled. Leaving behind the tents, pavilions, furniture, goods, equipage and banak, they departed stealthily. And no one in the Iranian banak knew about this until morning.

Եւ իբրեւ եղեւ ժամ այգորելի առ թագաւորն Պարսից, եւ ամենայն թագաւորք եւ իշխանք մեծամեծք իւր այգորեալ զային արքային Պարսից, բայց միայն ոչ ուրեք ի մէջ երեւէր թագաւորն Հայոց Արշակ հանդերձ իւրովք մեծամեծաւքն։ Ապա տայր հրաման Շապուհ թագաւորն Պարսից իւրոցն, երթեալ տեսանել թէ զինչ իրք իցեն ի բանակին Հայոց թագաւորին Արշակայ. զի այնչափ ժամս յամեաց գալ յայգորել թագաւորին Պարսից Շապհոյ։ Ապա երթեալ տեսանէին, զի թափուր կայր բանակն առանց մարդոյ. զի թողեալ էր իրեանց զխորանս եւ զկրանս եւ զհովանոցս եւ զարահակս եւ զգահոյս եւ զանկողինս եւ զկահ եւ զկազմածս եւ զկարասի իւրեանց, եւ զգանձս իւրեանց անգամ. բայց միայն զգէնս իւրեանց որ բարձեալ էին ընդ ինքեանս, եւ գնացեալք։ Եւ որք չոգան ի բանակն, զային զամենայնն պատմէին Շապհոյ արքային Պարսից։ Եւ իբրեւ լուաւ Շապուհ արքայ Պարսից, քանզի այր իմաստուն էր, զիտացեալ ի կարծիս իմաստութեան իւրոյ զիրսն որ ինչ եղեւն, անդէն ասաց թէ այն փախուստ թագաւորին Հայոց յիմոց աստի եղեալ է. զի ի մէնջ ի մերմէ ի դրանէ աստի էին, ասէ, որք փախուցին զայրն զայն զԱրշակ։ Ապա իւրոց աւագացն ի մեծամեծացն դեսպան ձիով զբագումս յղէր զհետ թագաւորին Հայոց, հանդերձ երդմամբ ի սէր միաբանութեան եւ յանդիմանութեան զի դարձին, եւ զցուրախասունութեան զբանս ի մէջ աձեալ կշտամբիցեն։ Եւ ոչ կամեցաւ արքայն Հայոց ունկնդիր լինել բանիցն պատզամաւորացն թագաւորին Պարսից Շապհոյ, եւ ոչ դարձաւ այլ անդրէն յերկիրն Պարսից։ Ապա յայն աւրէ հետէ եւ անդր յուզեցաւ պատերազմ գրգռութիւն մարտից ճակատուց ի մէջ թագաւորին Հայոց Արշակայ եւ ի մէջ թագաւրին Պարսից Շապհոյ ամս աւելի քան զերեսուն։

When it was the hour to bid good morning to the Iranian king, all the kings, and his grandee princes came to greet the Iranian king but nowhere among them was the king of Armenia, Arshak, with his grandees. So Shapuh the king of Iran ordered his men to go and see what had occurred in the banak of Arshak, king of Armenia, that he had so delayed in coming to bid good morning to the king of Iran, Shapuh. They went and saw that the banak was empty and without people, for [the Armenians] had left their pavilions, tents, canopies, hangings, seats, beds, furniture, baggage and equipage, and even their treasures. They had taken only their weapons, borne aloft, and departed. Those who had gone to the banak returned and related everything to Shapuh, the king of Iran. When Shapuh heard this (since he was a wise man) he realized in his wisdom that the flight of the Armenian king was the result [of something done] by one of his own men. "For," he said, "that man Arshak was made to flee by people from among our court here." So he sent many of his senior grandees on a mission, galloping after the king of Armenia [bearing with them the promise] of a vow of affectionate alliance and a reproach that [the Armenians] return so that they examine the slander and rebuke it. But the Armenian king did not want to listen to the words of the messengers of Shapuh, the king of Iran, and they did not turn back to the land of Iran. From that day forth warfare and the agitation of battles stirred between the king of Armenia, Arshak, and Shapuh, king of Iran. [It continued] for more than thirty years.

ԺԱ

Յաղագս թէ զիարդ եղեւ պատերազմ ընդ
Շապուհ թագաւորն Պարսից եւ ընդ Արշակ
թագաւորն Հայոց զառաջինն, կամ զիարդ
յաղթէր Արշակ արքայ Հայոց:

Ապա ամս ութ, յետ գնալոյն փախչելոյն արքային Հայոց Ար-
շակայ ի թագաւորէն Պարսից Շապհոյ, լուր լինէր թագա-
ւորն Պարսից ի թշնամութենէ. եւ խաւսէր համակ ողոքով,
եւ աղաչէր զԱրշակ արքայ Հայոց սիրով հաշտ եւ միաբան
կալ ընդ նմա յուխտի խաղաղութեան: Վասն զի ի մեծ վր-
տանգ շտապի էր թագաւորն Պարսից ստէպ ստէպ յան-
դադար պատերազմացն ի թագաւորաց անտի Յունաց: Իսկ
Արշակ արքայ Հայոց ոչ ինչ կամէր անսալ նմա, եւ ոչ հաւպ
ինչ լինել ի նա. եւ յղեալ դեսպանս, եւ ոչ ինչ տալ պատա-
րագս ընձայից, եւ ոչ հաւպ ինչ կամ մաւտ լինել ի նա բը-
նաւին. եւ զանունն անգամ նոցա ոչ կամէր լսել: Իսկ թա-
գաւորն Պարսից ստէպ ստէպ յղէր պատարագս առ նա,
առաքէր դեսպանս: Եւ ինքն հեպճեպ կռուէր ընդ թագա-
ւորն Յունաց:

Այլ իբրեւ եղեւ խաղաղութիւն ի մէջ թագաւորացն
Յունաց եւ ի մէջ թագաւորին Պարսից Շապհոյ, ուխտից
նամակ գրեալ եւ կնքեալ տայր թագաւորն Յունաց թագա-
ւորին Պարսից: Եւ գրեալ էր յուխտից նամակին այսպէս.
Եստու քեզ, ասէ, զՆծբին քաղաք որ է յԱրուեստանի, եւ զՄի-
ջագետս Ասորոց. եւ մէջաշխարհէն Հայոց ձեռնթափ եմ,
ասէ. թէ կարասցես յաղթել նոցա եւ արկանել ի ծառայու-
թիւն, ես ի թիկունս ոչ եկից նոցա: Արդ ի նեղ ուրեմն անգ-
եալ թագաւորն Յունաց, եւ ի նեղին վշտի զայս ձեռ աւրինա-
կի բանիցն կնքէր մուրհակ, եւ տայր թագաւորին Պարսից,
եւ ապա ճողոպրէր ի նմանէ:

XXI

HOW WARFARE TOOK PLACE BETWEEN KING SHAPUH OF IRAN AND ARSHAK, KING OF THE ARMENIANS, AND HOW ARSHAK TRIUMPHED.

Now eight years after king Arshak of Armenia had fled from king Shapuh of Iran, the Iranian king desisted from hostility. He spoke with true entreaty, affectionately beseeching king Arshak of Armenia to be reconciled and united with him through an oath of peace. For the Iranian king was then in great agitated danger from the frequent and incessant wars waged by the Byzantine emperors. However, king Arshak of Armenia in no way wanted to listen to or approach him, to send emissaries, give gifts, approach him, be associated with him, or even hear his name. On the other hand, the king of Iran was constantly sending [Arshak] gifts and emissaries while he himself fervently did battle with the Byzantine emperors.

Now it happened that peace came about between the emperors of Byzantium and king Shapuh of Iran. The Byzantine emperor wrote, sealed, and sent the following peace treaty to the king of Iran: "I give you the city of Nisibis (which is in Aruestan) as well as Syrian Mesopotamia. Furthermore I will vacate the interior of Armenia. Conquer them if you can and place them in your service. I will not come to their aid." For the emperor of Byzantium had become distressed, and in his sorrowful distress he sealed such a contract, gave it to the Iranian king, and thus got free of him.

Այլ իբրեւ եղեւ խաղաղութիւն ի մէջ թագաւորին Յունաց եւ ի մէջ թագաւորին Պարսից, այնուհետեւ կազմէր
զզաւրս իւր թագաւորն Պարսից Շապուհ, եւ խաղաց ի վերայ Արշակայ արքային Հայոց մարտի պատերազմաւ։ Իսկ
սահմանապահքն թագաւորին Հայոց, որ նստէին ի Գանձակ Ատրպատականի, վաղ ազդ առնէին նմա զիրսն մինչչեւ հասեալ էր նա ի սահմանս Ատրպատականի։ Ապա իբրեւ զայն զգայր թագաւորն Հայոց Արշակ, հրաման տայր
Վասակայ իւրում սպարապետին կազմել զամենայն զզաւրս
իւր, եւ հասանել ի դիմի հարկանել թագաւորին Պարսից
Շապհոյ։ Ապա արագ ժողովել ի մի վայր, հանդէս առնէր
Վասակ սպարապետն ամենայն զաւրաց Հայոց. եւ զտան
ռէծելազաւր սպառազէնք կուռ վառեալք նիզակաւորք
վաթսուն բեւր, միասիրտք միաբան միամիտք։ Եւ հանդերձ
նոքաւք յառաջ խաղայր սպարապետն Հայոց Վասակ հասանէր, բախեալ ի դիմի հարկանէր թագաւորին Պարսից։
Առ հասարակ զաւրսն զամենայն հարկանէին ի սուր սուսերի իւրեանց. եւ միայն ճողոպրեալ արքայն Պարսից
Շապուհ փախչէր։ Սոքա հասանէին, զերծին այրացաւեր
առնէին առ հասարակ զերկիրն Պարսից. եւ ինքեանք կայ ին
ունէին զճակատուն տեղի, այս ինքն զսահմանս Պարսից
պահէին։

Now when there was peace between the emperor of Byzantium and the king of Iran, king Shapuh organized his troops and went against king Arshak of Armenia in war. The border-guards of the Armenian king who were in Ganjak in Atrpatakan, informed [Arshak] of what was happening before [Shapuh] reached the borders of Atrpatakan. When king Arshak of Armenia learned about this, he commanded his sparapet Vasak to organize all of his troops and go against the Iranian king Shapuh. Sparapet Vasak quickly assembled and reviewed all of the Armenian troops. There were 60,000 cavalrymen, well-armed, with spears, who were united—of one heart and one mind. With them sparapet Vasak advanced and struck the [forces of] the Iranian king, putting all the troops to the sword. Only Shapuh the Iranian king escaped on a horse and fled. [The Armenians] reached, enslaved, and burned the entire country of Iran. And they held the site of the battle, that is, they kept the borders of Iran.

Յաղագս յետ այսորիկ որ ընդ երիս տեղի եղեւ
ճակատն յերկրին Հայոց ընդ զաւրսն Պարսից,
թէ զիարդ նշան յաղթութեան յայսմ եւս Հայոց
կանգնէր:

Յայնմ ժամանակի թագաւրն Պարսից Շապուհ ժողովեաց
զզաւրս իւր անթիւ եւ անհամար իբրեւ զաւազ առ ափ ծո-
վու, եւ փիղս բազումս, զի ոչ գոյր նոցա թիւ: Ընդ երիս բա-
ժանեալ զզաւրսն, երկուց զնդացն զԱնդիկան եւ զՀազա-
րաւուխտ զաւրագլուխս կացուցանէր, եւ միում զնդին ինք-
նին թագաւրն լինէր զաւրագլուխ: Եւ հրաման տայր թա-
գաւրն զաւրացն ընդ երիս տեղիս խաղալ մտանել արշա-
ւել յաշխարհն Հայոց: Ապա այս բանք վաղագոյն ազդ լինէ-
ին առ թագաւրն Հայոց Արշակ, եւ առ զաւրավարն նո-
ցին Վասակ. ապա եւ սոքա բազում զաւր յաշխարհէ ժողո-
վեցին, զի ոչ գոյր համար բազմութեանն: Եւ թէ բեւր աճա-
պարեցին, սակայն զաւրքն Պարսից արշաւէին յերկիրն
Հայոց, եւ ընդ երիս ասպատակէին:

Ապա թագաւրն Արշակ եւ զիւր զաւրսն բաժանէր
ընդ երիս. եւ տայր զմի զուդն Վասակայ սպարապետին,
եւ զերկրորդ զուդն ի ձեռն Բագասի եղբաւր նորին, որ ի
գործ արուրեան քաջ էր անհնարին, բայց ի գործ իմաս-
տութեան բախած էր. եւ զմիւս զուդն իսկ թագաւրն Ար-
շակ առնոյր: Եւ տայր հրաման յառաջ խաղալ պատրաս-
տել, առ դիպան պատահել զաւրացն Պարսից:

XXII

HOW AFTER THIS THERE WAS WARFARE WITH THE IRANIANS IN THREE PARTS OF THE COUNTRY OF THE ARMENIANS, AT THE VERY SAME TIME, ON THE SAME DAY OF THE SAME MONTH, AND HOW IN THESE THREE CASES AS WELL, THE ARMENIANS WERE VICTORIOUS.

In that period Shapuh, the king of Iran, assembled his forces, as countless and immeasurable as sand on the seashore, with an inestimable number of elephants. He then divided the troops into three parts. He designated Andikan and Hazarawuxt the military commanders of two brigades, while the king himself commanded one brigade. The king commanded the troops to go enter and invade the land of Armenia in three places. But this information was quickly learned by king Arshak of Armenia and by his general, Vasak. They in turn assembled many troops from the land, a countless multitude. Although they greatly hurried, the Iranian troops had already invaded the country of Armenia, raiding from three directions.

So king Arshak divided his troops into three parts. He entrusted one brigade to sparapet Vasak. The second brigade was entrusted to his brother Bagos who was incredibly courageous but not very bright. King Arshak himself led the other brigade. He ordered that they should advance to meet up with the Iranian troops.

Ապա գայր սպարապետն Վասակ, զոանէր զառաջին առաջն զաւրացն Պարսից զՀազարաւուխտն, զի հասեալ էին ի գաւառն Վանանդայ, ի տեղւոջն որ անուանեալ կոչէր յԵրեւեալ. եւ բախէր ընդդէմ զաւրացն Պարսից մարտիւ պատերազմաւ։ Ի պարտութիւն մատնեցան զաւրքն Պարսից, դարձան ի փախուստ, ցրուեցան սփոեցան։ Հասանէր զաւրավարն Վասակ, արկանէր զգաւրսն ամենայն փախստէից Պարսից. ոչ ապրեցուցանէին եւ ոչ զմի, եւ թափէին աւար բազում եւ զփիռոսն։

Ի նմին ամսեան ի նմին շաբաթու ի նմին աւուր հասանէր Բագոս, հանդերձ զաւրաւք որ ընդ իւրեւ էին. զոանէր զառաջ երկրորդ զաւրացն Պարսից եւ զԱնդիկան զաւրագլուխ նոցա, զի հասեալ մածեալ բանակէին ի վերայ ձկնատենիցն Առեստեայ։ Ապա վադ զգացին զաւրքն Պարսից զհասանել Բագոսին, եւ պատրաստեցան ի մարտ պատերազմի ընդդէմ զաւրացն Հայոց։ Ապա հասանէր Բագոսն ամենայն զաւդաւն. ընդդէմ յարձակէին ճակատուն Պարսից, անդէն հարկանէին սատակէին զամենայն առ հասարակ զգաւրսն Պարսից, եւ զլխովին զԱնդիկան սպանանէին։ Ապա դիպէր Բագոսն զնդին փողացն, եւ տեսանէր զմի ի փողաց անդի մեծապէս զարդարեալ, եւ զարքունական նշանս ի վերայ արձակեալ։ Համարեցաւ զթագաւորն ի փողն յայնմիկ. իջանէր յերիվարէն, հանեալ զաւսերն իւր յարձակէր ի վերայ փողին. զէն վերացոյց, եմուտ ի ներքոյ փողին, հարկանէր զներտս փողին, եւ անդէն ընկենոյր զփիռսն ի վերայ անձին իւրոյ, եւ սատակէին երկոքեան. զի ոչ ժամանէր ելանել ներքուստ ի փողէն։ Յայնմ ճակատու, բայց միայն զի մեռաւ զաւրագլուխ զաւրացն Բագոսն, այլ ի Պարսից զաւրացն ոչ ապրեցուցանէին յայնցանէ եւ ոչ մի։

Sparapet Vasak came and found Hazarawuxt and the first of the Iranian fronts which had come as far as the district of Vanand to the place known as Ereweal. He clashed with them in war, defeating the Iranian troops who turned to flight and dispersed. But general Vasak pursued and killed all the fugitive troops, and [the Armenians] got much loot and elephants.

On the same day of the same week of the same month, Bagos and the troops under him located the second Iranian front under Andikan the military commander, encamped near the fisheries of Arhest. However, the Iranian troops were quickly informed of Bagos' arrival and prepared to wage war against the Armenian troops. Then Bagos with his entire brigade attacked the Iranian front, and killed all of the Iranian troops there, including Andikan. Now Bagos chanced upon a brigade of elephants, and noticed that one of the elephants was greatly adorned and bore royal insignia. Thinking that the king was on that elephant, [Bagos] dismounted from his horse, took out his sword and attacked the elephant. He went under the elephant, raised the weapon and stuck it into the elephant's body. But the elephant fell upon [Bagos], and both of them perished, since he was unable to get out from under the elephant in time. In that battle [of the Armenians], only Bagos, the military commander of the troops died; but as for the Iranians, not a single one of them survived.

Իսկ ի նոյն ամի ի նմին շաբաթի ի նմին իսկ աւուր, քանզի մի աւր եղեն ճակատքն երեքեան, արդ հասանէր թագաւորն Արշակ, հանդերձ զաւրաւքն որ ընդ իւրն էին. գտանէր զինքնին թագաւորն Շապուհ, զի հասեալ մածեալ բանակէին ի զաւառն Բասենոյ ի տեղին որ անուանեալ կոչի Ոսխա։ Ապա անկանէր զիշերի արքայն Արշակ ի վերայ բանակին Պարսից, եւ անդէն ընդ սուր հանէր զամենեսեան. բայց միայն միածի մազապուր ճողոպրէր թագաւորն Շապուհ, փախուցեալ անկանէր յաշխարհն Պարսից։ Ապա յայնմ ժամանակի յերիցունց զնդացն միմեանց դիպէին աւետաւորքն յաղթութեանցն. բայց ի Բագոսէ, զի մեռաւ միայն ի միում ճակատուն, այլ եւ ոչ մի ի նոցանէն ոչ ծախէին. յԱստուծոյ եղեւ մեծ աջողութիւնն յաղթութեանն։ Եւ սոքա ի կողմանս Պարսից ասպատակէին, եւ հարկանէին մինչեւ ի կողմանս որ կոչին Խարտիզան։ Եւ լցան զանձիւք բազմաւք եւ զինու եւ զարդու եւ բազում աւարաւ եւ անչափ մեծութեամբ, եւ հարստացան անցին ըստ չափ։

Now in the same year, the same week, the same day—since these three battles took place on the same day—king Arshak and the troops under him found king Shapuh himself who had come and encamped in the district of Basen, in the place called Osxa.[24] King Arshak fell upon the Iranian *banak* at night and put them all to the sword. Shapuh the king was the only one who escaped, barely, fleeing to the land of Iran on a horse. Then messengers bearing the glad tidings of the victories of the three brigades, met each other. Aside from Bagos, who had died in one of the battles, not a single one [of the Armenians] had been killed. Great assistance in the victory had come from God. [The Armenian troops] then raided the Iranian areas, striking as far as the area called Xartizan. They loaded up with many treasures, weapons, ornaments, much loot, incalculable greatness, and were enriched beyond measure.

---

24 or, Oxsa.

Յաղագս Մերուժանայ արծրունոյ, որ
ապստամբեաց յարքայէն Հայոց Արշակայ,
եւ անկաւ առ թագաւորն Պարսից Շապուհ,
եւ առաւել գրգռէր զպատերազմունան. եւ թէ
զիարդ ուրացաւ յԱստուծոյ, եւ կամ զիարդ եղեւ
խոչրնդակն եւ խոչոտն երկրին Հայոց մինչեւ
յապայ:

Յայնմ ժամանակի ապստամբեաց յարքայէն Հայոց մի ոմն
ի նախարարաց մեծամեծացն, Մերուժան անուն Արծրու-
նի. եւ չոգաւ եկաց առաջի թագաւորին Պարսից Շապհոյ,
եւ դնէր ընդ նմա ուխտ երդմամբ, զի յաւիտեան ծառայ լի-
ցի նմա: Նախ ուրացաւ ի կենացն իւրոց զոր յԱստուածն
ունէր. զի եթող զաւրէնս քրիստոնէութեան, եւ խոստովան
եղեւ վասն անձին իւրոյ թէ չեմ քրիստոնեայ. եւ կալաւ զաւ-
րէնս մազդեզանցն, այսինքն զմոգուցն. եւաց երկիր արե-
գական եւ կրակի, եւ խոստովան եղեւ թէ աստուածք այն են
զոր թագաւորն Պարսից պաշտէ: Եղ ուխտ ընդ Շապհոյ
արքային Պարսից յայնմ հետէ. Թէ իցէ եւ կարասցէ յաղ-
թել Շապուհ Հայոց, եւ ունել զաշխարհն, եւ ինձ դարձ լիցի
յիմ աշխարհն եւ յիմ տունն, նախս ես աստէ շինեցից ատրու-
շան յիմում տանն սեպհականին, այս ինքն տուն կրակին
պաշտելոյ: Եւ կեանս եւ մահ դնէր ընդ նոսա, խոստացեալ
բանիւք եւ արդեամբք: Եւ զզաւրան Պարսից պատրաստէ-
ին տաւել եւս քան զառաջինն, եւ առաջնորդ ունէին զչարա-
գործն Մերուժանն, ասպատակել յաշխարհն Հայոց: Յան-
կարծաւրէն այրացաւեր զերկիրն Հայոց առնէին առաջնորդ
Մերուժանաւ. զարս տային ի կոխումն փղաց, եւ զկանայս
ընդ ցից սայլից հանէին. առնուին կոտորէին զամենայն բր-
նակիչան վերնագաւառացն Հայոց:

XXIII

CONCERNING HOW MERUZHAN ARCRUNI REBELLED AGAINST KING ARSHAK OF ARMENIA, FELL IN WITH THE KING OF THE IRANIANS, AND FURTHER AGGRAVATED THE CONFLICT; AND HOW HE APOSTATIZED GOD AND THEREAFTER BECAME AN OBSTACLE FOR THE COUNTRY OF ARMENIA.

In that period, one of the grandee naxarars named Meruzhan Arcruni rebelled from the king of Armenia, went before Shapuh, king of Iran, and swore an oath that he would be his servant forever. First [Meruzhan] apostatized his own life, for he had been a believer in God, but he abandoned the Christian faith and confessed that he was not Christian. And he accepted the faith of Mazdaism, that is, of the mages, worshiping the sun and the fire and confessing that whatever the king of Iran worshiped were the gods. Then he made a vow with Shapuh, king of Iran that: "If Shapuh can and does conquer and hold the land of Armenia, and if I return to my land and my tun,[25] I will first build an atrushan[26] in my own tun". And he put his life and death along with theirs, in word and deed. And the Iranian troops they prepared even more than before to raid Armenia, and the malefactor Meruzhan was their leader. Under the leadership of Meruzhan, the country of Armenia was burned and pillaged: men were trampled by elephants, women were impaled on wagons' stakes, and they took and killed all the inhabitants of the upper districts of Armenia.

---

25 *tun:* house.
26 *atrushan:* fire temple.

Մինչ դեռ թագաւորն Արշակ ի կողմանն ստորին զա-
ւառացն յԱնգեղ տանն էր յուտեստ, զմիջնաշխարհն բան-
դեալ բրեալ զաւրքն Պարսից ապականէին: Ապա զաւրա-
ժողով լինէր Վասակ զաւրավարն Հայոց, եւ որ հասին ի ժա-
մանակի անդ ի ձեռն նորա տասն հազար հեծեալ ընդիր
եւ քաջ այրեւձի, կազմ զինու եւ բազում պատրաստու-
թեամբ, եւ հանդերձ նոքաւք խաղայր, ի կիրթ ձգեալ հա-
սանէր զաւրացն Պարսից: Իսկ իբրեւ զզացին զաւրավարքն
զաւրաց թագաւորին Պարսից եթէ զաւրաժողով է ի վերայ
նոցա զաւրավարն Հայոց Վասակ, զմնացորդս աշխարհին
գերփեցին գերեցին առին եւ փախեան յաշխարհն իւրեանց
ձեպով տագնապաւ: Ապա զհետ կրթէր Վասակ Մամիկոն-
եան, եւ երթայր հասանէր նոցա. չուէին ի սահմանս Ատր-
պատականին: Իսկ զաւրքն թագաւորին Պարսից թողին
զգերին, եւ փախստական լինէին հանդերձ Մերուժանաւն:
Եւ թափէր անշափ եւ անթիւ զամենայն զառեալ զերութիւնն,
եւ դառնային խաղաղութամբ առ թագաւորն Արշակ:

While king Arshak was still in the area of the lower districts in Angeghtun [seeing about] provisions, the Iranian troops were demolishing and digging up the central parts of the land. So the general of Armenia, Vasak, called up the troops. He then had 10,000 select, brave cavalrymen which he organized and prepared. He went with them, hurrying to meet the Iranian troops. Now when the generals of the Iranian king's troops learned that the general of Armenia, Vasak, had massed troops [and was coming] against them, they plundered and enslaved those remaining in the land and fled to their own land at great speed. But Vasak Mamikonean went swiftly after them, catching up as they were going over the Atrpatakan border. Now the troops of the king of Iran left the captives and fled with Meruzhan. After freeing a countless, immeasurable host, all who had been taken in captivity, [Vasak and the troops] returned in peace to king Arshak.

Յաղագս Մերուժանայ, թէ զիարդ ապստամբէր
եւ գրգռէր զթագաւորն Պարսից Շապուհ,
եւ առնէր պատերազմ. եւ թէ զիարդ լինէր
առաջնորդ թագաւորին Պարսից Շապհոյ,
եւ ածէր հէն յաշխարհն Հայաստանի. եւ
կամ զիարդ զերէր զոսկերս Արշակունեաց.
կամ զիարդ զաւրավարն Վասակ թափեաց
զգերեալսն եւ յաղթեաց թշնամւոյն։

Ապա յետ այսորիկ Մերուժան վատանշան գրգռէր զթագա-
ւորն Պարսից զՇապուհն ի վերայ թագաւորին Արշակայ
մեծաւ բարկութեամբ։ Ապա զաւրաժողով լինէր թագաւորն
Պարսից Շապուհ, եւ լրտեսս արձակէր դիտել զարքայն Հա-
յոց զԱրշակ։ Եւ մինչ նա դեռ զգուշացեալ Արշակ արքայն
Հայոց հանդերձ իւրովք զաւրաւքն զատրպատական սահ-
մանաւքն, զի անդ սպասէր զաւրացն Պարսից, նոցա առաջ-
նորդ կալեալ զՄերուժանն ընդ այլ կարթել ասպատակ
յաշխարհն Հայոց առնէին։ Զի ընդ Աղձնիս եւ ընդ Ծոփս
մեծ, ընդ Անգեղ տունն եւ ընդ զաւառն Անձտայ ընդ Ծոփս
Շահունոց, ընդ Մզուր զաւառն եւ ընդ Դարանաղէ, ընդ
Եկեղեաց, զկողմանս այնց զաւառացն Շապուհ թագաւորն
Պարսից հանդերձ անթիւ զաւրաւքն ասպատակել հեղեալ
ծաւալէր բազմութեամբ իբրեւ զջուրս բազումս։

XXIV

HOW MERUZHAN REBELLED, PROVOKED KING SHAPUH OF IRAN INTO FURTHER MILITARY ACTIONS; AND HOW HE BECAME A LEADER FOR THE IRANIAN KING SHAPUH, CONDUCTED BANDIT RAIDS INTO THE LAND OF ARMENIA; AND HOW HE CAPTURED THE BONES OF THE ARSACID KINGS. HOW VASAK, THE GENERAL OF ARMENIA, FREED WHAT HAD BEEN CAPTURED AND DEFEATED THE ENEMY.

After this the infamous Meruzhan in great anger provoked the Iranian king, Shapuh, against king Arshak. The Iranian king, Shapuh, massed troops and dispatched spies to observe Arshak, king of Armenia. And while Arshak, king of Armenia, with his troops were located near the Atrpatakan borders, watching those parts—for he expected the Iranian troops to come from there—[the spies], with Meruzhan as their leader, came through a different area and raided Arnenia. They came through Aghjnik', Greater Cop'k', Angeghtun, through the district of Anjit, through Shahunoc' Cop'k', through the district of Mzur, through Daranaghe and Ekegheac'. Shapuh, the king of Iran, with countless troops [entered these districts] and spread about with his multitudes like a flood.

Այրացաւեր առնէին, եւ զանթիւ մարդիկ արկանէին ի
սուր սուսերի իւրեանց. զկանայս եւ զմանկտի հանէին ընդ
ցից սայլից, զկէսս զոր ի ներքոյ կամացն արկեալ կասուին:
Եւ զարանց բազմութիւնս տային ի կոխումն փղաց. եւ զա-
րանց թուոյ զմատաղ մանկտոյն զայս ի զերութիւն վարէին.
եւ զբազում ամուրս քանդէին, եւ զբերդս աւերէին զամուրս:
Եւ առին աւերեցին զմեծ քաղաքն Տիգրանակերտ, որ էր ի
զաւառին Աղձնեաց յիշխանութեան բդեշխին. քառասուն
հազար երդ, զայս նոյնհետայն ի զերութին խաղացուցին.
եւ ինքեանք ի Ծոփս մեծ արշաւեցին: Եւ անդ էին բերդք
զոր առին. եւ էր զոր ոչ կարացին առնուլ: Եւ զայս պահ
արկանէին շուրջ զԱնգեղ զամուր բերդաւն, որ է յԱնգեղ
տանն զաւառին. զի անդ էին բազում Հայոց թագաւորացն
զերեզմանք շիրմացն արանցն Արշակունեաց. բազում զան-
ձք մթերեալ մնացեալ կային ի նախնեացն ի հինգ ժամա-
նակաց հետէ: Զուան պահ արկին զբերդաւն. ապա իբրեւ
ոչ կարէին առնուլ վասն ամրութեան տեղւոյն, թողուին եւ
զնային: Եւ զբազում բերդաւք զանց առնէին, զի ոչ կարէին
մարտնչել ընդ ամուրսն. բայց միայն մատնեցաւ ի ձեռս
նոցա ամուր բերդն Անի ի Դարանաղեաց զաւառին անդ,
զի չարագործն Մերուժանն հնարաւորութեամբ մեքենա-
յէր ամուր բերդին այնմիկ: Ելանէին ի վեր, եւ կործանէին
զպարիսպ նորա, եւ իջուցանէին անթիւ զանձս ի բերդէն:
Եւ բանային զգերեզմանս զառաջին թագաւորացն Հայոց
զարանց քաջաց զարշակունոյ, եւ խաղացուցանէին ի զե-
րութիւն զոսկերս թագաւորացն. բայց միայն զգերեզման
շիրմին Սանատրկոյ արքային ոչ կարացին բանալ վասն
անհետեղ սկայազօրծ հաստաշինած ճարտարագործ արա-
րածոցն: Ապա զնացեալք անտի ի բաց մերժէին, ընդ այլ
դիմեալ ասպատակս կապէին, ընդ կողմանսն Բասենոյ յա-
ռաջ խաղային եւ ինքեանք, կամէին ի թիկանցն կուսէ ան-
կանել հասանել ի վերայ զաւրացն թագաւորին Հայոց:

They subjected the country to fire and pillage, putting many men to their swords. Women and children were thrown under the shafts of wagons, some were ground under threshers, a multitude of men were trampled by elephants and a countless number of tender children were led into captivity. They demolished many strongholds and secure fortresses. They took and destroyed the great city of Tigranakert, which was [located] in the district of Aghjnik' in the principality of the bidaxš. [The Iranians] immediately led 40,000 households into slavery, and then invaded Greater Cop'k'. There they found fortresses, some of which they took, others they were unable to take. They came and besieged the secure fortress of Angegh (which is in Angeghtun district), for at [that place] were the mausoleums of many of the Armenian Arsacid kings, and many treasures had been stored and kept there from [their] ancestors, from ancient times on. So, [the Iranians] went and besieged that fortress. But when they were unable to take it because of the security of the place, they left off and departed. They passed by many fortresses because they were unable to fight with the strongholds. However, the secure fortress of Ani in Daranaghi district was betrayed into their hands, because the malefactor Meruzhan devised a stratagem against this secure fortress. [The Iranians] climbed up, destroyed the walls, and had countless treasures lowered down from the fortress. They opened the tombs of the first kings of the Armenians, of the Arsacid braves, and took the bones of the kings into captivity. However, they were unable to open only the tomb of king Sanatruk because of its colossal, gigantic firm construction. So they left that place and went on elsewhere raiding, advancing through the Basen areas seeking to come up behind the troops of the king of Armenia.

Ապա մինչ դեռ այս ամենայն լինէր, գուժկան հասանէր առ թագաւորն Արշակ, եւ ասէն նմա. Դու աւադիկ առաջոյ սպասես թշնամեացն, նստիս յԱտրպատականի. իսկ թշնամիքն զթիկամբք անկեալ կոտորեցին զաշխարհս. եւ արդդիմեալ գան ի վերայ քո: Ապա իբրեւ զայս լսէին թագաւորն Հայոց Արշակ եւ զարաւարն նորին Վասակ, հանդէս առնէին զաւրացն իւրեանց: Եւ գտան ի ժամանակին անդ ընդ ձեռամբն զաւրաւարին Վասակայ արք զորձոց իբրեւ վաթսուն հազար, ընտիրք եւ պատերազմողք, որ միամիտք եւ միասիրտք էին միաբանութեան զործոցն պատերազմին, հասանել մարտնչել ի վերայ որդւոց եւ կանանց իւրեանց, եւ ի վերայ աշխարհին դնել զանձինս իւրեանց մինչեւ ի մահ եւ ի վերայ աշխարհին զաւառացն բնակութեան, հասանել մարտնչել ի վերայ եկեղեցեացն իւրեանց, ի վերայ ուխտին պաշտամանն որբոյ եկեղեցեաց իւրեանց, ի վերայ հաւատոց ուխտին անուան Աստուծոյ իւրեանց, փոխանակ բնակ տերանց իւրեանց Արշակունւոյ: Զի անգամ ոսկերք թագաւորացն մեռելոց եւ բազում ժողովուրդք խլեալք յիւրաքանչիւր տեղեաց, փոփոխեցան յաւտարութիւն:

Ապա Վասակ սպարապետն հանդերձ վաթսուն հազարաւք յառաջ խաղայր, դարձեալ ընդ կրուկ թողոյր զթագաւորն Արշակ յամուր տեղւոջ ուրեմն յերկրին Մարաց, հանդերձ սպասաւորաւքն: Եւ ինքն զայր հասանէր ի միջնաշխարհին Հայոց ի զաւառն Այրայրատու. եւ հասանէր զտաւնէր զզաւրսն Պարսից, զի հասեալ մածեալ էին բազմութեան իբրեւ զաւազ առ ափն ծովու, բանակեալ զզաւառան այրայրատեան: Ապա հասեալ Վասակ հանդերձ զնդաւն որ ընդ իրն էին, անկանէր ի վերայ բանակին թագաւորին Պարսից ի գիշերի յեղակարծումն ժամանակի:

While all this was taking place, the bad news reached king Arshak. They said to him: "Behold, while you were sitting in Atrpatakan expecting the enemy to come forth, they passed through the side, destroyed the land, and now are coming against you." When king Arshak of Armenia and his general, Vasak, heard this they reviewed their troops. At that time under general Vasak's disposition were some 60,000 select and martial men who were united in war with one mind and one heart to go and fight for their sons and wives, to give their lives for the land and for the districts of the land they inhabited, to fight for their Church, for the oath of worship of their blessed churches, for the oath of faith in the name of their God, and for their native Arsacid lords. For many people and even the bones of the dead kings had been seized from their own places and transferred to a foreign land.

The sparapet Vasak with 60,000 troops advanced, turning about, leaving king Arshak in a secure spot somewhere in the Marac' country with attendants. Then [Vasak] himself came and reached the interior of Armenia, the district of Ayrayrat. He found the Iranian troops which had encamped en masse in the district of Ayrayat. resembling the sand on the seashore. Vasak and the brigade with him fell upon the banak of the Iranian king suddenly, at night. And they put all of the Iranian troops to the sword. Only the king [Shapuh] was able to escape by a hairsbreadth and flee. [The Armenians] pursued the survivors and chased them beyond their borders, and retrieved from them much, countless loot, an inestimable amount.

Եւ անդէն առ հասարակ ընդ սուր հանէին զզաւրսն ամենայն Պարսից. բայց միայն թագաւորն միածի ճողոպրեալ մազապուր փախչէր։ Զհետ հալածէին զմնացեալսն փախուցեալսն արտաքոյ իւրեանց սահմանացն, եւ թափէին ի նոցանէ աւար բազում եւ անթիւ, զի ոչ գոյր նոցա չափ համարոյ։ Եւ առ հասարակ արկանէին զնոսա ի սուր սուսերի իւրեանց, եւ թափէին ի նոցանէն զոսկերս թագաւորացն իւրեանց, զոր Պարսիկք խաղացուցեալ տանէին ի գերութիւն յաշխարհն Պարսից։ Զի աստին ըստ իւրեանց հեթանոսութեանն ըսի աւրինացն, թէ վասն այսորիկ բարձեալ տանիմք զոսկերս թագաւորացն Հայոց յաշխարհն մեր, զի փառք թագաւորացն եւ բախտն եւ քաջութիւն աշխարհիս աստի գնացեալ ընդ ոսկերս թագաւորացն յաշխարհն մեր եկեսցեն։ Ապա թափէր Վասակ զգերութիւնն ամենայն զՀայաստան աշխարհին. եւ զոսկերս թագաւորացն Հայոց, զորս թափեաց Վասակ, հանեալ թաղեցին յամուր ի գեղն որ Աղձք անուանին, յԱյրարատ գաւառին որ կայն ի խինձ ի գոգս ի ծոցս յանձուկս ի դժուարս լերինն մեծի, զոր Արագածն կոչեն։ Եւ ինքեանք փոյթ արարեալ զաշխարհի նուաճել, յարդարել կարգել յարինել շինել զամենայն զգերութիւն յաւերածոյն եւ այրեցածոյն։ Բայց յայնմ նուագի եւս ապրէր Մերուժանն ճարագործն, փախուցեալ ընդ արքային Պարսից։ Եւ յայնմ հետէ պահ ունէին իւրեանց աշխարհին. արքայն Արշակ հանդերձ զաւրավարաւն Վասակաւ յերկոսին դուրս սահմանացն զգուշանային մինչեւ զամենայն աւուրս կենդանութեան իւրեանց։

They put all [of the Iranians] to the sword and retrieved from them the bones of their kings which the Iranians were taking into captivity to the land of Iran. For they, in accordance with their pagan faith said: "We are taking the bones of the Armenian kings to our land so that the glory, fortune and bravery of the kings of this land will come to our land with the kings' bones". Vasak retrieved all that had been captured from the land of Armenia. The bones of the Armenian kings which Vasak retrieved they buried at the stronghold in the village called Aghjk', in the Ayrarat district, which is located in one of the narrow crevices of the great Aragac mountain, [in a place] difficult of access. They then took care to pacify the land, to reform, to [re]build all the pillaged and burned [places] and to see to the captives. But this time too the malefactor Meruzhan had survived, fleeing along with the Iranian king. Thereafter king Arshak and general Vasak protected their land, carefully watching the two gates of the borders, all the days of their lives.

Յաղագս թէ զիարդ արշաւեաց արքայն Արշակ յերկիրն Պարսից, եւ քանդէր եւ հարկանէր զբանակն Շապհոյ արքային ի Թաւրէշ:

Ապա զաւրաժողով լինէր Արշակ արքայ Հայոց, եւ կուտէր առ ինքն զաւրս բազումս իբրեւ զաւազ բազմութեամբ, եւ խաղայր ի վերայ աշխարհին Պարսից: Ապա առնոյր Վասակ զգունդն Հայոց, եւ զՀոնսն հանդերձ Ալանաւքն կոչէլ յաւգնականութիւն, եւ հասանէր դիմէր յաւգնականութիւն թագաւորութեանն Հայոց ի վերայ Պարսից: Այլ թագաւորն Պարսից հանդերձ ամենայն իւրովք զաւրաւքն ի ժամանակի անդ յայնմիկ քանզի եւ նա խաղացեալ գայր ի վերայ Հայաստան երկրին ընդդէմ սոցա, ապա սոքա փութացեալք հասանէին յԱտրպատական, եւ գտանէին զբանակն արքային Պարսից ի Թաւրէշ բանակեալ:

Հասանէր Վասակ սպարապետն հանդերձ քան բիւրուքն, անկանէր ի վերայ բանակին Պարսից: Միաձի ճողոպրեալ թագաւորն փախչէր, եւ առնուին յաւարի զամենայն կարաւանն Պարսից. եւ զամենայն զաւրս Պարսից բազմութեանն կոտորեցին, եւ առ ինն աւար բազում ի բանակէն զի ոչ գոյր նոցա թիւ: Ասպատակ տուեալ առնուին զամենայն Ատրպայական երկիրն. քանդեալ բրէին զերկիրն, մինչեւ ի հիմանց կործանէին. եւ խաղացուցանէին զգերութիւն երկրին քան զաստեղս բազմութեամբ: Եւ զամենայն զաւր երկրին հանէին ընդ սուր. եւ ինքեանք զգուշացեալք սահմանաւք երկրին իւրեանց, պահ արկեալ պահէին մեծաւ զգուշութեամբ:

XXV

HOW KING ARSHAK OF ARMENIA INVADED THE COUNTRY OF IRAN AND RUINED THE ATRPATAKAN COUNTRY; HOW HE PULLED APART, STRUCK, AND DESTROYED, AND HOW HE SEIZED THE CAMP OF KING SHAPUH IN T'AWRESH.

King Arshak of Armenia then mustered troops, surrounding himself with a host as incalculable as the sand, and went against the land of Iran. Vasak took the Armenian brigade and summoned the Honk' and the Alans to come to assist the Armenian kingdom against Iran. At the same time the king of Iran was coming with all of his troops to go against the country of Armenia. [The Armenians] quickly reached Atrpatakan and found the banak of the Iranian king encamped at Tawresh.

Sparapet Vasak went against the Iranian banak with 200,000 troops and fell upon them. The king escaped by a hairsbreadth fleeing on a horse, and [the Armenians] took the loot of the entire Iranian caravan. They killed all the troops of the Iranian multitude, taking so much loot from the banak that there was no counting it. They raided the entire Atrpayakan country, demolishing, and digging up the country, destroying to the foundations. And they took more captives from the country than there are stars. They put all the men of the country to the sword. Then they carefully watched over the borders of their country with great caution.

Յաղագս Վնայ պարսկի եւ չորեքհարիւր
հազարացն որ եկեալ էին ի վերայ Հայոց, եւ
նկուն լինէին ի զաւրացն Հայոց:

Ապա գումարեաց թագաւորն Պարսից Շապուհ զՎինն ի
վերայ արքային Հայոց Արշակայ չորեքհարիւր հազարաւ:
Ապա գայր ելանէր Վինն, ասպատակ սփռէր ընդ ամենայն
երկիրն սահմանացն Հայոց: Եւ ապա իբրեւ զիտացեալ թա-
գաւորն Հայոց Արշակ, հասանէին ի վերայ զաւրացն Պար-
սից. կոտորեալ առ հասարակ ընդ սուր հանէր զամենայն
զաւրսն Պարսից, եւ զմնացեալսն փախստական առնէր
մինչեւ ի կողմանս սահմանացն Պարսից: Սատակէին զնո-
սա, եւ ինքեանք դարձեալ ունէին զճակատուն տեղի:

XXVI

CONCERNING THE IRANIAN VIN WHO CAME TO DO BATTLE WITH 400,000 TROOPS, BUT WAS CONQUERED BY THE ARMENIAN FORCES.

King Shapuh of Iran sent Vin against king Arshak of Armenia, with 400,000 troops. Vin arrived and spread about raiding in all the boundaries of the country of Armenia. When Arshak, king of Arnenia, learned about this [the Armenians] went against the Iranian troops, killing all of them and chasing the survivors as fugitives to the areas of the borders of Iran. They killed them and turned back, holding the place of battle.

Յաղագս զաւրավարին Պարսից Անդիկանայ,
որ քառասուն բիւրուն հասանէր աւար առնուլ
զերկիրն Հայոց. թէ զիարդ Վասակ սպարապետն
Հայոց ելանէր ընդ առաջ նորա երկոտասան
բիւրու, հարկանէր զնա եւ զգաւրս նորա:

Ապա յետ այսորիկ առաքէր արքայն Պարսից ի վերայ ար-
քային Հայոց զունդ կազմեալ պատրաստեալ արս ընդիրս
պատերազմողս իւր եւ զքառասուն բիւր, գալ առնուլ այրել
աւերել զերկիրն Հայաստան, եւ Անդկան զաւրագլուխ ըն-
ցա զայր հասանէր ասպատակ առնէր յերկիրն Հայոց: Ապա
զայր հասանէր ընդ առաջ նորա Վասակ Մամիկոնեան
սպարապետն Հայոց երկոտասան բիւրուք. հարկանէր սա-
տակէր զնա եւ զգաւրս նորա, թափէր զգարդ նոցա, եւ ոչ
ապրեցուցանէր մի ի նոցանէ եւ ոչ մի. եւ ինքն կայր քա-
ջութեամբ ունելով զճակատուն տեղի:

XXVII

HOW THE IRANIAN GENERAL ANDIKAN CAME WITH 400,000 MEN TO LOOT THE COUNTRY OF THE ARMENIANS; AND HOW THE SPARAPET VASAK WITH 120,000 ARMENIAN TROOPS WENT IN ADVANCE OF HIM AND DESTROYED THE IRANIAN TROOPS AND THEIR COMMANDER.

Then the king of Iran sent against the king of Armenia a brigade of organized, prepared men, his select warriors, and 400,000 troops to come, take, burn and destroy the country of Armenia. Andikan, who was their military commander, arrived and pillaged the country of Armenia. But then Vasak Mamikonean, the sparapet of Armenia, came before him with 120,000 troops. They struck and killed [Andikan] and his troops, taking their ornaments, and not sparing a single one of them. And [Vasak] himself, valiantly held the site of the battle.

Ցաղագս Հազարաւուխտոյն որ էր մի ի
նախարարացն Պարսից, զոր առաքեաց Շապուհ
արքայ ուխսուն բիւրաւք հարկանել զերկիրն
Հայոց. եթէ զիարդ Վասակ ել ընդ առաջ նորա
մետասան հազարաւ՝ հարկանէր սատակէր զնա
եւ զգաւրս նորա ի սահմանս Աղձնեաց:

Եկն եհաս Հազարաւուխտ ի զարացն Պարսից, զալ այր-
եաց աւեր առնել, ի հիմանց տապալել զերկիրն Հայոց: Եւ
դիմեալ ընդ երկիրն Աղձնեաց, կամեցաւ ծաւալել ընդ եր-
կիրն Հայոց եւ ընդ ամենայն սահմանս նոցա: Ապա ելա-
նէր Վասակ ընդ առաջ նորա հանդերձ մետասան հազա-
րաւ. հարկանէր սատակէր, եւ զգաւրսն զմնացեալսն եւ
զփախստականսն արկանէր յերկիրն Պարսից. եւ զՀազա-
րաւուխտն անդէն սպանանէր:

XXVIII

CONCERNING HAZARUXT, ONE OF THE IRANIAN NAXARARS WHO WAS SENT BY KING SHAPUH WITH 800,000 TROOPS TO ATTACK THE COUNTRY OF THE ARMENIANS; AND HOW VASAK CAME BEFORE HIM WITH 11,000 MEN, STRUCK AND DESTROYED HIM AND HIS TROOPS IN THE BOUNDARIES OF AGHJNIK'.

Hazarawuxt came with the Iranian troops to burn, pillage, and overturn the country of Armenia to its foundations. Approaching through the Aghjnik' country, he wanted to spread through the country of Armenia and all its boundaries. However Vasak came up before him with 11,000 [troops], struck at, killed, and chased the survivors to the Iranian country. He also killed Hazarawuxt.

Յաղագս Դմաւունդ Վեեմականայ, որ իննսուն
բիւրուն տապրիկ զաւրաւքն զոր առաքեաց
ի վերայ Արշակայ արքային Հայոց Շապուհ
արքայն Պարսից։ Ապա ելանէր Վասակ
զաւրավարն Հայոց, հարկանէր զնա եւ զզաւրս
նորա։

Ապա զայր հասանէր ի Կաւսականի տոհմէն Դմաւունդ
Վեեմական, հանդերձ իննսուն բիւրուն որ առաքեալ էին
ի Շապհոյ արքայէն Պարսից յերկիրն Հայոց, տալ ընդ նո-
սա մարտ պատերազմի։ Ապա կազմեցան պատրաստե-
ցան զաւրքն երկրին Հայոց, եւ Վասակ զաւրավար նոցա. ե-
լին պատերազմել ի դիմի հարկանել նոցա։ Ապա ի պար-
տութիւն մատնեցան զաւրքն Պարսից յերեսաց նոցա, դար-
ձան ի փախուստ։ Հասանէր Վասակ, կոտորէր սպանանէր
հարկանէր ի նոցանէն, զի եւ մի ոչ ապրեցուցանէր. եւ զՎե-
եմականն ի մէջ զաւրացն սպանանէր։ Եւ սինլքորքն ար-
տաքոյ իւրեանց սահմանացն հալածեալ տանէին։

XXIX

CONCERNING DMAYUND VSEMAKAN WHO, SENT BY THE KING OF IRAN, CAME WITH 900,000 AXE-BEARERS AGAINST KING ARSHAK OF ARMENIA; HOW VASAK, SPARAPET OF THE ARMENIANS, AROSE, REACHED THEM, AND SLEW [DMAYUND] AND HIS TROOPS.

Then Dmawund Vsemakan of the Kawosakan tohm came with 900,000 troops, sent by king Shapuh of Iran to come to the country of Armenia and make war. But the troops of the country of Armenia were organized and prepared. With Vasak as their general, they arose to war against [the Iranians]. The Iranian troops were defeated before them and turned to flight. Vasak caught up, struck, destroyed and killed them such that no one was spared. He killed Vsemakan among the troops, while the dregs [of the fugitives] were chased beyond their boundaries.

Լ

Յաղագս Վահրիճայ, որ չորեքհարիւր բիւրուն
գայր հասանէր, տայր պատերազմ ընդ
Արշակայ արքային. եւ զիարդ մատնեցաւ ի
ձեռս Վասակայ զաւրավարին Հայոց ամեայն
զաւրաւքն հանդերձ:

Ապա գայր հասանէր Վահրիճ ի Վահրիճայ, եւ զաւրքն Պար-
սից չորեքհարիւր բիւրուն առաքեալ ի Շապհոյ արքայէն ի
վերայ Հայաստան աշխարհին, աւար առնուլ եւ կորուսանել
զերկիրն զաւրացն թագաւորութեանցն Հայոց. եւ զայն հա-
սանէին ի տեղին, որ կոչին Մախազեան: Ապա քառասուն
հազարաւ ելանէր Վասակ զաւրավարն ընդդէմ նոցա. հար-
կանէր սատակէր զզաւրս նոցա, սպանանէր զՎահրիճն, եւ
կոտորէր զզաւրսն Պարսից, եւ ոչ թողոյր ի նոցանէ եւ ոչ մի.
եւ զգուշանայր զաահմանաւք երկրին իւրոյ:

XXX

HOW VAHRICH, SON OF VAHRICH, CAME FROM THE KING OF IRAN WITH 4,000,000 TROOPS AND BATTLED WITH THE KING OF ARMENIA; AND HOW HE AND HIS ENTIRE ARMY FELL INTO THE HANDS OF SPARAPET VASAK AND HIS TROOPS.

Then came Vahrich [son of] Vahrich with 4,000,000 Iranian troops sent by king Shapuh to loot and destroy the country of the troops of the Armenian kingdoms. They arrived at a place called Maxazean. But then general Vasak, with 40,000 [troops] rose against him. He struck and killed his troops, killed Vahrich, destroying the Iranian troops and leaving none of them alive. And he protected the borders of his country.

ԼԱ

Յաղագս Գումանդ Շապհոյ, որ մեծաւ
պարծանաւք պարծեալ առաջի արքային
Պարսից Շապհոյ, եւ առեալ աճէր ի վերայ
աշխարհին Հայոց իննիարեւր հազար զաւրս.
եւ կամ զիարդ նկուն լինէին, չարաչար մերժեալ
լինէին յաշխարհէն Հայոց:

Եւ եղեւ յետ այսորիկ զայր հասանէր Գումանդ Շապուհ,
առաքեալ ի Շապուհոյ արքայէ Պարսից իննիարիւր հազա-
րաւ, պարծեցեալ առաջի թագաւորին: Եւ գնացեալ, զայր
հասանէր յաշխարհին Հայոց. եւ առաջնորդ ունէր ի ձեռին
զՄերուժանն վատանշան, որ էր յԱրծրունեաց տոհմէն
յերկրէն Հայոց: Ասպա զայր հասանէր, եւ զեռծ զտանէր
զասահմանապահն որք պահէին զասահմանս Հայոց: Ասպա
լցան սփռեցան ծաւալեցան ընդ ամենայն երկիրն Հայոց,
աւար առնուլ քանդել աւերել զերկիրն ամենայն Հայոց աշ-
խարհին: Ասպա կազմէր պատրաստէր Վասակ զաւրավարն
Հայոց, հասանէր անկանէր ի վերայ արքայազնդին. եւ նախ
զԳումանդ Շապուհն սպանանէր: Եւ ասպա ընդ ցիրն աս-
պատակ սփռեալ հայացիքն, զամենայն զաւրսն Պարսից
կոտորեալ, անմի արարեալ սպառէին: Բայց միայն չարա-
գործն Մերուժանն միածի ճողոպրեալ, փախչէր անկանէր
յերկիրն Պարսից:

XXXI

ABOUT GUMAND SHAPUH, WHO BOASTED GREATLY IN THE PRESENCE OF THE IRANIAN KING SHAPUH. HE CAME TO ARMENIA WITH 100,000 TROOPS, BUT DEPARTED THE COUNTRY OF THE ARMENIANS DEFEATED.

Next came Gumand Shapuh, sent by Shapuh, king of Iran (before whom he had boasted), with 900,000 [troops]. He reached the land of Armenia, having as a guide the notorious Meruzhan of the Arcrunik' tohm, who was from the country of Armenia. Finding the border-guards who protected Armenia's boundaries negligent, [the Iranians] filled up and spread throughout the entire country of Armenia, looting, demolishing, and ruining the entire realm of Armenia. Then the general of Armenia, Vasak, organized and prepared, reached and fell upon the royal brigade. First he killed Gumand Shapuh. After this the Armenians spread around, exterminating all the Iranian troops. Only the malefactor, Meruzhan, escaped by a hairsbreadth, fleeing on a horse to the country of Iran.

Յաղագս Դեհկան նահապետի, որ առաքեցաւ ի Շապհոյ արքայէ Պարսից ի վերայ Արշակայ Հայոց արքային զաւրաւք. ապա հասաներ սատակեր զնոսա զաւրավարն Հայոց Վասակ:

Յետ այսր ամենայնի Շապուհ արքային Պարսից զաւրաժողով լինէր, եւ կուտեր զաւրս անչափ եւ անթիւ եւ անհամար իբրեւ զաւազ ծովու, եւ կուտ վառեալ որք նիզակ ի ձեռն առնուին, չորեքհարիւր բեւր զաւրս բազումս: Եւ զԴեհկան նահապետ, որ տոհմիկ իսկ էր ազգաւ տոհմին զաւրավարացն Հայոց, այս ինքն Մամիկոնէնից, առաքէր զնա թագաւորն Պարսից Շապուհ յերկիրն Հայոց ի վերայ Արշակայ արքային Հայոց:

Գայր հասաներ ի սահմանս երկրին Հայոց. ապա եւ զհայացին ոչ ինչ ծուլացեալ ի քուն գտաներ, այլ կազմ պատրաստք կային նմին գործոյ ճակատուն պատերազմի: Եւ զաւրավարն Վասակ ելաներ ընդ առաջ նոցա եւթանասուն հազարաւ. հարկաներ սատակեր զզաւրսն ամենայն Պարսից, սպանաներ զհիր զազգային զԴեհկան նահապետուն, եւ զմնացեալսն առաջի իւր տաներ փախստական ձիահալածք արարեալք: Բայց Մերուժանն արծրունւի փախուցեալ ապրեր, որ առաջնորդեր նոցա:

XXXII

CONCERNING THE NAHAPET DEHKAN, WHO WAS SENT BY KING SHAPUH OF IRAN WITH MANY TROOPS AGAINST KING ARSHAK OF ARMENIA; AND HOW VASAK, THE GENERAL OF ARMENIA, STRUCK AND KILLED HIM AND HIS TROOPS.

After all this Shapuh, the king of Iran, mustered troops assembling countless, numberless troops, resembling the sand by the seashore—well-armed men with spears in hand, many troops, 4,000,000 of them. And the Iranian king Shapuh sent Dehkan nahapet who was a tohm-member by azg of the tohm of the generals of Armenia, that is, of the Mamikoneans to the country of Armenia against king Arshak of Armenia.

He arrived at the borders of the country of Armenia. But [this time] the Armenians were in no way caught napping; rather, they were organized and ready to wage war. General Vasak arose before them with 70,000 [troops]. He struck and killed all the Iranian troops, including his own relative Dehkan nahapet, and expelled before them all the fugitives on horseback. However, Meruzhan Arcruni, who guided them, fled and survived.

Յաղագս Սուրենայ Պահլաւի, որ եկն եւ նա զաւրաւք բազմաւք. եւ սա եւս նկուն լինէր իբրեւ զառաջինսն:

Ապա կրկնէր լինէր զաւրաժողով Շապուն արքայ Պարսից, կազմէր պատրաստէր զունդս բազումս զաւրացն եւ փիղս անթիւս, զաւրս ընդիրս եւ պատերազմողս. եւ Սուրէն Պահլաւ, որ ազգակից իսկ էր Արշակայ թագաւորին Հայոց, եւ Մերուժանն առաջնորդ նոցա. եւ արձակեաց ի վերայ նոցա: Ապա քանզի եւ Վասակ զաւրավարն Հայոց խաղաց գնաց ընդ առաջ նոցա երեսուն հազարաւ, հարկանէր ի դիմի զՍուրէն եւ սպանանէր, եւ զզաւրսն կոտորեաց. բայց Մերուժան փախչէր:

XXXIII

HOW SUREN PAHLAW CAME AGAINST ARMENIA AND HOW HE, LIKE HIS PREDECESSORS, WAS DEFEATED.

But once again Shapuh, the king of Iran, mustered troops, arranging and preparing many troops of select martial men, and countless elephants [and entrusted them to] Suren Pahlaw[27] who, in fact, was a relative of Arshak, the king of Armenia. Meruzhan was their guide. [Shapuh] dispatched [them] against [the Armenians]. But the general of Armenia, Vasak, came up before them with 30,000 troops, struck and killed Suren who was across from him, and destroyed his troops. However, once again Meruzhan escaped.

---

27 *Pahlaw:* "the Parthian".

Յաղագս Ապական Վեհմականի, զի եկն եւ նա
յայս պատերազմս, եւ նմա ճախողեցաւ որպէս
առաջնոցն:

Իսկ յետ Սուրենայ եկն Վեհմական. զայր հասանէր անճափ
բազմութեամբ եւ անթիւ զաւրաւք, եւ Մերուժան առաջ-
նորդ առաքեալ ի Շապհոյ արքայէն Պարսից ի գործ պա-
տերազմի ի վերայ երկրին Հայոց: Ապա առաքեցաւ ընդ
առաջ նորա Վասակ սպարապետ զաւրավարն Հայոց.
հարկանէր սատակէր զԱպականն Վեհմական հանդերձ
զաւրաւքն, եւ զմին ի նոցանէն ոչ ապրեցուցանէր: Բայց մի-
այն փախչէր չարագործն Մերուժան:

XXXIV

ABOUT APAKAN VSEMAKAN WHO CAME TO THE COUNTRY OF ARMENIA TO FIGHT WITH HIS INNUMERABLE TROOPS; AND HOW HE FAILED LIKE HIS PREDECESSORS.

After Suren, it was Vsemakan who came, sent by king Shapuh of Iran to war against the country of Armenia. He arrived with an immeasurable host and countless troops, having Meruzhan as a guide. However the sparapet general of Armenia, Vasak, was sent before him. [Vasak] struck and killed Apakan Vsemakan with the troops, not sparing a single one of them. Only the malefactor Meruzhan fled.

Յաղագս Զրկայ նուիրակապետի, որ առաքեցաւ ի Շապհոյ արքայէն ի վերայ Հայոց բազում զաւրաւք ի պատերազմ, եւ սատակեցաւ իբրեւ զառաջինսն:

Յետ այսորիկ Զիկ նուիրակապետն զիւր արձակեաց Շապուհ արքայ Պարսից, մղել զպատերազմ Հայոց. եւ զՄերուժանն առաջնորդ ընդ նոսա առնէր: Եւ գումարէր գումարտակ բազում իբրեւ զաւազ ծովու բազմութեամբ, եւ զայն հասանէին յերկիրն Հայոց: Ապա ելանէր ի դիմի հարկանէր նոցա Վասակ զաւրավարն Հայոց. Զիկն սպանանէր, եւ զզաւրսն զկէսն կոտորէր, եւ զկէսն առաջի իւրեանց փախստական առնէին: Այն անգամ եւս ոչ կարէին ի բուռն արկանել զՄերուժանն:

XXXV

ABOUT THE PERSIAN NUIRAKAPET ZIK, WHO WAS SENT WITH MANY TROOPS TO MAKE WAR AGAINST ARMENIA BY THE IMPIOUS IRARANIAN KING SHAPUH, AND WHO FAILED LIKE HIS PREDECESSORS.

After this king Shapuh of Iran sent his chief nuncio, Zik, to wage war in Armenia. Meruzhan was their guide. He assembled battalions which in their number resembled the sands of the sea, and they came and reached the country of Armenia. But the general of Armenia, Vasak, arose and opposed him. He killed Zik and destroyed half of the troops, driving the other half before him as fugitives. But on that occasion as well they were unable to lay hold of Meruzhan.

Յաղագս Սուրենայ պարսկի, որ յետ Զրկայն
եւս եկն ի պատերազմն. եւ նա ի բուռն անկեալ
Վասակայ, հանդերձ իւրովք զաւրաւքն
սատակեցաւ:

Եւ եղեւ յետ մահուն Զրկայ, Սուրէն պարսիկ խաղաց ի
թագաւորէն Պարսից Շապհոյ. վաթսուն բիւրու եկն եհաս,
տալ պատերազմ ընդ թագաւորին Հայոց Արշակայ, եւ ա-
ռաջնորդ ունէր զՄերուժանն։ Ապա ժողովեաց զամենայն
զաւրս նախարարացն Վասակ սպարապետն Հայոց. ելանէր
ի գիշերի անկանէր ի ներքս ի ռակիշն ի ճետիոսս, սուսեր
ի ձեռն տուան հագարաւ ընտիր ընտիր արամբք։ Առ հասա-
րակ կոտորէին հարկանէին եւ սատակէին զզաւրսն Պար-
սից. եւ ձերբակալ առնէին զՍուրէն պարսիկ, եւ ածէին զնա
առ արքայն Արշակ։ Ապա հրաման տայր քարակոշկոճ առ-
նել զնա։ Բայց Մերուժանն ապրէր փախստեայ:

XXXVI

CONCERNING THE PERSIAN SUREN, WHO CAME AFTER ZIK TO WAGE WAR; AND HOW SPARAPET VASAK DEFEATED AND KILLED HIM TOGETHER WITH HIS FORCES.

After the death of Zik, the Iranian Suren left king Shapuh of Iran with 600,000 [troops] to war against king Arshak of Armenia. Meruzhan was his guide. Then Vasak, the sparapet of Armenia, assembled all the troops of the naxarars. At night he entered the entrenchment on foot with 10,000 very select men bearing swords. They generally destroyed and killed the Iranian troops. They arrested the Iranian Suren and led him before king Arshak. [Arshak] ordered them to slay him by lapidation. But Meruzhan survived, a fugitive.

Յաղագս Հրեաշղումայ, որ առաքեցաւ յարքայէն Պարսից ի վերայ Հայոց իննսուն բիւրու. եւ այն անգամ եւս նշան յաղթութեան Հայոց կանկնէր:

Եւ Հրեաշղոումն արձակէր ի պատերազմ ի վերայ աշխարհին Հայոց: Զի եւ սա իսկ ի նմին յացգէ թագաւորին Հայոց ազգական էր, այլ բանիւ Շապհոյ արքայի զայր հասանէր հանդերձ զաւրաւք իննսուն բիւրուն, տալ պատերազմ ընդ հայաստանեայսն: Ապա կարգէր կազմէր պատրաստէր Վասակ զաւրավարն Հայոց զամենայն զգունդս զաւրացն, եւ դիմեաց ի վերայ նոցա մարտիւ պատերազմաւ: Փախստականս տանէին զնոսա, արկեալ առաջի իւրեանց, եւ Հրեաշղողումն եւ Մերուժանն փախչէին:

<h1 style="text-align:center">XXXVII</h1>

HOW HREWSHOGHOM WAS SENT BY THE IRANIAN KING AGAINST THE ARMENIANS WITH 900,000 MEN, AND HOW THE ARMENIANS AGAIN TRIUMPHED AND RAISED THE STANDARD OF VICTORY.

Then Hrewshoghum (who also was of the same azg as the king of Armenia), a relative, came on king Shapuh's word to war against Armenia, to fight the Armenians with 900,000 troops. But the general of Arnenia, Vasak, organized, arranged and prepared all the brigades of troops and went against then in war. [The Armenians] drove then before themselves as fugitives. Hrewshoghum and Meruzhan fled.

Յաղագս Ադանայոցայն, որ չորեքհարիւր
բիւրաւ գայր հասանէր ի թագաւորէն Պարսից
տալ պատերազմ ընդ արքային Հայոց, եթէ
զիարդ եղեալ պարտեցաւ ի ձեռն Վասակայ:

Իսկ Ադանայոցանն, որ Պահլաւն էր ի տոհմէն արշակունե-
եաց, որ նա խրոխտացեալ առաջի Շապհոյ թագաւորին
Պարսից, եւ զնայր գայր հասանէր ի սահմանս Հայոց:
Ապա այս վաղագոյն ազգ լինէր թագաւորին Հայոց Արշա-
կայ. սոյնպէս եւ սա զիւր զաւրքն կազմէր ի ձեռն Վասա-
կայ իւրոյ սպարապետին: Եւ զամենայն նախարարսն Հա-
յոց ընդ նմա գումարեալ, գայր հասանէր ընդ առաջ զաւ-
րացն Պարսից. հարկանէր կոտորէր զամենեսեան առ հա-
սարակ, եւ զմնացեալսն փախստեայս առնէին յերկիրն
Պարսից. եւ ինքեանք զգուշանային սահմանացն իւրեանց:

XXXVIII

ABOUT ALANOZAN WHO CAME TO DO BATTLE WITH THE ARMENIAN KING WITH 4,000,000 TROOPS, SENT BY THE KING OF IRAN; AND HOW HE TOO WAS DEFEATED BY VASAK.

Then Aghanayozan who was a Pahlaw [Parthian] from the Arsacid tohm boasted before king Shapuh of Iran, and came to the borders of Armenia. But this was quickly learned by king Arshak of Armenia. So he too organized his own troops [and] entrusted them to his sparapet Vasak. Assembling all of the Armenian naxarars with him, he came up in front of the Iranian troops. He struck and destroyed generally, and drove the survivors as fugitives to the country of Iran. And [the Armenians] guarded their borders.

ԼԹ

Յաղագս Բոյեկան մեծ նախարարին Պարսից, որ եկն եւ սա քառասուն բիւրաւ. զոր հարկանէր ջնջէր սպարապետն Հայոց Վասակ:

Յետ այսորիկ Բոյեկան մեծ նախարար Պարսից, եւ քառասուն բիւր ընդ նմա, զայն հասանէին յԱտրպատական. կամէին ասպատակ առնել յերկիրն Հայոց: Ապա զառաջեաւք անգանէր Վասակ իւրով հայաստան զնդաւն, հարկանէր զզաւրն ամենայն Պարսից, եւ զԲոյեկանն սպանանէր ի Թաւրէժն: Եւ այրէր անդ զապարանս թագաւորին Պարսից. եւ զտեալ անդ զպատկեր թագաւորին Պարսից, նետաձիգ եղեալ նետալից առնէր: Բայց միայն փախչէր Մերուժանն ընդ նոսա եկեալ:

XXXIX

CONCERNING BOYAKAN AND HIS 400,000 TROOPS WHO WERE DEFEATED AND DESTROYED BY SPARAPET VASAK.

After this the great Iranian *naxarar* Boyekan reached Atrpatakan with 400,000 troops. They wanted to raid the country of Armenia. But Vasak came before him with his *Hayastan* [Armenia] brigade, and struck all the Iranian troops, including Boyekan, in T'awrezh. There [Vasak] burned down the king's mansion. Finding there an image of the Iranian king, he used it as a target and shot it full of arrows. Only Meruzhan, who had come with them, fled.

ԽՍ

Յաղագս Վաչականայ, որ եկն ի Հայս
ուրեւտաան բիւրուն, եւ կամէր առնուլ զՀայս.
ապա եւ զնա վանեաց սպարապետն Հայոց եւ
զզաւրս նորա:

Վաչական ոմն ի նախարարացն Պարսից արշաւէր յեր-
կիրն Հայաստան, հանդերձ ուրեւտաան բիւրաւք: Ապա
ժողովէր զաւրավարն Հայոց Վասակ զամենայն զզաւրսն
Հայոց. եւ թողոյր զթագաւորն Արշակ յամուր բերդին
Դարիւնաց, եւ ինքն զաւրավարն Հայոց Վասակ խաղայր
անկանէր հանդերձ զաւրաւքն Հայոց զբանակաւն Վաչա-
կանայ: Սպանանէր զՎաչականն, եւ կոտորէր զբանական
Պարսից. բայց միայն ապրէր սակաւուք փախուցեալ Մե-
րուժանն, եկեալ առաջնորդ նոցա:

XL

HOW THE IRANIAN VACH'AKAN CAME TO ARMENIA WITH 80,000 TROOPS WANTING TO LOOT THE COUNTRY; AND HOW THE SPARAPET OF THE ARMENIANS VASAK COMPLETELY DESTROYED HIM AND HIS ARMY.

A certain one of the Iranian naxarars named Vach'akan invaded the country of Armenia with 800,000 troops. But the general of Armenia, Vasak, assembled all the Armenian troops, left king Arshak in the secure fortress of Dariwnk', and went with the Armenian troops to fall on Vach'akan's banak. He killed Vach'akan and destroyed the Iranian banak. But only Meruzhan, who had come as their guide, survived and fled, with a few [others].

Խ Ա.

Յաղագս Աշկանայ եւ երեսուն եւ հինգ բիւրուն, որ արշաւէր յերկիրն Հայոց, եթէ զիարդ կոտորեալ եղեւ ի Վասակայ եւ ի զարաց Հայոց:

Եւ Աշկան ումն անուն, մի ի նախարարացն Պարսից, եւ նա եկեալ ուղղէր ճակատս ընդ թագաւորին Արշակայ: Ապա զարաւարն Հայոց Վասակ ճակատէր զզաւրսն Հայոց ընդդէմ նոցա. եւ դէմ յանդիման մեծաւ բնութեամբ միմեանց յարձակէին: Եւ յաղթահարէր զզաւրսն Պարսից գունդն Հայաստան. սատակէին, եւ ոչ մի ի նոցանէն ոչ ապրեցուցանէր. եւ յանկանէ յանուանէ զԱշկանն սպանանէին, եւ Մեռուժանն փախչէր:

XLI

ABOUT MSHKAN WHO INVADED THE COUNTRY OF THE ARMENIANS WITH 350,000 MEN AND HOW VASAK AND THE ARMY DESTROYED THEM.

A certain one of the Iranian naxarars named Mshkan came to fight king Arshak. But the general of Armenia, Vasak, put the Armenian troops before him. With great ferocity they fought each other. The Hayastan brigade vanquished the Iranian troops, sparing not a single one of them. They expressly killed Mshkan, though Meruzhan fled.

Յաղագս Մարուճանայ եւ վաթսուն բիւրուն, թէ զիարդ եկեալք ի վերայ թագաւորին Արշակայ, կամ զիարդ հարկանէր սատակէր զնոսա Վասակ սպարապետն:

Մարիճան ումն մեծ նախարար գայր մարտնչէր ընդ երկիրն Հայոց: Ապա հանդերձ զաւրաւքն վաթսուն բիւրուն գայր հասանէր միջամբոխ լինէր յերկիրն Հայոց. եւ առաջնորդ ի ձեռին ունէր զՄերուժանն արծրունի: Ապա եւս պատահէր պատերազմաւ Վամակ ամենայն զաւրաւքն Հայոց. հարկանէր սատակէր զզաւրսն Պարսից կոտրուսանէր, եւ զՄարուճանն սպանանէր: Բայց միայն փախչէր Մերուժանն:

XLII

CONCERNING MARUCHAN AND HIS 600,000 TROOPS; HOW THEY CAME AGAINST KING ARSHAK FROM THE COUNTRY OF IRAN, AND HOW GENERAL VASAK DESTROYED THEM.

Then a certain great naxarar named Marichan came to battle against the country of Armenia, with 600,000 thousand troops which filled up the country. His guide was Meruzhan Arcruni. Once again Vasak went off to fight, taking along all the troops of Armenia. He struck and killed the Iranian troops, including Maruchan. Only Meruzhan fled.

Յաղագս Զինդակապետին, որ իննսուն բիւրով
եկն ի վերայ Հայոց թագաւորին. ապա հասանէր
սատակէր ի մեծ հարուածս զզաւրսն Պարսից
Վասակ զաւրավարն։

Զինդակապետ ումն, զաւրագլուխ զաւրացն թագաւորին
Պարսից, հանդերձ իննսուն բիւրուն զայր հասանէր ի սահ-
մանս Ատրպատականի։ Ապա կանխէր եւ ելանէր ընդ ա-
ռաջ նոցա Վասակ զաւրավարն Հայոց. անկանէր ի գիշերի
ի վերայ դակշին Պարսկաց, եւ հանէր ընդ սուր առ հասա-
րակ զամենեսեան, եւ սպանանէր զԶինդկապետն ի մէջ բա-
նակին։ Բայց միայն ճողոպրեալ ապրէր Մերուժանն վա-
տանշան։

XLIII

HOW THE ZINDAKAPET WHO CAME TO THE COUNTRY OF THE ARMENIANS WITH 900,000 WAS KILLED BY VASAK AND THE ARMY.

A certain Zindakapet, a military commander of the Iranian king's troops, reached the borders of Atrpatakan with 900,000 troops. Anticipating it, the general of Armenia, Vasak, went in front of him. He fell on the Iranian entrenchment at night killing all of them in the banak, including Zindakapet. Only the notorious Meruzhan slipped away and survived.

Յաղագս արքայորդւոյն Պապայ, թէ զիարդ յայտնի էին դեւք ի նմա, եւ հանդերձ նոքաւք գործէր զպղծութիւնն:

Պապ որդին Արշակայ ծնաւ ի մաւրէն Փառանձեմայ Սիւնւոյ, որ էր լեալ կին Գնելոյն. զոր եսպան արքայն Արշակ, եւ առ զկին նորա Փառանձեմ իւր կին, եւ ծնաւ ի նմանէ որդի որ կոչեցաւն Պապ: Եւ եղեւ իբրեւ ծնաւ զնա մայրն իւր, քանզի անաւրէն մարդ էր եւ ամենեւին յԱստուծոյ ոչ երկնչէր, նուիրեաց զնա դիւաց. եւ բնակեցին դեւք բազումք ի մանուկն, եւ վարէին զնա ըստ կամաց իւրեանց: Սնաւ եւ աճեաց, եւ գործէր զմեղս, զպոռնկութիւն, զպղծութիւն ստուագիտութեան եւ զանասնագիտութիւն, եւ զագրալի գարշութիւն. բայց կարի զարուագիտութիւն: Դարձեալ ինքն իգանայր այլոց, եւ այսպէս մրմկեալ թաւալեալ էր:

Եւ երբեմն իբրեւ զգաց մայր նորա զարուագիտութիւնն, եւ ոչ կարացեալ համբերել պարսաւանացն վատանուանութեանն, աղէ ցանեկական որդւոյն իւրոյ, թէ յորժամ նա խնդրեսցէ ի պղծութիւն զարսն ընդ որ սովորն է անկանել, դուք զիս ի ներքս կոչեսջիք: Յորժամ պատանեակն Պապ ինքն ընդ անկողին մտեալ խնդրէր զարսն ի պղծութիւն, եմուտ մայր նորա եւ նստաւ զառաջեաւ նորա իւր որդւոյն:

XLIV

ABOUT KING ARSHAK'S SON WHO WAS NAMED PAP; HOW HE HAD BEEN FILLED WITH DEMONS SINCE HIS BIRTH, HOW THEY MANIFESTED THEMSELVES IN HIM, AND HOW, THROUGH THEM, HE PERFORMED ABOMINATIONS.

Arshak's son, Pap, had been born of P'aranjem Siwnik' (who had previously been Gnel's wife. King Arshak killed him and took P'aranjem as his wife). When his mother bore him, since she was an impious person and did not fear God, she gave him to the demons as a gift. Many demons dwelled in the lad and manipulated him according to their wishes. [Pap] was nourished and grew up, and committed sins: adultery, the abomination of homosexuality, sodomy, and disgusting lewdness, but especially homosexuality. Furthermore, he made others effeminate. Thus did he sully himself.

Now it happened that once his mother realized his homosexuality and was unable to endure the infamous pollution of his reputation, she told her son's chamberlain: "When he seeks men for abomination, a practice he has fallen into, you call me in." When the lad Pap had gotten into bed and requested men for abomination, his mother entered and sat there in front of her son.

Ապա սկսաւ ճչել վայել պատանեակն, եւ ասէ ցմայր իւր. Ցարիցես զնասցես ի բաց, զի մեռանիմ խորովիմ կակծիմ պայթիմ, թէ ոչ յարիցես զնասցես ի տանէս:

Իսկ մայրն ասէ թէ ոչ զնացեալ ելից ի տանէ աստի:

Իսկ նա հաղ քան զհաղ ճչէր, բազմացուցանէր զկայեալն: Իսկ մայրն նայեցեալ տեսանէր աչաւք իւրովք աւձբ սպիտակբ, զի պատեալբ էին զգահոյիցն ոտամբբ, եւ ճապատէին ի վերայ պատանեկին Պապայ, մինչ դեռ ընզդոմանեալ էր նա. կայր ի մահիճան, վայէր եւ խնդրէր զպատանեական ընդ որ սովորն էր գիտանալ: Իսկ մայրն գիտացեալ յիշեաց զայն, որոց ի ծննդեանն նուիրեաց զորդին իւր. գիտաց թէ նոքա են, որ ի կերպարանս աւձիցն ճապատէին զորդւովն իւրով:

Ցարտասուս հարեալ ասաց. Վայ ինձ, որդեակ իմ. զի քեզ տազնաայ էր, եւ ես ոչ գիտէի:

Ցարուցեալ զնաց եթող զտեղին, կատարել զպէտս ցանկութեանն: Եւ այսպէս դիւաւբ վարեալ, յայսպիսի գործս զամենայն աւուրս կենաց իւրոց ընբռնեալ Պապն որդին Արշակայ, մինչ եհաս ի թագաւորութիւնն, մինչեւ ի մահ իւր:

But the lad began to scream and lament, saying to his mother: "Get up and get out, or if you do not go from my house, I shall die, roast, be constricted, and burst."

But the mother said: "I will not leave this house."

But [Pap] began to shout more and more and to multiply the laments. Then the mother looked and saw with her own eyes that white snakes had wrapped around the feet of the couch and were coiling around the lad Pap while he was lying in bed lamenting and demanding those lads with whom he used to have relations. Then the mother knew and recalled that at birth she had dedicated her son [to the demons] and she realized that it was they in the appearance of snakes who were coiling around her son.

She started crying and said: "Woe is me, my little son, for you are in anguish and I did not know it."

She arose and left the place so that he could fulfill the needs of his lust. So, manipulated by demons, Pap the son of Arshak, committed such deeds all the days of his life, while he reigned, and until his death.

Խէ.

Յաղագս Սակստան անդերձապետի, որ
առաքեցաւ ի Շապհոյ թագաւորէն Պարսից
չորեքհարիւր հազարաւ, եւ փոխոյց եւս զնա
Վասակ զաւրավարն Հայոց:

Ապա յետ այսորիկ ժողովեաց թագաւորն Պարսից Շապուհ
զզաւրս իւր, եւ հազարս չորեքհարիւր. եւ Սակստան անդեր-
ձապետ զաւրագլուխս նոցա: Ապա խաղացին զնացին ի կող-
մանս Հայոց. եկին ծաւալեցան ճակատեցան ընդ թագաւ-
րութեանն Հայոց Արշակայ: Ապա ի մի վայր եկեալք ամե-
նայն մեծամեծք նախարարացն Հայոց, խորհուրդ խորհէին.
քանզի ոչ առնուին յանձն երբէք, թէ թագաւորն Արշակ
մտցէ ընդ նոսա ի պատերազմ: Ապա զաւրավարն Վասակ,
հանդերձ ամենայն մեծամեծաւքն եւ նախարարաւքն ամե-
նայն Հայոց մեծաց, հարկանէր սատակէր զամենայն զաւրսն
Պարսից: Եւ սպանանէր Սակստան անդերձապետն. բայց
միայն ապրէր Մերուժանն արծրունի փախուցեալ:

XLV

REGARDING THE HANDERJAPET SAKSTAN WHO WAS SENT BY SHAPUH THE IRANIAN KING WITH 400,000 MEN; AND HOW HE TOO WAS PUT TO FLIGHT BY GENERAL VASAK AND HIS ARMY.

After this king Shapuh of Iran assembled his troops, some 400,000 [appointing] Sakstan *anderjapet*[28] as their military commander. They went to the area of Armenia. They came and fought with king Arshak of Armenia. Then all the grandee naxarars of Armenia assembled in one place and consulted, for they would never consent to permit king Arshak to enter battle along with them. So Vasak the general, with all the grandees and naxarars of all of Greater Armenia, struck at and killed all the Iranian troops. He also killed Sakstan anderjapet. Only Meruzhan Arcruni survived, as a fugitive.

---

28 *anderjapet:* administrator.

Յաղագս Շապստան տակառապետին, որ եկն
հինգ հարեւր բիւրուն ի վերայ աշխարհին
Հայոց. ապա եւ զնոսա հարկանէին սատակէին
զաւրքն Հայոց:

Շապստան տակառապետն գայր հասանէր հինգ հարիւր
բիւրուն ի վերայ աշխարհին Հայոց, եւ կամէր մտանել յաշ-
խարհն Հայոց: Ապա կազմեալ պատրաստեալ գունդն զաւ-
րաց թագաւորին Հայոց, եւ Վասակ զաւրավարն Հայոց, ելա-
նէր ի դիմի հարկանէր զաւրացն Պարսից: Հարկանէին կո-
տորէին զզաւրսն Պարսից, եւ սպանանէին զՇապստան տա-
կառապետն Պարսկաց: Բայց միայն փախէր Մերուժանն,
ապրեալ լինէր:

XLVI

HOW THE IRANIAN TAKARHAPET SHAPSTAN, WHO CAME AGAINST THE LAND OF ARMENIA WITH 5,000,000 SOLDIERS; AND HOW THE ARMENIAN ARMY KILLED THEM.

Shapstan, the chief cup-bearer, came against the land of Armenia with 500,000 [troops] and wanted to enter the land. But the arranged and prepared brigade of troops of the king of Armenia and Vasak, general of Armenia, came forth and struck the Iranian troops. They struck and destroyed the Iranian troops and killed Shapstan, the chief cup-bearer of the Iranians. Only Meruzhan fled and survived.

Խէ

Յաղագս Մօզաց հանդերձապետին որ զայր
հասանէր ուրութեան բիւրուն, տալ ճակատ
ընդ թագաւորին Հայոց. եւ սա կործանէր իբրեւ
զառաջինսն:

Ապա եւ Մօզաց անդերձապետն զայր հասանէր ուրութան
բիւրու, տալ ճակատս ընդ թագաւորին Հայոց Արշակայ:
Ապա զնային հասանէին ի մի վայր ամէնայն զաւրքն հա-
յաստան երկրին եւ Վասակ զաւրավարն սպարապետն, որ
էր դայեակ թագաւորին Հայոց Արշակայ: Եթէ կարի շատ
աճապարեալ հասանէին, այնցափ ժամանեցին մինչեւ ի
Մաղխազան կարացին հասանել: Եւ անդ ընդ միմեանս
զունդն երկոքեան բախխին. ի պարտութիւն մատնեցան
զաւրքն Պարսից, փախստական լինէին յերեսաց Վասակայ
զաւրավարին եւ ամէնայն զաւրացն Հայոց: Եւ սպանանէին
անդ զՄօզաց անդարձապետն, եւ զզաւրսն անմի արար-
եալ. բայց միայն Մերուժանն ի տաճիկ ձի նստեալ փախչէր:

XLVII

ABOUT THE MAGES' HANDERJAPET WHO CAME WITH 180,000 MEN TO FIGHT WITH THE KING OF THE ARMENIANS, AND HOW HE WAS DESTROYED LIKE HIS PREDECESSORS.

Then the Mages' anderjapet arrived with 180,000 [troops] to war against king Arshak of Armenia. All the troops of the country assembled in one place, as did Vasak, the general sparapet who was the dayeak of Arshak, king of Armenia. Although they hurried as fast as they could, they were barely able to reach [the Iranians] in Maghxazan. There the two brigades clashed with each other. The Iranian troops were defeated and went fleeing from the sight of general Vasak and all the Armenian troops. There they killed the Mogac' anderjapet, and exterminated the troops. However, only Meruzhan, mounted on a *tachik* horse, fled.

Յաղագս Համբարակապետին, որ իննսուն
բիւրուն եկեալ մարտնչէր ընդ զաւրս
թագաւորին Հայոց. եւ ստակեցաւ ի Սադամաս
ի զաւրացն Հայոց, եւ ի զաւրավարէն Վասակայ:

Ապա Համբարակապետն թագաւորին Պարսից, եւ սա զայր
հասանէր ի զաւատն Կորճէից ի Սադամաս հանդերձ ինն-
սուն բիւրաւք: Եւ դակիշ աձեալ յամուր տեղւոջ միոջ, կամէր
կռուել ընդ թագաւորին Հայոց ընդ Արշակայ: Ապա զայր
զաւրավարն Հայոց, հանդերձ տասն հազարաւ զինու ըն-
տիր զաւրու. եւ դարանամուտ լինէր ընդ կողմանս բանա-
կին, եւ ի գիշերին անկանէր ի դակիշն: Եւ զամենեսեան ընդ
սուր հանէին առ հասարակ, եւ ոչ մի ոչ ապրեցուցանէին.
բայց միայն Մերուժանն արտաքոյ զանդին դիպեալ, փախչէր:

XLVIII

CONCERNING THE IRANIAN HAMBARAKAPET WHO CAME WITH 900,000 MEN TO DO BATTLE WITH THE TROOPS OF THE ARMENIAN KINGDOM, AND WAS SLAIN AT SAGHAMAS BY ARMENIAN SOLDIERS IN VASAK'S BRIGADE.

Then came the Iranian king's *hambarakapet*[29] with 900,000 [troops] to the district of Korchek' to Saghamas. Having made an entrenchment in a secure place, he wanted to fight with Arshak, king of Armenia. Then came the general of Armenia with 10,000 select armed men. He laid an ambuscade in the area of the banak and at night fell upon the entrenchment, [The Armenians] fell upon them and did not spare anyone. Only Meruzhan, who happened to be outside the brigade, fled.

---

29 *hambarakapet:* steward.

Յաղագս Մռիկանայ որ քառասուն բիւրաւք եկն կռուել ընդ թագաւորին Հայոց, եւ ի Վասակէ եւ ի զաւրացն Հայոց սատակեցաւ:

Ապա Մռիկան ումն մեծ զաւրագլուխն Պարսից քառասուն բիւրաւք զայր հասանէր ի մարտ պատերազմի ընդ Արշա-կայ արքային Հայոց: Ապա եւ զաւրքն Հայոց խրոխտացեալ հանդերձ իրեանց զաւրավարաւն Վասակաւ, զազանաբար առիւծաբար դէմ ընդդէմ յարձակէին. եւ անդէն սատակէին զզաւրսն Պարսից, եւ սպանանէին զՄռիկանն: Բայց Մերու-ժանն եւ այն անգամ փախչէր:

XLIX

HOW MRHIKAN CAME FROM IRAN WITH 400,000 MEN TO FIGHT WITH THE ARMENIAN KING, AND HOW HE AND HIS TROOPS WERE KILLED IN MAXAZAN BY GENERAL VASAK AND THE ARMENIAN BRIGADE.

A certain great military commander of the Iranians [named] Mrhikan came with 400,000 [troops] to war against king Arshak of Armenia. But the Armenian troops, together with their general Vasak were defiant and attacked like ferocious lions. They killed the Iranian troops, including Mrhikan. But on this occasion too, Meruzhan fled.

Ճ

Յաղագս քակելոյ եւ քայքայելոյ
թագաւորութեանն Հայոց, թէ որպէս
ապստամբեցին բազումք ի նախարարացն
Հայոց, եւ ձեռս ետուն ի Շապուհ արքայն
Պարսից. եւ թէ զիարդ հուպ գրուեցան այսր
անդր, եւ նուաղեաց թագաւորութիւնն Հայոց:

Զերեսուն եւ զչորս ամս ետուն պատերազմ երկիրս Հայոց
ընդ թագաւորին Պարսից, եւ յետ այնորիկ ձանձրացան
պարտեցան լքան աշխատեցան երկոքին կողմանքն: Եւ
սկսան սորսորել գնալ ի բանակէն Հայոց թագաւորին. թո-
ղին զիւրեանց արքայն Արշակ: Բայց նախ այսմ գնալոյ
սկիզբն առնէին մեծամեծ աւագանին.

Նախ բդեաշխն Աղձնեաց,
եւ Նոշիրական բդեաշխն,
եւ Մահկերտանն,
եւ Նիհորականն,
եւ Դասարնտրէին,

եւ ամենայն նախարարութիւն Աղձնեաց. եւ զաւրն եւ
տունն տոհմին Աղձնեաց կողմանն ապստամբեցին յարքա-
յէն Հայոց Արշակայ, եւ չոգան կացին առաջի արքային Պարս-
կաց Շապհոյ. եւ պարիսպ աճէին ի Հայոց կուսէ որ Զորա-
յն կոչեն, դրունս դնէին. եւ զատուցին զիւրեանց աշխարհն
ի Հայոց:

336

L

THE DECLINE AND COLLAPSE OF THE ARMENIAN KINGDOM; HOW MANY ARMENIAN NAXARARS REBELLED FROM THE KING OF ARMENIA AND WENT OVER TO THE IRANIAN KING SHAPUH; HOW THEY QUICKLY SCATTERED HERE AND THERE AND HOW THE ARMENIAN KINGDOM WAS GREATLY DIMINISHED.

For thirty-four years the country of Armenia did battle with the king of Iran, and after this both sides grew weary, defeated, forsaken, and exhausted, And [the naxarars] began to leave the banak of the Armenian king; they abandoned their king, Arshak. The grandee nobility began this departure. The first to rebel against king Arshak of Armenia and to go before king Shapuh of Iran were:

the bidaxš of Aghjnik',
the Noshirakan bidaxš,
Mahkertan,
Nihorakan,
Dassentre',

and all the naxararut'iwn of Aghjnik', and the force and the tun of of the tohm of the Aghjnik' area. They made a wall in a place called Joray, they put in gates, and separated their land from the Armenians.

Եւ յետ սորա Գուգարաց բդեաշխն,

եւ յետ սորա Ձորայ գաւառին տէրն,

եւ Կողբայ գաւառին տէրն,

եւ ընդ նոսա Գարդմանաձորոյ տէրն,

եւ որք մատն էին ի նոսա կողմն այն ծերին, որ շուրջ
էին զնքաւք, միահաղոյն ապստամբեցին ի թագաւորէն Հա-
յոց Արշակայ, եւ չոգան զնացին առաջի կացին թագաւորին
Պարսից Շապհոյ:

Ապստամբեցին յԱրշակայ արքայէն Հայոց

ամուր գաւառն Արձախայ,

եւ ամուր գաւառն Տմաւրեաց,

եւ ամուր աշխարհն Կորդեաց.

ապա եւ տէր գաւառին Կորդուաց չոգաւ եկաց առաջի
թագաւորին Պարսից:

Յետ այսորիկ ապստամբեաց ի թագաւորէն Հայոց եւ
ծերին իշխանութեանն տանն Հայոց թագաւորին, որ էր զԱ-
տրպայական աշխարհեան, յետս եկաց ի թագաւորէն Հայոց
ամուր աշխարհն Մարաց. յետս եկաց յարքայէն Հայոց եւ
աշխարհն Կազբից. եթող զարքայն Հայոց եւ զնաց Սաղա-
մուտ տէրն Անձտեայ, եւ ընդ նմա իշխանն մեծի Ծոփաց. եւ
զնացին առ թագաւորն Յունաց: Միջնաշխարհին մնաց-
եալքն յերկուացան յարքայէն, եւ ոչ կամէին լսել թագաւ-
րին իւրեանց, ոչ մի ինչ իրս զոր նա կամէր: Եւ գձձեցաւ թա-
գաւորութիւնն մեծապէս:

Then, the bidaxš of Gugark',

the lord of the district of Joray,

the lord of the district of Koghb,

the lord of Gardmanajor,

and those near and about them all rebelled from Arshak, king of Armenia, and went before king Shapuh of Iran:

[Also] rebelling from king Arshak of Armenia were:

the secure district of Artsakh,

the secure district of Tmorik',

and the secure land of Korduk',

and then the lord of the district of Korduk' went before the king of Iran.

After this the personal principality of the tun of the Armenian king, in the land of Atrpayakan rebelled from the king of Armenia, the Marac' land withdrew, the Kazbic' land withdrew. Saghamut, lord of Anjit and with him the prince of Greater Cop'k', abandoned the king of Armenia and went to the Byzantine emperor. Those remaining in the interior of the land wavered [in allegiance] to the king, did not want to heed him or do anything he wished. And the kingdom was greatly debased.

Եւ Վահան եղբայր Վասակայ սպարապետին, ի մամիկոնեան ի տոհմէն, անկաւ ի բանս հրապուրանաց նա ի Մերուժանայ արծրունոյ քեռորդւոյ իւրոյ: Եւ սա ապստամբեաց յԱրշակայ յարքայէն Հայոց, եւ չոգաւ եկաց առաջի թագաւորին Պարսից Շապհոյ: Եւ հաճեաց զմիտս նորա, եւ նախ ուրացաւ նա ի կենաց իւրոց զոր ի Քրիստոսն ունէր, եւ յանձն առ պաշտել զաւրէնս մոգութեանն. այս ինքն երկիր պագանել կրակի եւ ջրոյ եւ արեգական, եւ ուրանալ զաւրէնս քրիստոնէութեանն յորում ծնեալն էր: Եւ եղեւ նա ըստ մտի թագաւորին Պարսից. եւ մատուցանէր եւս ամբաստան զրզութիւն զարքայէն Հայոց Արշակայ, եւ զիւրմէ տանուտեառնէն Վասակայ. եւ յիշեցուցանէր եւս նմա զմահն Վարդանայ, թէ Յաղագս քո մեռաւ: Եւ եղեւ նա այնուհետեւ սիրելի Շապհոյ արքային, եւ ետ նա կին Վահանայ զՈրմիզդուխտ քոյր իւր. եւ շնորհեաց նմա բարձ եւ զպատիւ որ նոցուն լեալ էր նախնեաց, եւ մտերիմ փեսայ արար զնա իւր թագաւորն. եւ ի մէջ զաւրաց իւրոց շքեղացոյց զնա, եւ խոստացաւ նմա կեանս մեծամեծս առնել: Իսկ թիւն Հայոց պակասեաց յայսմ հետէ եւ յապա:

Vahan, brother of sparapet Vasak, of the Mamikonean tohm, fell for the enticing words of his nephew (sister's son), Meruzhan Arcruni. He too rebelled from king Arshak of Armenia and went before Shapuh, king of Iran. He complied with [Shapuh's] wishes and apostatized the Christianity which he had held during his life, agreeing to revere the faith of magianism, that is, to worship the fire, water, and sun, and to apostatize the Christianity into which he had been born. He complied with the king's wishes and furthermore increased the aggravation of accusation against king Arshak of Armenia and against his own tanuter Vasak. Recalling the death of Vardan, he remembered: "He died because of you." Thereafter Vahan became dear to king Shapuh who gave him his sister Ormizduxt for a wife. He bestowed upon him rank and honor which had been theirs ancestrally, and the king made him his intimate son-in-law. He exalted him among his troops and promised to give him very great properties. After this, the number of Armenians began to decline.

ԾԱ

Յաղագս թէ զիարդ միաբան համաւրէն
աշխարհաւրէն որ միանգամ մնացեալք
յաշխարհին ժողովէին առ Ներսէս կաթողիկոսն
Հայոց, եւ զբողոք հարկանէին առաջի նորա, եւ
ձեռնթափ լինէին, եւ թողին ի ձեռաց զիւրեանց
թագաւորն Արշակ:

Ապա ժողովեցան մարդիկ ամենայն աշխարհին իշխանու-
թեանն թագաւորութեանն Հայոց, եւ եկին առ մեծ եպիսկո-
պոսապետն Հայոց Ներսէս,

       մեծամեծք նախարարք
       կուսակալք
       կողմակալք
       զաւառատեարք
       գործակալք
       եւ դասապետք շինականաց:

Ի մի վայր եկեալ ժողովեցան, խաւսել սկսան ընդ Ներ-
սիսի եւ ասեն. Դու, տէր, քեզէն գիտես, զի այս երեսուն ամ
է թագաւորին մերոյ Արշակայ, զի ոչ մի ամ մեզ հանգիստ
ոչ եղեւ ի պատերազմէ. եւ համակ սրով եւ սուսերաւք եւ ի
սպառս եւ ի տեզս նիզակաց զբրտունս երեսաց մերոց ջն-
ջեցաք: Եւ արդ ոչ կարեմք այսմ գձոյձ ունել. եւ ոչ այլ կա-
րեմք տալ ճակատս. զի լաւ է մեզ թէ ծառայեցնուք մեք թա-
գաւորին Պարսից որպէս ընկերքն մեր արարին, զի թողին
զնա եւ զնացին առ թագաւորն Պարսից. եւ մեք սոյնպէս
առնելոց եմք, զի ոչ այլ եւս կարեմք կռուել: Թէպէտ իցէ
թագաւորին Արշակայ կռուել ընդ Շապհոյ, Վասակաւ եւ
Անդուկաւ աներաւ իւրով տացէ պատերազմ. այլ յայսմիկ
Հայոց աշխարհիս եւ ոչ մի այր ոչ ոք է երթալոց ի թիկունս
աղձնականութեան նորա: Նմա եթէ պետ իցէ, տացէ պա-
տերազմ, թէ պետ մի. մեր թողեալ զնա մեզ չէ փոյթ:

342

LI

THOSE [LORDS] REMAINING IN THE LAND ASSEMBLE IN COMPLETE UNANIMITY BEFORE THEIR PATRIARCH NERSES AND COMPLAIN TO HIM; AND HOW THEY WITHDREW FROM AND ABANDONED THEIR KING ARSHAK.

Then people of all the land of the authority of the Armenian kingdom assembled and came to the great archbishop of Armenia, Nerses. [They were]:

the grandee naxarars,
lieutenants,
governors,
lords of districts,
officials,
and the *dasapet*s of the shinakans.

They assembled in one place and began speaking with Nerses, saying: "You yourself know, lord, that it is now thirty years that our king Arshak has given us not one year's rest from warfare. We have wiped the sweat from our brows with sword, sabre, dart, and lance tips. We are unable to stand it anymore, nor are we able to fight anymore. It is better that we leave [Arshak] and go to the king of Iran as our comrades who are serving him, have done. We shall do this, because we are unable to fight further. If king Arshak would fight with Shapuh, let him fight with Vasak and with Andovk, his father-in-law. But hereafter none of us from the land of Armenia will go to his assistance. Let him fight or not as he feels the need; we are leaving him and do not care."

Իսկ սուրբն Ներսէս խաւսէր ընդ նոսա որպէս աւրէն էր, եթէ «Տեսէք եւ քաջ զմտաւ ածէք եւ յիշեցէք զբանն տեառն պատուիրանին միաբանութեամբ, որպէս պատուիրեացն ծառայից հնազանդ կալ տերանց իրեանց։ Զի ամենեքեան դուք աստիկ կայք եւ վկայէք, մանաւանդ զի ամենեքեան դուք կեցեալ էք յազգէդ արշակունոյ. ումանք ի ձէնջ զաւառատեարք լեալք ի նոցանէն, եւ ումանք մեծամեծք աշխարհաց, ումանք աւագ աւագ աւանաց գեղից եւ զանձուց տեարք լեալ էք, եւ պէսպէս դաստակերտացն։ Զի թէպէտ եւ առ արարիչն Աստուած յանցաւոր իցեն պէղծ ազգն Արշակունեաց, սակայն զձեզ կեցուցեալ զամենեսեան եւ յաղբոյ թաթաւիեալ է, զոմն գործով, զոմն պատուով, զոմն իշխանութեամբ, զոմն գործակալութեամբ։ Զի թէպէտ եւ առ Աստուած մեղաւոր է Արշակ արքայ, եւ պարտական է տոկոսեաց արարչին իւրոյ առ ի տանել նմա վրէժս, սակայն Աստուած վասն բազում եւ անչափ մարդասիրութեան իւրոյ խնայեաց ի նա, եւ վասն նորա ի ձեզ։

«Եւ դուք աստիկ կամիք անկանել հեթանոսաց ի ծառայութիւն, եւ կորուսանել զկեանս ձեր յԱստուծոյ, եւ մերժել զբնակ տեարսն ձեր զորս տուեալ է ձեզ յԱստուծոյ, եւ աւտար տերանց ծառայեալ, եւ նոցին անաստուած կրաւնիցն ցանկալ։ Բայց լաւ լիցի ձեզ զնոյն սիրել եւ յանձն առնուլ, եւ նմին հաւանել, եւ ոչ մերժել յանձանց ձերոց զառաջապահ թագաւորն։ Զի թէ բեր չար իցէ Արշակ, սակայն աստուածապաշտ է. եւ եթէ մեղաւոր եւս իցէ, սակայն թագաւոր ձեր է. որպէս եւ դուքդ ասացէք առաջի իմ, թէ այսչափ ամք եսգի մարտեայք եւս ի վերայ անձանց ձերոց եւ հոգւոց, ի վերայ աշխարհի, ի վերայ կանանց եւ որդւոց ձերոց։ Եւ որմեծն է քան զամենայն, ի վերայ եկեղեցեաց ձերոց, ի վերայ ուխտի հաւատոց ձերոց, զոր ունիմք ի տէր մեր Յիսուս Քրիստոս. եւ համակ տէր եսդ ձեզ յաղթութիւն անուան իւրոյ։

Now the blessed Nerses spoke with them as was necessary, saying: "Think well and remember the Lord's commandment about unity, that servants should obey their lords. You are all testifying that you will leave the Arsacid *azg*. Because of them, some of you became lords of districts, some the grandees of lands, some the lords of very senior awan villages and treasures and of diverse *dastakert*s.[30] Although the abominable *azg* of the Arsacids is guilty before God the Creator, nonetheless they supported all of you and removed you from the garbage-heap giving some work, some patiw, some authority, some office. For although king Arshak is guilty before God and will have to pay interest [for his sins] to his creator, and suffer vengeance, nonetheless because of God's abundant and unlimited love of humanity, He has spared him, and because of him, you.

"You, lo, want to go and serve the pagans, to lose your life in God, to reject your *bnik* lords whom God gave you, to serve foreign lords, and you long for their godless religion. But it would be better for you to love [God], accept and consent to Him and not to reject your God-loving king. For though Arshak is extremely wicked, nonetheless he is pious; though he is guilty, nonetheless he is your king. You yourselves have said in my presence how many years it has been that you have been fighting for yourselves, your souls, your land, your women and children, and, what is principal, for your churches, for the covenant of the faith which you have through the name of Jesus Christ, and [you said] that the Lord has always granted you the victory for His name.

---

30 *dastakert:* estate.

«Եւ արդ կամիք փոխանակ Քրիստոսի արարչին ձերոյ ծառայել ձեզ անաստուածն մոգութեան անաւրինացն
եւ նոցուն պաշտաւնէիցն, ի թողուլ նախ զարարիչն մեր եւ
զնորուն պատուիրանս զոր պատուիրեաց ձեզ, միամիտ
կալ առ տեարն մարմնաւորս զորս նորայն արարեալ է.
զուցէ բարկացեալ տէր Աստուած ձեր, եւ խլիցէ զձեզ արմատաքի, եւ մատնեսցէ զձեզ հեթանոսացն ի չար ծառայութիւն ստրկութեանն մինչեւ յաւիտեան, եւ ոչ երբէք բարձցի լուծն ծառայութեան ի ձէնջ: Եւ բողոքէք դուք առ տէր,
եւ նա ոչ լսիցէ ձեզ. վասն զի անձամբ անկանիք դուք ի
ծառայութիւն հեթանոս տերանց եւ անաստուած անգէտ
մարդկան, ի ձեռս հեթանոս արանց տերանց խստասրտաց. եւ բազում չարի դիպեալ ելանիցէ առաջի ձեր, եւ ոչ
կարիցէք ճողոպրել յայնմանէ:»

Իսկ նոքա, որ միանգամ էին ի մի վայր ժողովեալ, զաղաղակ հարկանէին. քարոզ կարդացեալ միմեանց ձայն
առնէին, շփոթէին ամբոխէին, եւ ասէին. Հապա զնասցուք,
ասեն, սպռեցարուք յիւրաքանչիւր տեղիս, զի այլմ բանից
մեք ինչ ոչ կամիմք լսել: Սպռեցան յիւրաքանչիւր տունս
իւրեանց:

"But now, in place of Christ your creator, you want to serve the godless impieties of magianism and to follow their clerics, abandoning our Creator and His commandments that one must remain faithful to one's temporal lords whom He created. Perhaps the Lord God too will get angry at you and uproot you, and betray you to the hand of the pagans so that you slavishly serve them for eternity, and [perhaps He] will never remove the yoke of servitude from you. And if you protest to the Lord, He will not hear you, because you yourselves entered into the service of pagan lords and godless, ignorant men, and so will be delivered over to pagans and hard-hearted lords. Many many evils will arise before you and you will be unable to escape."

But those who were assembled there raised a clamor, shouted to each other, creating commotion and crowding and saying: "Come on, let's go each to his own place, for we cannot heed such words." And they all dispersed to their own tuns.

Յաղագս Շապհոյ արքայի, թէ զիարդ յայնմ
ժամանակի լռեցոյց զպատերազմ տալ ընդ
Արշակայ Հայոց թագաւորին, եւ մեղեխանաւք
առ ինքն կոչէր ի հաշտութիւն:

Ապա Շապուհ արքայ Պարսից մեծաւ աղաչանաւք եւ պա-
տարագաւք եւ հրովարտակաւք եւ սիրով զԱրշակ առ ինքն
կոչէր, զի յայնմ հետէ արասցեն ի մէջ իւրեանց սէր եւ խա-
ղաղութիւն եւ բարեկամութիւն մեծ: Իսկ Արշակ արքայ
թէպէտ պատերագմ կամէր տալ, այլ ոչ կամէին յանձն առ-
նուլ այսմիկ ամենայն զաւրքն աշխարհին Հայոց: Ապա թէ
կամաւ կամաւ թէ ոչ կամաւ, սակայն եղ սիրտ խոնարհու-
թեամբ հրովարտակս առ Շապուհ արքայ Պարսից, որպէս
վայելէ ծառայի առ տէր իւր, տալ: Եւ առաքէր յիւրմէ նմա
պատարագս հաշտութեան:

LII

THE IRANIAN KING FOR A TIME SUSPENDED WARFARE AGAINST ARSHAK THE KING OF THE ARMENIANS WHILE HE TREACHEROUSLY SUMMONED HIM TO MAKE PEACE.

Then with great entreaties, gifts and hrovartaks, Shapuh, the king of Iran, summoned Arshak to him with affection so that thereafter they could make peace, great friendship and affection between themselves. Now although king Arshak wanted to make war, all of the troops of the land of Armenia did not consent. So, willy-nilly, he took heart to send a hrovartak in humility to Shapuh, king of Iran, as suited a servant to his lord. And he sent him gifts of reconciliation.

Յաղագս կոչելոյ կրկին անգամ Շապուհ արքայի
զԱրշակ արքայ Հայոց. եւ նորա երթալոյն, եւ
միահաղոյն կորնչելոյն նորա:

Ապա յետ այսորիկ դարձեալ առաքեաց առ Արշակ արքայ
Հայոց Շապուհ արքայ Պարսից, եւ ասէ. Իսկ եթէ հաճ եմք ես
եւ դու ընդ միմեանց, եկ տեսցուք զմիմեանս. եւ յայսմ հետէ
իբրեւ զհայր եւ զորդի լիցուք ընդ միմեանս: Ապա թէ ոչ տե-
սանես դու զիս, խնդրես զպատերազմ ի մէջ իմ եւ ի մէջ քո:
Իսկ Արշակ խնդրէր հաւատարիմ երդումն ուխտի ի նմա-
նէն, զի յայսմ հետէ անկասկած երթիցէ առ նա: Եւ նա եւս
բերել ըստ աւրինացն հաւատարիմ երդմանց թագաւորու-
թեանն Պարսից աղ, կնքել վարազ նկարագիր մատանեաւ,
եւ յղեաց: Զի թէ իցէ եւ զայն երդման եւս զինա ոչ եկեսցէ,
ապա կացմ լիցի տալ ճակատս պատերազմի ի մէջ իւրեանց:

Իսկ զայն եւս յորժամ տեսին եւ լուան ամենայն մար-
դիկն երկրին Հայոց, ստիպեցին բռնաբաւսեցին զիւրեանց
թագաւորն զԱրշակ եւ շտապեցին, զի յարիցէ զնասցէ եր-
թիցէ յանդիման լիցի թագաւորին Պարսից Շապհոյ: Յայնմ
հետէ, թէ կամաւ կամաւ եւ թէ ոչ կամաւ, յարեաւ թագաւորն
Հայոց Արշակ, առ ընդ իւր զզաւրավարն սպարապետն Հա-
յոց զղայեակն իւր, խաղաց զնաց յերկրէն Հայոց յերկիրն
Պարսից առ Շապուհ արքայ Պարսից. չոգաւ յանդիման ե-
ղեւ թագաւորին Պարսից Շապհոյ: Իբրեւ տեսին զնասա,
արկին ի շղթայս զերկոսեանն զարքայն Արշակ եւ զսպա-
րապետն Վասակ եւ պահին զնասա արձակ ի մէջ ազա-
տագունդ փուշտիպան զաւրացն: Եւ կոչեաց արքայ Շա-
պուհ զարքայ Արշակ, եւ իբրեւ զծառայ իւր պատուհաս-
եաց զնա. եւ նա յանցաւոր եւ մահապարտ զանձն իւր առ
նա համարեցաւ: Դարձեալ անդրէն ի նոյն գունդ փուշտի-
պանաց եւտուն զԱրշակ արքայ ի պահեստ:

LIII

KING SHAPUH SUMMONED THE ARMENIAN KING ARSHAK A SECOND TIME; HOW [ARSHAK] WENT TO HIM AND WAS LOST FOR GOOD.

Subsequently Shapuh, king of Iran, once more sent to king Arshak of Armenia, saying: "If we are in agreement with each other, come so we may see each other, and henceforth let us be as father and son. But if you do not come to see me, you are asking for [more] war between us." Now Arshak requested from him a reliable vow with an oath, so that after that he might go to him without suspicion. In accordance with the reliable vow[ing procedure] of the Iranian kingdom, [Shapuh] had brought to him salt, to seal with a signet-ring bearing a wild boar, and he sent this [to Arshak, saying]: "If, after receiving this oath you still do not come, then be prepared for war".

Now when all the people of the country of Armenia saw this and heard about it, they pressured and forced their king Arshak to arise and go before Shapuh, the king of Iran. After that, willy-nilly, Arshak, the king of Armenia, arose and taking with him the general sparapet of Armenia his dayeak [Vasak], he left the country of Armenia and went to the king of Iran, Shapuh, in the country of Iran. He went into the presence of the king of Iran, Shapuh. As soon as they saw them they threw both of them, king Arshak and sparapet Vasak, into chains and kept them at liberty among the azatagund *p'ustipan* troops. King Shapuh summoned king Arshak and threatened him as a servant, and [Arshak] recognized that he had been acting guilty toward him and was worthy of death. And once again they gave king Arshak back to the keeping of the same brigade of p'ustipans.

ՃԴ

Յաղագս թէ որպէս զդիւթսն եւ զքաղդեայսն
հարցեալ Շապհոյ փորձէր զմիտս Արշակայ,
եւ տայր զնա յԱնուշ բերդն, եւ կամ
զՎասակ սպարապետն Հայոց չարամահ
հրամայէր առնել։

Ապա կոչեաց թագաւորն Պարսից Շապուհ զդիւթսն եւ
զաստեղագէտսն եւ զքաղդեայսն. խաւսէր ընդ նոսա եւ ասէր եթէ «Ես բազում անգամ կամեցայ սիրել զԱրշակ արքայ Հայոց, եւ նա համակ անարգեաց զիս։ Եւ եդի ընդ նմա
ուխտ խաղաղութեան, եւ երդուաւ ինձ յիւրեանց աւրէնս
քրիստոնէութեանն ի գլխաւորութիւն այնմ զոր աւետարանն կոչեն. նախս այն երդմանն ստեաց։ Եւ նմա բիւր բարիս խորհեցայ որպէս հայր որդւոյ կատարել նմա, եւ նա
ինձ չար ընդ բարւոյ հատոյց։ Իսկ ես կոչեցի զերիցունս
եկեղեցւոյն Տիսփոնի քաղաքի, եւ կարծեցի թէ նոքա նենգութեամբ ինչ եստուն նմա զերդումն եւ եստուն ինձ ստել։
Եւ պատուհասեալ զնոսա որպէս զմահապարտս, իսկ ասաց ցիս Մարի երէց գլխաւորն նոցա, ասէին թէ մեք արդարութեամբ տուաք նմա զերդումն. բայց եթէ նա ստեաց,
նոյն աւետարանն ածէ զնա առ ոստ ձեր։ Եւ ես նոցա ոչ
լուայ. եւ եստու հրամած եւթանասուն զնոսա ի մի գուբ փոդոստել, եւ զուսումնակիցս նոցա հանել ընդ սուր։ Զաւետարանն յոր երդուաւ Արշակ արքայ, որ է գլխաւորութիւն ուսմանց նոցա քրիստոնէութեանն, կապեցի շղթայիւք, եւ կայ
ի զանձի իմում։ Բայց բանքն Մարեայ երիցոյ ուշ եղեն ինձ.
եւ յիշեցի զի ասէր թէ մի սպանաներ զմեզ, այլ ես գիտեմ զի
նոյն աւետարանն ածէ զԱրշակ արքայ ի ծունկս քո։

352

LIV

HOW ONCE AGAIN SHAPUH CONSULTED SORCERERS, ASTROLOGERS, AND MAGICIANS TO REVEAL THE INTENTIONS OF ARSHAK; HOW [ARSHAK] WAS IMPRISONED IN ANYUSH FORTRESS AS PUNISHMENT, AND HOW [KING SHAPUH] ORDERED THAT THE SPARAPET OF ARMENIA BE PUT TO A WICKED DEATH.

Then king Shapuh of Iran summoned the sorcerers, astrologers, and magicians and spoke with them, saying: "Many times I have wanted to love king Arshak of Armenia, but he has always dishonored me. I made a covenant of peace with him and he vowed to me on the principal [authority] of their Christian faith—which they call the Gospel. First he broke that oath. Like a father to a son, I thought to do him many good turns, but he repaid my goodness with wickedness. So I summoned the priests of the church of city of Ctesiphon and thought that they had duplicitiously made him swear and break the oath. [I] threatened them as men condemned to death. But their chief-priest, Mari, said to me: 'We gave him the oath justly. But if he violates it, that same Gospel will bring him to your feet.' I did not listen to them. Instead I ordered that seventy of them be executed in a ditch and their co-religionists I put to the sword. The Gospel on which king Arshak swore, which is the principal [authority] of their Christian faith, I bound with chains, and it remains in my treasury. But I remembered the words of the priest Mari, who said: 'Do not kill us. I know that the same Gospel will bring king Arshak to you on his knees.'

«Ահաւասիկ բանք արդարութեամբ կատարեցան, զոր ասէրն։ Բայց Արշակ արքայ Հայոց այս երեսուն ամ է Արտեաց զի եսուն ընդ նմա ճակատս, եւ յաղթել եւ ոչ մի ամ ոչ կարացաք. եւ եղեալ է եկեալ ոտիւք իրովք։ Բայց թէ զիտէի թէ յայսմ հետէ կայցէ յուխտին իմում եւ ի հնազանդութեան բարեաւ ուխտի, մեծապէս մեծարանաւք արձակէի զնա խաղաղութեամբ յիւր աշխարհն։»

Իսկ քաւդեայքն եստուն նմա պատասխանի եւ ասեն. Թող մեզ այսաւր, եւ վաղիւն պատասխանի արասցուք քեզ։ Իսկ ի վաղիւ անդր ժողովեցան եկին ամենայն քաւդեայքն եւ աստեղագէտքն, եւ ասեն ցարքայն. Այժմ զի եկեալ է առ քեզ թագաւորն Հայոց Արշակ, զիարդ խաւսի ընդ քեզ, կամ զինչ ձայն աօէ, կամ զիարդ ունի զանձն։ Ասէ արքայն. Իբրեւ զմի ի ծառայիցն իմոց համարի զինքն, հող ոտից իմոց ջանայ լինել։ Ասեն նորա. Առ արա զոր ասեմբս քեզ. պահեա դու զնոսա աստէն, եւ առաքեա դու դեսպանս յերկիրն Հայոց, եւ տուր բերել անտի հող ի սահմանացն Հայոց իբրեւ բեռինս երկուս, եւ կահոյր մի ջուր։ Եւ հրաման տացես հարկանել զկէս խորանի յատակ ի բերեալ հողոյն Հայոց. եւ ածես քեզէն զձեռանէ արքային Հայոց Արշակայ, եւ տարցես նախս յայն տեղ որ բնակ իսկ իցէ հողն. եւ հարցցես զնա բանս։ Եւ դարձեալ ածես դու զձեռանէ նորա, եւ տարցես ի հայատական ի հարեալ հողոյն. եւ լիցես դու բանս ի նմանէ, եւ ապա զիտասցես դու եթէ կայ յուխտի քո եւ պահէ զղաշինս քո թէ ոչ յետ արձակելոյ քո զնա ի Հայս։ Ապա թէ ի վերայ հայ հողոյն խստ ինչ բարբառեսցի, զիտասցիր զի որ աւր հասանէ յերկիրն Հայոց, զնոյն ձայն աօէ ընդ քեզ, եւ զնոյն պատերազմ նորոգէ ընդ քեզ, զնոյն ճակատս եւ զնոյն թշնամութիւն յուցէ։

"And now, lo, the words that he said were fulfilled justly. But for these thirty years, king Arshak of Armenia has been waging war with the Aryans, and we have not triumphed for one year. He has arisen and come [here] on his own feet. If I knew that hereafter he would remain true to my oath and obedient, I would dispatch him in peace to his land with very great exaltation."

The magicians responded to him as follows: "Excuse us for today. Tomorrow we shall respond to you." The next day all the magicians and astrologers assembled there and said to the king: "Now that king Arshak of Armenia has come to you, how does he speak with you, what intonation, how does he hold himself?" The king replied: "He regards himself as one of my servants, and wants to be the ground under my feet." They said to him: "Do what we tell you to do. Keep [the Armenians] here and send emissaries to the country of Armenia to bring soil from the borders of Armenia [equaling] two loads [of soil] and a pitcher of water. Then order that half the floor of the tent be spread with the earth brought from Armenia. After this, take Arshak, king of Armenia, by the hand taking him first to the area containing our native soil. Ask him questions. Then take him by the hand and lead him to the area spread with the soil from Armenia. Listen to what he says, and then you will know whether or not he will uphold your oath and treaty after you release him back to Armenia. Now, should he speak with a rough manner while [walking] over Armenian soil, be advised that as soon as he reaches the country of Armenia, he will address you with the same voice, will renew the same fight, war and hostility with you."

Ապա թագաւորն Պարսից, քանզի զայս լուեալ ի քաւ-
դիցն, տաճիկ ուդտուք արձակէ ի Հայս արս զհողոյ եւ
զջրոյ, զի եկեսցեն բերցեն նմա զիմայսն։ Եւ ընդ սակաւ
աւուրս եկին բերին զայն ինչ, զորմէ յղեացն։ Ապա հրաման
տայր թագաւորն Շապուհ զկէս յատակին իւրոյ խորանին
հարկանել ի բերեալ հողոյն Հայոց, եւ զջուրն ցանել ի վե-
րայ նորա, եւ զկէսն ի նոյն հողն զիւրոյ բնակութեան երկ-
րին թողուլ։ Եւ ետ ածել զԱրշակ արքայ Հայոց զառաջեւ
իւրով, եւ զայլ մարդիկն ի բաց հրամայեաց կացուցանել. եւ
զձեռանէ առեալ շրջէր ճեմելով:

Եւ երթեւեկս առեալ ընդ խորանն, աւէ ցնա, յորժամ
ի պարսիկ ի հողոյն ի վերայ ճեմէին թէ Ընդէր եղեր իմ թշ-
նամի, Արշակ արքայ Հայոց. զի ես որպէս զորդի սիրեցի
զքեզ, եւ կամեցայ տայ քեզ զդուստր իմ ի կնութին, եւ որ-
դի ինձ առնել զքեզ, իսկ դու խստացար ընդ իս, եւ քովբ
կամաւք առանց իմոց կամաց եղեր ընդ իս թշնամի. եւ այս
լի երեսուն ամ է զի պատերազմեցար ընդ իս:

Ասէ Արշակ արքայ, թէ Մեղայ քեզ եւ յանցեայ. զի ես
եկի եւ կոտորեցի, եւ յաղթեցի թշնամեաց քոց. եւ ակն ունէի
ի քէն պարգեւ կենաց, եւ թշնամիք իմ հրապուրեցին զիս, եւ
արկին երկիւղուկս ի քէն, եւ փախուցին ի քէն։ Եւ երդումն
իմ, զոր երդուայ քեզ, յառաջ ածին զիս. եւ եկի աւասիկ ա-
ռաջի քո։ Եւ աւասիկ ծառայ քո ի ձեռս քո կամ. զինչ եւ պէտք
է քեզ, արա զիս, զինչ եւ կամ իցէ. սպան զիս, զի ես ծա-
ռայ քո առ քեզ կարի յանցաւոր եմ, մահապարտ եմ:

Իսկ Շապուհ արքայ առեալ զձեռանէ նորա, շրջէր ճե-
մելով, ի չքմենս առեալ ածէր ի հայակողմն ի հողն հարեալ
յատակն։ Իսկ իբրեւ յայն տեղի հասանէր, եւ զհայ զհողն
կոխէր, մեծամեծս ընբոստացեալ հպարտացեալ այլ ձայն
շրջէր. սկսանէր խաւսել եւ ասել. Ի բաց կաց յինէն, ծառայ
չարագործ տիրացեալ տերանցն քոց. այլ ոչ թողից զքեզ եւ
որդւոց քոց զվրէժ նախնեաց իմոց, եւ զմահն Արտեւանայ
արքային։ Զի այժմիկ ձեր ծառայից զմեր տերանց ձերոց
զբարձ կալեալ է. բայց ոչ թողից, եթէ ոչ տեղիդ մեր առ մեզ
եկեսցէ:

When the king of Iran heard this from the magicians, he sent *tachik* camels to Armenia led by men to go and bring the soil and water [so that he might work] the charm. In a few days they brought what they had been sent for. Then king Shapuh of Iran ordered that half the floor of his tent be spread with soil brought from Armenia and that water be sprinkled on it, and half the floor be left with the soil of his own [Iranian] country of residence. He ordered that king Arshak of Armenia be brought before him, and he ordered the other people to stand back. Taking [Arshak] by the hand he strolled with him back and forth.

As they wandered around the tent [Shapuh] said to him, while they were on Iranian soil: "Arshak, king of Armenia, why have you been my foe? For I loved you like [you were] a son, I wanted to marry you to my daughter and make you my son. But you braced against me and by your own will, not by my wishes, you became my foe. It has been thirty years that you have been warring with me."

King Arshak replied; "I sinned and transgressed against you for I came, destroyed and vanquished your enemies, and I looked forward to receiving the gift of life from you. But my enemies duped me, made me afraid of you, and they made me flee from you. Lo, the oath that I swore to you led me here, before you. Behold, I am a servant in your hand. Do with me what you will. Kill me, for I, your servant, am very guilty before you, worthy of the death penalty."

King Shapuh, taking [Arshak's] hand, strolled with him, excusing him, but going over [that part] of the floor where the Armenian soil had been spread. As soon as [Arshak] reached the spot, as soon as he set foot on Armenian soil, he became extremely arrogant and insolent, changing his tone. He began speaking, saying: "Away from me, evil-doing servant who has become master of your [former] lords. I do not forgive you and your sons the vengeance of my ancestors, and the death of [Parthian] king Artewan. For now you the servants have taken the station of us, your lords. I shall not excuse this until we again come to occupy our [rightful] places.

Իսկ դարձեալ առնոյր զձեռանէ, դարձեալ տանէր յայն հող Պարսից. ապա աշխարէր զասացեալսն, խնարհէր բուռն հարկանէր զոտից նորա, մեծապէս ապաշխարելով զղջմամբ զասացեալ բանսն: Իսկ յորժամ առեալ զձեռանէ զնա տանէլ ի հայ հողն, եւս խստագոյն քան զառաջինսն բարբառէր. իսկ դարձեալ միւսանգամ հանէր յայնմ հողոյն, բանիւք յապաշխարութիւն դառնայր: Յայզուէ մինչեւ երեկոյն այնպէս շատ փորձ փորձեաց զնա. զի իբրեւ ի վերայ հարեալ հողոյն տանէր, խոստացեալ ամբարտաւանէր. իսկ ի վերայ բուն զետնոյն յատակին եւ կայր, ի զղջումն դառնայր:

Իսկ իբրեւ երեկոյ եղեւ ժամ ընթրեաց թագաւորին Պարսից, քանզի սովորութիւն էր Հայոց թագաւորին բազմական անդէն ընդ նմին առ նմա ի նորին տախտին արկանէլ բազմական, աւրէնք էին զի թագաւորն Պարսից եւ թագաւորն Հայոց ի միում տախտի բազմէին ի միում զահոյս: Իսկ այն ար նախս զտող բազմականագն թագաւորացն, որ անդն էին, զամէնեցունց կարգեցին. հուսկ յետոյ զկնի ամէնեցունց ի ներքոյ բոլորին զԱրշակայ բազմականն առնէին, ուր զհայ հողն յատակն հարեալ էր: Նախ ամէնեքեան իբրեւ բազմեցան յիւրաքանչիւր չափու, յետոյ աձէին բազմեցուցանէին զարքայն Արշակ: Արդ եկաց բազմեալ ունռւցեալ վայր մի. իսկ յոտն եկաց, ասէ ցթագաւորն Շապուհ. Իմ այդ տեղի, ուր դուդ ես բազմեալ. յոտն կաց այդի, թող ես այդր բազմեցայց, զի տեղի ազգի մերոյ այդ լեալ է. ապա եթէ յաշխարհն իմ հասից, մեծամեծ վրէժս խնդրեցից ի քէն:

Now once again [Shapuh] took him by the hand and led him to the Iranian soil. Then [Arsak] lamented what he had said, bowed, grabbed [Shapuh's] feet and with great expiation apologized for what he had said. But when [Shapuh] took him by the hand and led him over to the Armenian soil, once again [Arshak] began to speak out even more harshly than before. Now again he was put on the other soil and began to speak of atonement. [Shapuh] thus tested him from morning until evening. When [Arshak] was taken over the Armenian soil he harshly grew arrogant, but while going over the natural ground, he became penitent.

Now it became time for the evening meal of the Iranian king. There was a custom that the Armenian king would sit with him on the same couch of his taxt; there were laws that the king of Iran and the king of Armenia would sit on one level of the same taxt. But on that day, first they prepared all the couches of the kings there, and arranged them all. The last place and below all the others they set aside for Arshak's couch. They spread Armenian soil on the ground underneath it. After everyone had been seated according to his station, they brought in king Arshak and seated him. For a moment he remained seated there, proud and puffed up. Then he got on his feet and said to king Shapuh: "The place where you are sitting belongs to me. Get up and let me sit there, for that place belongs to our azg. When I reach my land, I shall seek very great vengeance from you."

Ապա տայր հրաման Շապուհ արքայ Պարսից բերել շղթայս եւ արկանել ի պարանոցն Արշակայ եւ յոտս եւ ի ձեռս նորա երկաթս, եւ խաղացուցանել զնա ի յԱնդմըշն զոր Անյուշ բերդն կոչեն, եւ պնդեալ զնա մինչեւ անդէն մեռցի: Եւ եղեւ ի վախի անդր ետ հրաման Շապուհ արքայ աձել զառաջեաւ իւր զՎասակ մամիկոնեան զզաւրավարն սպարապետն Հայոց մեծաց, սկաւ պատուհասել զնա:

Քանզի էր Վասակ անձամբ փոքրիկ, ասէ ցնա արքայն Պարսից Շապուհ. Աղուէս, դու էիր խանգարիչ որ այսչափ աշխատ արարեր զմեզ. դու ես այն որ կոտորեցեր զԱրիս այսչափ ամս, եւ զի գործես. զմահ աղուեսու սպանից զքեզ:

Իսկ Վասակ տուեալ պատասխանի ասէ. Այժմ քո տեսեալ զիս անձամբս փոքրիկ, ոչ առեր զչափ մեծութեան իմոյ. զի ցայժմ ես քեզ առեւծ էի, եւ արդ աղուէս. Բայց մինչ ես Վասակն էի, ես սկայ էի մի ոտնս ի մերոյ լերին կայր, եւ միւս ոտնս իմ ի մնոյ լերին կայր. յորժամ յաչ ոտնս յենուի, զաչ լեառն ընդ գետին տանէի. յորժամ ի ձախ ոտնն յենուի, զձախ լեառն ընդ գետին տանէի:

Ապա հարցանէր թագաւորն Պարսից Շապուհ եւ ասէ. Արդ տուր ինձ գիտել, ով են լերինքն այնոքիկ զորս դուն ընդ ունչ տանէիր:

Եւ ասէ Վասակ. Լերինքն երկուք, մի դու էիր, եւ մի թագաւորն Յունաց: Այն մինչ տուեալ էր ինձ Աստուծոյ, զքեզ ընդ գետին տանէի եւ զթագաւորն Յունաց, մինչեւ աւրհնութիւն հաւրն մերոյ Ներսէսի հանգուցեալ էր ի վերայ մեր, եւ Աստուծոյ զմեզ ի ձեռանէ չէր թողեալ. մինչեւ զնորա բանն արարաք, եւ խրատ նորա եկաց առ մեզ, զիտացաք տալ քեզ խրատ, մինչեւ մեզէն աչառք բացառք անկաք ի խորխորատ: Արդ զինչ եւ կամիս արա:

Ապա ետ հրաման թագաւորն Պարսից մորթել զզաւրավարն Հայոց Վասակ, եւ զմորթն հանել եւ լնուլ խոտով, եւ տանել ընդ նոյն բերդ յԱնդմըշն որ Անյուշն կոչեն, ուր արգելին իսկ զթագաւորն Արշակ:

Then king Shapuh of Iran ordered that chains be brought and cast around the neck of Arshak, and irons about his hands and feet, and that they should take him to Andmesh, which is called Anyush fortress, and keep him bound there until he died. The next day king Shapuh ordered that Vasak Mamikonean, the general sparapet of Greater Armenia, should be brought before him, and he began to threaten him.

Now Vasak was personally small, and Shapuh, king of Iran said to him: "Hey, fox, it was you who obstructed things and so fatigued us. You are the one who destroyed the Aryans for so many years. Why? I will kill you with a fox's death."

Vasak replied, saying: "Now that you see me as personally short, you are not [accurately] measuring, my size. For until now I was a lion to you, but now, I am a fox. While I was Vasak, I was a giant with one foot on one mountain and the other foot on another mountain. When I leaned on my right foot the mountain [under my] right would be brought to the ground. When I leaned on my left foot, the left mountain would be brought to the ground."

King Shapuh of Iran then asked: "Pray tell me what were those two mountains that you brought to the ground?"

And Vasak replied: "Of the two mountains, one was you and the other was the Byzantine emperor. While God allowed it, I brought you and the Byzantine emperor to the ground, since the blessing of our father Nerses was upon us, and God had not forsaken us. While we acted according to his word, and accepted his counsel, be aware, we could have taught you a lesson. But with our eyes open, we fell into the abyss. So, do what you want".

Then the king of Iran ordered that the general of Armenia, Vasak, be flayed, that the skin be removed and filled with hay, and taken to that very Andmesh fortress (which they call Anyush) wherein king Arshak was being held.

Յաղագս զարուբեանն եւ հարուածոյն
աշխարհին Հայոց եւ աւերածոյն, եւ գերութեան
տանելոյն ի Պարս, եւ չարամահ լինելոյ
տիկնոջն Փառանձեմայ, եւ քաղաքացն Հայոց
աւերելոյ, եւ հիմանց աշխարհին տապալելոյ:

Ապա արձակեաց արքայն Պարսից Շապուհ ի վերայ աշ-
խարհին Հայոց երկուս ոմանս յիշխանաց անտի իւրոց, մի-
ումն Ձիկ անուն եւ միումն Կարէն, հինգ հարիւր բիւրով, զի
եկեսցեն բրեսցեն քանդեսցեն զաշխարհն Հայոց: Եւ եկին
հասին ի վերայ երկրին Հայոց: Ապա իբրեւ եւտես տիկին
աշխարհին Հայոց կինն Արշակայ թագաւորին Հայոց Փա-
ռանձեմ զզաւրս թագաւորին Պարսից, եթէ եկին լցին զաշ-
խարհս Հայոց, առեալ ընդ իւր մարդիկ իբրեւ մետասան
հազար ազատս ընտիրս սպառազէնս պատերազմողս, եւ
հանդերձ նոքաւք դիմեաց եմուտ ի բերդն Արտագերից
որ ի յերկրին Արշարունեաց յերեսաց զաւրացն Պարսից:
Ապա եկին հասին ամենայն զաւրքն Պարսից, շուրջ զբեր-
դաւն նստէին, պաճ արկանէին. պատեցին պաշարեցին:
Իսկ նոքա ի ներքս ամրացեալք, յուսային ի տեղւոյն ամրու-
թիւնն. եւ նոքա լակիշ աձեալ, նստէին արտաքուստ շուրջ
զձնրաւքն:

LV

ABOUT THE ENSLAVEMENT AND DEVASTATION OF THE LAND OF THE ARMENIANS; THE TAKING INTO IRANIAN CAPTIVITY OF QUEEN P'ARHANDZEM; THE RUIN OF ARMENIAN CITIES, AND THE COMPLETE OVERTURNING OF THE LAND TO ITS FOUNDATIONS.

Subsequently Shapuh, king of Iran, dispatched against Armenia a certain two of his princes, one named Zik, the other, Karen, to come to the land of Armenia with 5,000,000 [troops] and to dig up and demolish it. They reached the country of Armenia. Now when the tikin of the land of Armenia, king Arshak's wife, P'arhanjem, saw that the troops of the king of Iran had come and filled up the land of Armenia, she took with her 11,000 select armed azat warriors and with them she went and entered the fortress of Artagers in the Arsharunik' country—to get away from the Iranian troops. But later all the Iranian troops arrived and they invested the fortress, held and besieged it. Those on the inside were depending on the security of the place. [But those on the outside] pitched camp and waited.

Եւ նստան շուրջ զբերդաւն ամիսք երեքտասան, եւ առնուլ զբերդն ոչ կարացին, զի կարի ամուր էր տեղին։ Աւերեցին քանդեցին զերկիրն ամենայն. եւանէին առնուին աւար զերկիրն ամենայն, շուրջ ի չառաց եւ յաշխարհացն աձէին զգերի մարդկանն եւ զանասնոյ ի լակիշն իւրեանց. այլուստ բերէին համբարս եւ ուտէին, եւ զբերդն պաշարեալ պահէին։

Իսկ Պապ որդին Արշակայ ոչ դիպեցաւ անդ ի Հայոց աշխարհին, զի առ թագաւորն Յունաց դիպեցաւ։ Զի թէպէտ եւ զայս ամենայն լուան ազատագունդ բանակն Հայոց, չոգան իւրեանց խնդրել թիկունս աղնականութեան. եւ էր նոցա զարպագլուխս Մուշեղ որդին Վասակայ սպարապետին։ Եւ չոգան նոքա առ իւրեանց արքայորդին. մինչ դեռ նոքա ընդ թագաւորին Յունաց խաւսին, հաւանեցուցանէին զնոսա թիկունք լինել իւրեանց։ Իսկ յերկիրն Հայոց ստէպ առաքէին դեսպանս առ տիկին աշխարհին առ Փառանձեմ, զի ժուժկալ լինիցի բերդին, եւ մի ձեռս տացէ ի Պարսիկս։ Եւ դեսպանս ստէպ ստէպ յորդոյ նորա ի Պապայ զմիմեանց զկնի ի շաբաթու շաբաթու եկեալ հասանէին. եւ զաղտ ընդ զաղտոնի դուռն ուրեմն մեքենաւորութեամբ ի բերդն մտանէին, տային քաջալերս տիկնոջն. եւ յերկարեաց ի բերդին ամիսս երեքտասան պաշարումն։ Այլ որք զային եւ երթային, ստէպ ստէպ զային թէ պինդ կաց, զի հասեալ է Պապ որդի քո եւ զունդ կայսերական ի թիկունս աղնականութեան։ Եւ յերկարեաց խրախոյսն որ հասանէր, զի ասէին. Վայրիկ մի եւս, սակաւիկ մի եւս կալցիս ժոյժ, եւ ահա հասեալ է աղնականութիւն։

Եւ եղեւ յետ չորեքտասաներորդ ամսեանն հարուածոց որ յԱստուծոյ հասին ի վերայ զաղթականին բերդնորդեացն, զի մահ անկաւ ի վերայ նոցա որք ի բերդին էին, զի ի տեառն է հասին պատուհասք։

[The Iranians] besieged the fortress for thirteen months, but were unable to take it, for the place was very secure. They ruined and demolished the entire country. They took booty from the entire country and arose into the surrounding districts and lands, taking people and animals captive and bringing them to their own encampment. They brought their victuals from elsewhere, and remained there besieging the fortress.

Now Arshak's son Pap it happened, was not at that time in the land of Armenia, but had gone to see the emperor of Byzantium. When the azatagund banak of Armenia heard all this they went to seek help. The head of their [delegation] was Musegh, the son of sparapet Vasak. And [the delegation] went to its crown-prince. While they were still talking with the Byzantine emperor and convincing him to help them, they sent emissaries to the country of Armenia frequently, [messages] to the tikin of the land, to P'arhanjem, to withstand, to uphold the fortress and not surrender it to the Iranians. [P'arhanjem] was also receiving emissaries frequently, every week, one after the next from her son Pap. Somehow they would secretly enter the fortress through a secret door and give the tikin encouragement. The siege stretched into its thirteenth month. [The messengers] who were constantly going and coming would tell her: "Hold tight, your son Pap is coming with an imperial brigade to help." The encouragement prolonged things. "A moment more," they would say, "Hold out a little longer and lo, help will arrive."

After the fourteenth month, the blow of God fell upon the fugitives at the fortress, for death was visited upon the people who were in the fortress, and it was punishment from the Lord.

Առաջի տիկնոջն Փառանձեմայ ուտէին եւ ըմպէին եւ ուրախ լինէին որք էին ի տաճարին. յանկարծակի ի միում ժամու հարիւր այր, եւ ի միւսում երկերիւր, եւ էր զի հինգ հարիւր այր մեռան ի բազմականին յորժամ բազմեալ կային. եւ այլ ըստ աւրէ սատակէին: Յորժամ սկսան, զամիս մի ոչ յերկարեաց զի սատակեցան առ հասարակ. զի էին արք իբրեւ մետասան հազար, եւ կանայք իբրեւ վեց հազար. զի ամիս մի ոչ կացին. զի ամենեքեան որ էին ի բերդին առ հասարակ սատակեցան:

Բայց մնաց ի բերդին Փառանձեմ տիկին երկու նամջտաւք: Ապա եկն եմուտ զաղտ ի ներս ի բերդն Հայր մարդպետ ներքինին, եւ թշնամանեաց զտիկինն մեծապէս իբրեւ զբոզ մի: Սկսաւ դնել թշնամանս ազգին Արշակունեաց, զի վատախորհուրդք են վատանշանք, կորուսին զաշխարհս եւս. իրաւի անց ընդ ձեզ այդ, եւ այլ զի անցցէ: Եւ զաղտուկ եւ փախեաւ: Իսկ տիկինն Փառանձեմ իբրեւ ետես եթէ միայն մնացի, եբաց զդուռն բերդին, եւ թողացոյց զաւրսն Պարսից մտանել ի բերդն: Եւ եկին կալան զտիկինն, եւ իջուցին ի բերդէն: Եղանէին ի բերդն ի վեր զաւրավարն Պարսից, գերէին զգանձս թագաւորին Հայոց, որ կային ի բերդին. եւ սկսան կրել իջուցանել զամենայն զանձն, որ կայր ի բերդին: Զինն տիւ եւ զինն գիշեր համակ իջուցին զոր զտին յԱրտարագերսն բերդին, հանդերձ տիկնաւն խաղացուցին:

Եւ յետ այտորիկ եկին ի քաղաքն մեծ յԱրտաշատ, եւ առին զնա, եւ կործանեցին զպարիսպ նորա. առին անտի զգանձս մթերեալս որ կային, եւ գերեցին զամենայն քաղաքն:

In the presence of tikin P'arhanjem, those who were in the tachar were eating and drinking and merry-making. But then suddenly, in one hour, 100 people [died], the next hour, 200 [died] and it happened that 500 people died on the seats they were sitting on. And day after day they perished. No more than a month after [the sickness] began, practically all of them were dead, some 11,000 men and 6,000 women—they did not last a month. [Almost] everyone in the fortress perished.

However tikin P'arhanjem and two waiting-maids remained [alive] in the fortress. Now the eunuch Hayr mardpet secretly entered the fortress and greatly insulted the tikin as a whore. He started to insult the azg of the Arsacids [saying that they were] wanting in judgment and disgraceful and lost the land, besides. He said: "What has already befallen you was just, and so is what will happen." Then [Hayr] secretly fled. Now when tikin P'arhanjem saw that she was alone, she opened the fortress gates and let the Iranian troops enter. They came and seized the tikin and lowered her from the fortress. The Iranian troops entered the fortress and captured the treasures of the king of Armenia which were there. They started to gather and lower down all the treasures in the fortress. For nine days and nine nights they were continuously lowering down what they found in Artaragers fortress. They took this, with the tikin.

After this, they came to the great city of Artashat which they captured, destroying its walls. They took all the treasures which they found stored there and they enslaved the entire city.

Եւ խաղացուցին ի յԱրտաշատ ի քաղաքէ ինն հազար տուն երդ Հրէայ, զոր աւելին էր գերի Տիգրանայ
արքայի արշակունոյ յերկրէն պաղեստինացոց. եւ քառասուն հազար երդ Հայ, զոր յԱրտաշատ քաղաքէ խաղացուցին։ Եւ զամենայն շինուած քաղաքին հրձիգ արարին
զհայտակերտն, եւ զքարակերտն քանդեցին. զպարիսպն
ըստ ամին աւրինակի եւ զամենայն շինուած քաղաքին մինչեւ
ի հիմունսն ապականեցին, եւ ոչ թողին մի, եւ ոչ թողին բրնալ քար ի քարի վերայ. անմարդի եւ թափուր յամենայն
բնակչաց իւրոց կացուցանէին։

Եւ եղեւ յորժամ աձին ժողովեցին զամենայն զգերին
զքաղաքին ի մի վայր, եւ անցուցին ըստ Տափերն կամուրջ,
եւ առնէին համար գերւոյն, ի մէջ շերտափակ զարացն պատէին, ասեն զարագլուխքն Պարսից գՁուիթ երէց քաղաքին Արտաշատու. Եկեալ ի միջոյ գերւոյդ, երթ գնա դու յո
պէտք է քեզ։ Եւ ոչ առնոյր զայս յանձն երէցն Ձուիթն, այլ
ասէր. Յո զխաշնդ տանիք, եւ զհովիւս տարայք. զի ոչ է
մարթ հովուի թողուլ զխաշն իւր, այլ պարտ է հովուի դնել
զանձն ի վերայ ոչխարին իւրոյ։ Եւ զայս ասացեալ եմուտ
ի գերութիւնն, եւ խաղաց ի գերութիւն ընդ իւրում ժողովրդեանն յերկիրն Պարսից։

Առնուին եւ զՎաղարշապատ քաղաք. քանդէին բրէին
զքաղաքն ի հիմանց տապալէին, եւ խաղացուցանէին յայնմ
եւս քաղաքէ իննեւտասն երդս հազար։ Ընդ ամենայն քաղաքս ոչ թողին ամենելին շինած. զի զամենայն տապալէին,
բակեալ քանդէին. եւ ընդ ամենայն երկիրն ասպատակ
սփռեալ զամենայն այր ի չափ հասեալ կոտորէին, զկանայս
եւ զորդիս ի գերութիւն վարէին. եւ զբերդս ամենայն թագաւորին Հայոց կալան, եւ լցեալ բազում ամբարաւք բերդակալս թողուին։

From the city of Artashat they took 9,000 households of Jews (who had been brought into captivity from the country of the Palestinians by king Tigran Arshakuni), and 40,000 households of Armenians. They burned down the wooden structures in the city, and they demolished the structures built of stone. They tore down the wall and all buildings in the entire city, right to their foundations, and they did not leave stone upon stone. They left it desolated and barren of all population.

When they had assembled all the captives taken from the city in one place, they crossed the T'ap'er bridge and proceeded to count the captives, keeping them among troops bearing spears. The Iranian military commanders said to Zuit', priest of the city of Artashat: "Leave the ranks of the captives and go wherever you must." But the presbyter Zuit' did not agree to this, saying: "Wherever you take the flock, take the shepherd. For it is impossible for the shepherd to leave his flock; rather, he must give his life for his sheep." So saying he entered captivity, and went into slavery to the country of Iran, together with his people.

[The Iranians] also took Vagharshapat city which they demolished and dug through, overthrowing it to the foundations. From that city they took 19,000 households. They did not leave a single building in the entire city, for they overturned and demolished all of them. They spread out raiding throughout the entire country, killing all the mature males, and taking the women and children into captivity. They seized all the fortresses of the king of Armenia, and filling them with many provisions, they left fortress-keepers in them. They took the great city of Eruandashat and took thence 20,000 Armenian households and 30,000 Jewish households, then they leveled the city and dug through it.

Առնուին եւ զմեծ քաղաքն զԵրուանդաշատ, եւ խադացուցանէին անդի երդս քան հազար Հայ, եւ երդս երեսուն հազար Հրեայ. եւ զքաղաքն ի հիմանց տապալեալ բրեալ յատակէին: Ապա առնուին եւ զքաղաքն Բագրեւանդայ Զարեհաւան, եւ խադացուցանէին անդի հինգ հազար երդ Հայ, եւ ութ հազար երդ Հրեայ. եւ զքաղաքն ի հիմանց տապալէին յատակէին: Առնուին եւ զքաղաքն մեծ Զարիշատ որ էր ի գաւառին յԱղոյիովտի, չորեքտասան հազար երդ Հրեայ, եւ տասն հազար երդ Հայ. եւ զնա ի հիմանց քանդեալ ապականէին: Առին եւ զամուր քաղաքն Վան, որ է ի գաւառին Տոզբայ. եւ հրձիգ արարեալ, քակէին զհիմունս նորա. եւ խադացուցանէին անդի երդս հինգ հազար Հայ, եւ ութ եւ տասն հազար երդս Հրեայս:

Զայս ամենայն բազմութիւն Հրէից, զոր գերեցին տարան յերկրէն Հայոց, աժեալ էր յերկրէն Պաղեստինացւոց մեծի թագաւորին Հայոց Տիգրանայ ի ժամանակին յորժամ գերեաց նա եւ ած ի Հայս զբահանայապետն Հրէից զՀիւրկանդոս զառաջին ժամանակաւ: Եւ էած մեծ արքայն Տիգրան զամենայն զիրեւութիւնն զայն բնակեցոյց ի քաղաքսն Հայոց յիւրում դարուն ի ժամանակին: Իսկ յայսմ ժամանակի աւերեցին զքաղաքսն, եւ գերեցին զբնակեալսն անդ. եւ զամենայն երկիրն Հայոց եւ զամենայն գաւառն ընդ նմին գերեալ, խադացուցեալ եւ զայլ գերութիւնս գաւառաց գաւառաց, կողմանց կողմանց, փորի փորի, գաշխարհի աշխարհի, աժին ժողովեցին ի քաղաքն Նախճաւան. զի անդ էր զաւրաժողով իւրեանց գաւրացն: Ապա առին եւ զնա քանդեցին. անդի երդս Հայս երկուս հազարս, եւ Հրեայ երդս վեշտասան հազարս անդի խադացուցին զնացուցին ամենայն գերութեամբն հանդերձ: Եւ անդէն յերկիրն Հայոց ոստիկանս թողին եւ վերակացուս, ի ծառայութիւն մատնել զմնացորդս երկրին. եւ ինքեանք զտիկինն Փառանձեմ առեալ, հանդերձ զանձիւք եւ բազմութեամբ զաւրաւքն յերկիրն Պարսից խադացուցանէին. եւ զնացեալք երթային տանէին հասուցանէին յերկիրն Պարսից առ Շապուհ արքայն Պարսից:

They also took the city of Zarehawan in Bagrewand, leading away from it 5,000 Armenian households and 8,000 Jewish households. They demolished the city to the foundations. They took the great city of Zarishat, which was located in the district of Aghiovit, leading off 14,000 Jewish households and 10,000 Armenian households, and destroying the city to its foundations. They took the secure city of Van, in the district of Tozb, burned it, pulled it down to its foundations and leading from it 5,000 Armenian households and 18,000 Jewish households.

This entire multitude of Jews [were descendants of] those whom the great king of Armenia, Tigran, captured and brought to the country of Armenia from the country of the Palestinians, at the time when he captured and brought to Armenia Hiwrkandos the chief-priest of the Jews, in ancient times. And the great king Tigran brought all of this Jewry and settled it in the cities of Armenia, during his era. But now [the Iranians] destroyed the cities and enslaved the people living there. They took the entire country of Armenia captive and all the district they took into slavery, the districts, the regions, cavities, the lands, were assembled at the city of Naxchawan. For that was the assembling place for their troops. They took [Naxchawan] and demolished it as well. They took thence 2,000 Armenian households and 16,000 Jewish households and then departed with all of the captives. [The Iranians] left in the country of Armenia, ostikans and overseers to bring the survivors of the land into service. Then, taking the tikin P'arhanjem, with treasures and a multitude of captives, they went to the country of Iran. The captives were taken to king Shapuh of Iran, in the country of Iran.

Եւ եղեւ իբրեւ չոգան տարան զտիկինն Փառանձեմ
յերկիրն Պարսից, եւ զայլ ամենայն զերութիւնն Հայոց եւ
զգանձսն կալան առաջի թագաւորին եւ զտիկինն Փառան-
ձեմ, շնորհի մեծ ունէր թագաւորն Պարսից իւրոց զարաւա-
րացն: Եւ իբրեւ կամեցաւ թագաւորն Պարսից Շապուհ թշ-
նամանս առնել ազգին աշխարհին Հայոց եւ թագաւորու-
թեանն, ետ հրաման ժողովել զամենայն զգաւրս իւր եւ
զնետձամետս իւր եւ զփոքունս եւ զամենայն մարդիկ աշխար-
հին իւրոյ որ ինքն իշխէր, եւ ի մէջ ամբոխին ածել զտի-
կինն Հայոց զՓառանձեմն: Եւ հրամայեաց ի հրապարա-
կին իմն առնել հրապոյրսմեքենայից, որով հրամայեաց
զկինն արկանել, եւ արձակել տիկնոջն Փառանձեմայ ի
խառնակութիւն պոռնկութեանն անասնական պղծու-
թեանն: Այսպէս սատակեցին զտիկինն զՓառանձեմ: Իսկ
զայլ գերին զամենայն տարան բնակեցուցին, որ յԱսորես-
տան, որ յերկրին Խուժաստանի:

When they took to Iran the tikin P'arhanjem, and all the captives of Armenia, and placed the treasures and tikin P'arhanjem before the king, the king of Iran greatly thanked his generals. Now since king Shapuh of Iran wanted to greatly insult the azg of the land of Armenia, and the kingdom he ordered all of his troops, his grandees, and the lesser ones, and all the men in the country where he ruled to assemble and to have the tikin of Armenia in the midst of the mob. He ordered that in the concourse a contrivance be placed, and that the woman be affixed to it. Then he subjected the tikin P'arhanjem to abominable, bestial intercourse. So they caused the tikin P'arhanjem to perish. But they took all the other captives and settled them, some in Asorestan, some in the country of Xuzhastan.

Յաղագս վկայութեանն Զուիթայ երիցու յերկրին Պարսից:

Ապա իբրեւ չոգան տարան յերկիրն Պարսից զամենայն գերութիւն Հայոց, եւ զՋուիթ երէց Արտաշատ քաղաքի ունէին կապանաւք առաջի թագաւորին Պարսից Շապհոյ: Եւ նայէր թագաւորն Պարսից Շապուհ, եւ տեսանէր զերէցն Զուիթ այր բարձր եւ անձնեայ, եւ ի տիոց մանուկ. եւ հեր գլխոյն ալեւորեալ էին, այլ մուրուքն դեռ տակաւին սեաւ եւս կային: Ապա յորժամ զառաջինն խաւսել սկսաւ, ասէ. Եթէ տեսանէք զառնդ զայդր զչարութիւն. քանզի յայտ է, ի հերաց այտի երեւի թէ կախարդ է. զի հերքն սպիտակ են, եւ մուրուքն սեաւ: Իսկ երիցուն տուեալ պատասխանի ասէ. Թէ քեզ պէտ իցէ, այլ զինչ կամիս խաւսել եւ առնել խաւսեաց. այլ վասն այդորիկ գիտեա, զի յիրաւունս սպիտակեցեալ են նախ հերքս. զի բազում աւուրբք երէց են, զնեա հնգետասան ամաւք քան զմուրուս նախաբոյս են: Իսկ թագաւորն հրաման տայր մինչեւ ի վախին պահել զնա. իսկ ի վախին հրաման տայր ածել ի հրապարակն շղթայիւք: Եւ էին ոստիկանք արքունի հարցանել, եթէ իցէ յանձն առցէ պաշտել զաւրէնս մոգութեանն, ոչ մեղցի: Իսկ նա ոչ առնոյր յանձն. այլ կամեցեալ մեռանել խնդութեամբ վասն Աստուծոյ, երթեալ ի տեղի մահուան, եւ աղաչեաց զվերակացու իւրոյ մեհուանն, զի թողացուսցեն նմա սակաւ մի կալ յաղաւթս:

LVI

THE MARTYRDOM OF THE PRIEST ZUIT', FROM THE CITY OF ARTASHAT, IN THE COUNTRY OF THE IRANIANS.

Now when all the Armenian captives had been taken to the country of Iran, they took the presbyter of the city of Artashat, Zuit' before king Shapuh of Iran, in shackles. King Shapuh of Iran looked and saw the priest Zuit', a tall and attractive man, but a youth, The hair on his head was grey, but his beard was still black. When [the king] began to speak, he said: "Do you see that he is a man of evil? It is clear from his hair that he is a witch, for his hair is white though his beard is black." The priest replied: "Say what you want to do, and do it. But as for [the question of the hair] know that the hair on my head was justified in turning white first, for it was at least fifteen years earlier than the beard in sprouting." The king ordered that he should be held until the next day. Now the next day he ordered that [Zuit] be brought to the concourse in chains. Then *ostikan*s of the court arose and inquired whether he would consent to accept the worship of the Mazdean faith; otherwise, he would be put to death. But [Zuit'] refused. On the contrary he was delighted and wanted to die for the name of God. Going to the place of execution, he requested of his overseers that he be allowed to pray a little.

ՃԷ

Աղաւթք ի ժամ մահուն Ջուիթայ:

«Արարիչ մեր, որ արարեր զերկինս եւ զերկիր եւ զծով յոչընչէ, եւ ստեղծեր զմեզ ի հողոյ, եւ զհոդեղէնս այսպէս իմաստունս բանաւորս եւ կենդանիս արարեր: Եւ շնորհեցեր մեզ զգիտութիւն քո, զոր ցուցեր ազգաց որդւոց մարդկան ի ձեռն սրբոց քոց մարգարէիցն կարապետացն քոց. եւ դու քեզէն եկիր իջեր մարդացար երեւեցար յերկրի, եւ ընդ մարդկան շրջեցար. եւ զկատարեալ իմաստութիւնդ քո շնորհեցեր արարածոց քոց, զոր Առաքելովքն քարոզեցեր քոց ստացուածոց յաշխարհի: Եւ վարդապետաւքն սրբովք, զորս եդիր ի քում յեկեղեցւոջ լուսաւորս, զամենեսեան իմաստնացուցեր: Եւ զիս զայր զանարժան արժանի արարեր քում ծառայութեանդ. եւ պատրաստեցեր զիս տառապեալս սնանել եւ ուսանել ընդ ձեռաւք քո սրբոյ եւ մեծի եւ քո քահանայապետին Ներսիսի քո պաշտաւնէին, եւ ի ձեռաց նորա առնուլ զձեռնադրութիւն երիցութեան, եւ ի ձեռաց նորա զիս նուիրեալ քեզ ի քահանայութեան: Եւ յայնմ աշտիճանէ պատրաստեցեր ընտել զվկայութեան բաժակն փրկութեան, զոր ըմբելով զանուն տեառն կարդացից. զաղաւթս իմ եւ տեառն տաց առաջի ամենայն ժողովրդոց նորա: Ընդ որում քեզ փառք եւ զաւրութիւն եւ իշխանութիւն միածնի Որդւոյ քո սիրելոյ Յիսուսի Քրիստոսի, եւ կենդանարար Հոգւոյդ քում սրբոյ, յառաջ քան զամենայն յաւիտեանս այժմ եւ միշտ եւ յաւիտեանս յաւիտենից. ամէն:»

Եւ իբրեւ զայս ամենայն ասաց, բազում մարդիկ ամբոխի ժողովեալ էին, ասացին զամէն: Ապա զայրացեալք վերակացուք սպանողութեանն, թէ ընդէր այնչափի երկար թողացուցին նմա խաւսել, ապա տագնապաւ ի տեղի մահուն հասուցանէին: Իսկ նա մեծաւ խնդութեամբ կարկառեալ զպարանոցն, վճարէր ի սուսերէն:

LVII

PRAYER AT THE TIME OF ZUIT'S DEATH.

"Our Creator, who made the heavens and earth and sea from nothing, and created us from dust, and made us wise, rational and living. You granted us Your knowledge, which You demonstrated to the ages of the sons of men through Your holy prophets and Your forerunners. You Yourself came down, became incarnate, revealed Yourself on earth and walked among men. Upon Your creatures You bestowed Your perfect wisdom, which You preached through Your apostles to Your earthly possessions, and made everyone wise through Your holy vardapets, whom You placed in Your church as luminaries. My unworthy self You made worthy of Your service; my poor self You prepared to be nourished and taught by Your great holy chief priest and minister Nerses, to receive ordination through him and to thus dedicate myself to You in priesthood, from which rank You prepared me to drink from the martyr's cup of salvation, that in so doing I would call upon the name of the Lord, to whom I shall dedicate my prayers before all His people, and to whom glory and power and majesty, with the Only-begotten beloved Son Jesus Christ and the life-giving Holy Spirit who preceded all eternity, now and always, and forever and ever. Amen."

When he said all this, the great crowd that had gathered said Amen. The officers presiding over his execution were angry that they had allowed him to speak at such length and swiftly escorted him to the spot of his execution, where with great joy he offered his neck to the sword.

Յաղագս գալոյն Շապհոյ թագաւորին Պարսից յերկիրն Հայոց, եւ միանգամայն սատակել զմնացեալս երկրին, եւ բիւր չարեացն զոր կրեցին:

Ապա յետ այսորիկ խաղաց զնաց թագաւորն Պարսից Շապուհ ամենայն իշխանութեամբ զաւրաց իւրոց, եւ չոգաւ եւ յերկիրն Հայոց. եւ առաջնորդ ունէր ընդ իւր զՎահան ի Մամիկոնեան տոհմէն, եւ զՄերուժանն յարծրունեաց տոհ֊ մէն: Ապա հասեալ ասպատակէին յերկիրն Հայոց, եւ ա֊ նուհն զամենայն գերին ի մի վայր ժողովեցին: Եւ բազումք ի նախարարացն Հայոց թողուին զկանայս իւրեանց եւ զորդիս եւ զընտանիս, եւ փախեան ընդ այս ընդ այն գ֊ նացին: Իսկ զամենայն կանայս նախարարացն Հայոց, զոր թողին եւ փախեանն, ասպատակն ժողովէր. եւ ածին զնո֊ սա առ Շապուհ արքայ Պարսից:

Իբրեւ էր բանակն Շապհոյ թագաւորին Պարսից ի զաւառն Բագրեւանդայ յաւերս քաղաքին Զարեհաւանի, զոր յառաջնումն եկեալք զաւրքն Պարսից աւերեցին, եւ ա֊ ծին ժողովեցին առաջի թագաւորին Պարսից զամենայն գե֊ րին մնացորդաց աշխարհին Հայոց, ապա հրաման տայր թագաւորն Պարսից Շապուհ, զամենայն այր ի չափ հասեալ կոխան արարեալ փղաց, եւ զամենայն զկին եւ զմանուկ հա֊ նել ընդ ցից սայլից: Հազարք հազարաց եւ բիւրք բիւրոց սպանին, զի ոչ գոյր թիւ կամ համար սպանելոցն.

LVIII

THE COMING OF THE IRANIAN KING SHAPUH TO THE COUNTRY OF ARMENIA AND THE COMPLETE DESTRUCTION OF THE REMNANTS LEFT ALIVE.

After this Shapuh, the king of Iran, went to the country of Armenia with all the troops under his authority. He had as guides Vahan, from the Mamikonean tohm, and Meruzhan, from the Arcrunik' tohm. They reached the country of Armenia and began raiding. They took all their captives and assembled them in one place. Many of the Armenian naxarars left their women, children, and families and fled here and there. The marauder gathered all the women whom the Armenian naxarars had left when they fled, and brought them to king Shapuh of Iran.

The banak of king Shapuh of Iran was then located in the district of Bagrewand, at the ruins of the city of Zarehawan (which had been ruined previously by the Iranian troops). They brought before the Iranian king all the slave remnants of the land of Armenia. King Shapuh of Iran ordered that all mature males be trampled by elephants, and that all the women and children should be put under the blades of threshers. They killed thousands upon thousands, myriads upon myriads, there was no counting the slain.

Եւ զկանայս ազատացն եւ նախարարացն զփախուցելոցն հրաման տայր ածել յասպարէզն որ էր ի Զարեհւան քաղաքի։ Եւ հրաման տայր հոլանել զամենայն ազատ
կանանին, եւ նստուցանել եստի անտի ասպարիսին։ Եւ
ինքն Շապուհ արքայ հեծեալ ի ձի, արշաւակի անցանէր
առ կանամբվն.եւ որ յակն գային, մի մի ի նոցանէ պոծեալ ի
խառնակութիւն տանէր առ ինքն։ Քանզի մատն յասպարէսն հարեալ էր խորանն, յոր առեալ մտանէր գործել
զանաւրէնութիւն. եւ այնպէս զբազում աւուրս առնէր զայն
ընդ կանայսն։ Եւ զազգն Սիւնեաց տոհմին զամենայն զայր
ի չափ հասեալ կոտորեցին, եւ զկանայս սպանին։ Եւ զամենայն մանր մանկտիսն ներքինիս հրամայէր առնել, եւ խաղացուցանել յերկիրն Պարսից։ Եւ առնէր զայս ամենայն
վասն վրիժուցն Անդուկայ, որ եղեւ պատերազմ ընդ Ներսեհ արքայ Պարսից։

Եւ տայր հրաման Շապուհ արքայն Պարսից զամուր
ամուր տեղիսն Հայոց բերդս շինել, հրամայեաց եւ բերդակալս կացուցանել։ Եւ զազատ կանանին անդէն ի բերդեանն բաշխէր եւ թողոյր. զի եթէ ոչ արք նոցա եկեսցեն ոմա
ի ծառայութիւն, սպանցեն զկանայս նոցա բերդակալքն առ
որս եթող զնոսա։ Եւ եթող յաշխարհին զՋիկն եւ զԿարէնն,
զնոսա իշխանս զաւրաւք բազմաւք. եւ զիշխանութիւն մնացորդացն եւ ի ձեռս Վահանայ եւ Մերուժանայ, եւ ինքն
զնաց յԱտրպայական։

[Shapuh] ordered that the women of the fugitive azats and naxarars should be taken to the horse-arena in the city of Zarehawan. He ordered that all the azat women should be stripped and seated here and there in the arena. Then king Shapuh himself, mounted on a horse quickly rode around the women. Those who caught his eye he took with him, one by one, to rape. For he had pitched a tent near the arena and he would go there to commit impiety. Thus he spent many days with the women. They killed all the mature males of the azg of the Siwnik' tohm, killed all the women, and [Shapuh] ordered that all the young boys should be made eunuchs and sent to the country of Iran. He did all this to get vengeance on Andovk, [as a result of whom] there was war with Nerseh, king of Iran.

Shapuh, king of Iran, commanded that fortresses should be built in the very secure places of Armenia, and that fortress-keepers be designated. He divided the azat women among the fortresses and left them there. For if their husbands did not come to him in service, the women in the fortresses would be killed by the fortress-keepers with whom they had been left. And he left Zik and Karen in the land as princes for them, with many troops. Authority over the remainders was entrusted to Vahan and Meruzhan. Then Shapuh himself went to Atrpayakan.

Յաղագս թէ իբրեւ մնացին Վահան եւ
Մարուժան, թէ զինչ շատ չարիս գործեցին ընդ
երկիրս Հայոց. եւ կամ զիարդ սատակեցան
Վահան եւ կինն իւր յիւրեանց որդւոյն:

Այսուհետեւ Վահանն մամիկոնեան եւ Մերուժանն Արծ-
րունի, սոքա երկոքեան արք պիղծք անաւրէնք էին, ապս-
տամբեալք էին յուխտէ աստուածապաշտութեանն, եւ զա-
նաստուածն Մազդեզանց ադանդն յանձն առեալ պաշտէ-
ին. սկսան այսուհետեւ յերկրին Հայոց աւերել զեկեղեցիս
զտեղիս ադաթից քրիստոնէից յամենայն կողմանս Հա-
յոց զաւառաց զաւառաց եւ կողմանց կողմանց: Եւ ներքին
զբագում մարդիկ զոր ի բուռն արկանէին, թողուլ զաստ-
ուածապաշտութիւն եւ ի պաշտաւն դառնալ Մազդեզանցն:
Եւ յետ այսորիկ տային հրաման Վահանն եւ Մերուժանն,
զամենայն կանայս փախուցելոցն զնախարարացն որ թո-
դինն եւ զնացինն, տային հրաման ի բերդեանն զի ներեւս-
գեն զնոսա դարձուցանել յաւրէնս Մազդեզանց. եթէ ոչ առ-
նուցուն յանձն, սատակեսցեն զամենեսեան չարաչար: Եւ
բերդակալեանն յորժամ զայն հրաման ընկալան, ամենայն
ոք ո ոք առ ումէք էին ներեցին զնոսա ըստ հրամանին
տուելոյ: Ապա իբրեւ ոչ մի ոք յանձն առնուին ուրանալ ի
քրիստոնէութեանէն, չարամահ սպանանէին զամենեսեան
յամենայն ի բերդան յորս տուեալ էր զնոսա անդ:

Իսկ Վահանայ էր քոյրաթիւ ի մամիկոնեան տոհմէն,
քոյր Վարդանայ Համազասպունի. եւ էր նա կին Գարեգնի
տեառնն Ռշտունեաց զաւառին: Զսա եթող եւ փախեաւ
Գարեգին այր իւր ի ժամանակին, յորում եկն Շապուհ
արքայ Պարսից յերկիրն Հայոց. իսկ գտիկինն Ռշտունեաց
ի միջնաբերդն Վան բերդի, որ էր քաղաքն ի Տոսպ զաւա-
րին: Իսկ անաւրէնն Վահան եւ Մերուժանն հրաման տա-
յին բերդակալին, զի ներեցէ զկինն. եթէ ոչ առցէ յանձն
զաւրէնս Մազդեզանցն, տայր հրաման կախել զբարձր աշ-
տարակէն եւ սպանանել:

LIX

HOW MERUZHAN AND VAHAN REMAINED IN THE LAND OF THE ARMENIANS AND WHAT GREAT EVILS THEY WROUGHT THERE; HOW VAHAN AND HIS WIFE WERE SLAIN BY THEIR OWN SON.

Vahan Mamikonean and Meruzhan Arcruni, two abominable and impious men, had rebelled from the oath of worship of [the Christian] God and agreed to worship the non-gods of the Mazdean sect. Thereafter they began to destroy the churches in the country of Armenia (the places of prayer for the Christians), in all parts of Armenia, in all the districts and regions. And they harassed many people whom they seized to abandon God and turn to the worship of the Mazdeans. Then Vahan and Meruzhan ordered that all the women whom the fugitive naxarars had left and abandoned should be harassed in the fortresses so that they turn to the Mazdean faith. If they did not agree [to convert], all of them would be put to death wickedly. When the fortress-keepers received this command, each one oppressed whoever was by him, as the command ordered. But when not a single one of them agreed to apostatize Christianity, all of them were wickedly killed in the fortresses where they were being held.

Now Vahan had a half-sister of the Mamikonean tohm (Vardan's sister) [named] Hamazaspuhi. She was the wife of Garegin, lord of Rhshtunik' district. When Shapuh, king of Iran, had come to the country of Armenia, her husband Garegin left her and fled. The tikin of Rhshtunik' [was being kept] at the citadel in the fortress of Van, which is a city in the district of Tosb. The impious Vahan and Meruzhan ordered the fortress-keeper to harass the woman. The order was given that if she did not accept the Mazdean faith, she should be hanged from a lofty tower and killed.

Իբրեւ ոչ առնոյր յանձն Համազասպուհի պահել զաւրքնս Մագդեղանցն, հանէին ի բարձր աշտարակն որ կայր ի վերայ բարձր գահուն քարին, որ հային ի կողմն ծովակին ի գետոյ կուսէ. եւ մերկացուցին զնա իբրեւ ի մարէ. եւ արկեալ կապ զոտիցն, գլխիվայր կախեցին զնա զբարձուէն կուսէ. եւ այնպէս մեռաւ ի կախաղանին: Եւ էր նա սպիտակ մարմնով, եւ պայծառ տեսանելով. կայր կախեալ յերեւոյթ տեսիլ նշանակի, եւ փաղփաղէր մարմինն ի բարձուէն զոր աւրինակ ձիւն սպիտակութեամբն. եւ բազում մարդիկ ժողովէին տեսանել այր ըստ այրէ, զի իբրեւ սքանչելի ինչ երեւէր յաշխարհին: Յայս տեսիլ տիկնոջն Համազասպուհեայ էառ կին մի դայեակն նորին, ազաւ նա պարէզաւտ մի զոր անակիւդս կոչեն, եւ էած զաւտի ընդ մէջ իւր. եւ կայր առ բարձր գահուն քարին ի ներքոյ աշտարակին զորմէ կախեալ էր զաանն իւր, մինչեւ կողոպտեցաւ ամենայն մարմինք դիոցն: Եւ որչափ ի վայր վայրէին ոսկերքն, նա յիւր ծոցն ժողովէր բովանդակ զամենայն զոսկերս սանին. եւ առեալ զնաց յիւրսն:

Եւ այնչափ չար էին արքն երկոքին, զի անգամ իւրեանց ումէք ոչ ողորմէին. այլ անխնայութեամբ դատէին զաւտարս եւ զիւրեանց ընդանիս: Ատրուշանս շինէին ի բազում տեղիս, եւ զմարդիկ հնագանդէին աւրէնացն Մագդեղանց. եւ բազում յիւրեանց սեփհականան շինէին ատրուշանս, եւ զորդիս եւ զազգայինս իւրեանց տային յուսումն Մագդեղանցն: Ապա որդի մի Վահանայ, անուն Սամուէլ, եհար սատակեաց զՎահան զհայր իւր, եւ զՈրմիզդուխտ զմայր իւր զքոյր Շապհոյ Պարսից թագաւորին. եւ ինքն փախստական լինէր յերկիրն Խաղտեաց:

When Hamazaspuhi did not consent to hold the faith of Mazdaism they took her to a high tower which was located over a high rock precipice. They stripped her naked, tied her feet and suspended her upside down from the height. Thus she died from the hanging. She had a white body and a dazzling appearance, and remained hanging there, a wondrous sight. Her body on high gleamed like white snow and many people came there every day to see it, as though it were a miraculous phenomenon. Seeing the sight of the tikin Hamazaspuhi, a woman, a dayeak of hers stood with an apron called anakiwghs tied around her waist, under the high precipice from which her pupil hanged. She waited until the entire body decomposed. She gathered to her bosom all the bones of her pupil as they fell, and then went to her own people.

The two men [Vahan and Meruzhan] were so wicked that they did not even pity their own. Rather, without mercy they judged strangers as well as their own families. They built fire temples in many places and made people obedient to the Mazdean faith. They built many fire temples on their own property and had their children and relatives study Mazdaism. But one of Vahan's sons, named Samuel, struck and killed his father, Vahan, and his mother, Ormizduxt (who was the sister of king Shapuh of Iran). Then [Samuel] fled to the Xaghteac' country.[31]

31　The grabar text contains here chapter headings for the Fifth Book that have been omitted.

$\mathcal{I}$NDEX

SOPHENE